대규모
머신러닝
시스템
디자인 패턴

14가지 패턴으로 분산 머신러닝 파이프라인 구축하기

Distributed
Machine Learning
Patterns

대규모 머신러닝 시스템 디자인 패턴
14가지 패턴으로 분산 머신러닝 파이프라인 구축하기

초판 1쇄 발행 2024년 11월 29일

지은이 위안 탕 / **옮긴이** 정민정 / **펴낸이** 전태호
펴낸곳 한빛미디어(주) / **주소** 서울시 서대문구 연희로2길 62 한빛미디어(주) IT출판2부
전화 02-325-5544 / **팩스** 02-336-7124
등록 1999년 6월 24일 제25100-2017-000058호 / **ISBN** 979-11-6921-313-4 93000

총괄 송경석 / **책임편집** 박민아 / **기획 · 편집** 김지은
디자인 표지 최연희 내지 윤혜원 / **전산편집** 강창효
영업 김형진, 장경환, 조유미 / **마케팅** 박상용, 한종진, 이행은, 김선아, 고광일, 성화정, 김한솔 / **제작** 박성우, 김정우

이 책에 대한 의견이나 오탈자 및 잘못된 내용은 출판사 홈페이지나 아래 이메일로 알려주십시오.
파본은 구매처에서 교환하실 수 있습니다. 책값은 뒤표지에 표시되어 있습니다.

한빛미디어 홈페이지 www.hanbit.co.kr / **이메일** ask@hanbit.co.kr

© HANBIT MEDIA INC. 2024.
Authorized translation of the English edition © 2023 Manning Publications.
This translation is published and sold by permission of Manning Publications.
the owner of all rights to publish and sell the same.
이 책의 저작권은 매닝과 한빛미디어(주)에 있습니다.
저작권법에 의해 보호를 받는 저작물이므로 무단 복제 및 무단 전재를 금합니다.

지금 하지 않으면 할 수 없는 일이 있습니다.
책으로 펴내고 싶은 아이디어나 원고를 메일(writer@hanbit.co.kr)로 보내주세요.
한빛미디어(주)는 여러분의 소중한 경험과 지식을 기다리고 있습니다.

14가지 패턴으로 분산 머신러닝 파이프라인 구축하기

대규모 머신러닝 시스템 디자인 패턴

위안 탕 지음, 정민정 옮김

Distributed
Machine Learning
Patterns

표지 설명

표지 그림은 1797년에 출간된 자크 그라세 드 생소뵈르Jacques Grasset de Saint-Sauveur의 컬렉션에서 가져온 「Homme Corfiote」 작품이다. 당시에는 복장만 보고도 그 사람의 거주지나 직업, 신분을 쉽게 파악할 수 있었다. 매닝은 수 세기 전 지역 문화의 다양성이 담긴 그림을 표지로 선정해 컴퓨터 비즈니스의 창의성과 진취성을 기리고 있다.

국내 추천사

데이터 규모가 커지면서 현대 머신러닝 시스템은 단순히 모델만 학습하는 데 그치지 않고, 해당 모델을 지속적으로 관리하고 개선시키며 배포하는 관점으로 발전하고 있습니다. 이로 인해 모델의 성능보다도 효율적으로 분산 처리하면서, 자원을 사용하는 관점에서 MLOps의 중요성이 점점 커지는 것 같습니다. 이 책은 대규모 머신러닝 시스템의 설계, 유지, 관리 과정에서 발생하는 문제와 해결책, 그리고 해결 과정에서 고려해야 할 사항들을 주제별로 다루어 현업 엔지니어들에게 실질적인 도움을 줄 것입니다.

강찬석, LG전자 소프트웨어 엔지니어

머신러닝의 활용이 급격히 증가함에 따라 학습에 필요한 데이터의 크기도 날로 커지고 있습니다. 이러한 대용량 데이터를 빠르게 처리하고 학습하기 위해서는 분산 처리가 필수적이며, 데이터의 유형에 따라 적절한 분산 처리 시스템의 설계가 중요합니다.

이 책은 머신러닝 시스템을 대규모로 확장하기 위한 실용적인 패턴과 설계 방법을 제시하며, 분산 시스템의 기초부터 데이터 수집, 학습, 모델 서빙, 운영 패턴에 이르기까지 폭넓은 내용을 다루고 있습니다. 또한 이론적인 설명에 그치지 않고 각 패턴마다 구체적인 예시와 실습 프로젝트를 제공하여 실무에 바로 적용할 수 있도록 구성되어 있습니다. 특히, 텐서플로, 쿠버네티스, 쿠브플로, 아르고 워크플로 등 최신 기술을 다루고 있어 현대의 분산 머신러닝 시스템 구축에 필요한 도구들의 활용법을 익힐 수 있습니다. 이 책은 머신러닝과 분산 시스템의 교차점에서 발생하는 복잡한 문제들에 대한 실용적인 가이드를 제공하여, 이 분야에 관심 있는 엔지니어들에게 매우 유용할 것입니다.

오정준, 현대오토에버 SW개발센터

국내 추천사

최근 머신러닝 연구는 주로 모델 성능 향상에 집중되어 있지만, 실제 현장에서는 효율적인 시스템 구축이 더욱 중요합니다. 이 책은 단순한 분할 처리를 넘어, 머신러닝 모델의 효과적인 분산 처리와 운영을 위한 전략적인 접근법을 제시합니다.

개인 개발자나 중소기업에서는 쉽게 접하기 어려운 분산 시스템 전략을 다루고 있어, AI 시스템을 실제 환경에 도입하고자 하는 모든 이에게 유용한 가이드가 될 것입니다. 특히 데이터 양이 폭발적으로 증가하고 모델의 복잡성이 높아지는 현시대에, 이 책에서 제시하는 분산 처리 전략은 필수적인 지식이라고 생각합니다.

우수연, 법원행정처 차세대전자소송추진단

이 책은 분산 머신러닝에서 널리 사용되는 기술의 이론적 개념과 실습을 체계적으로 다룬 실용적인 안내서입니다. 전반부는 분산 머신러닝 패턴을 쉽게 설명하여, 분산 머신러닝을 처음 접하는 독자들도 부담 없이 학습할 수 있습니다. 후반부는 앞서 배운 이론을 다양한 최신 도구로 실습해볼 수 있도록 구성되어 있습니다. 머신러닝에 대한 기본 지식을 갖춘 독자들이 분산 학습이나 모델 서빙에 관심이 있을 때 유용하게 활용할 수 있는 기술을 익히는 데 도움이 될 것입니다.

이기용, (주)마인씨드 소프트웨어 개발자

이 책은 간단한 예제 코드로 빠르게 결과를 확인하고 싶은 독자에게는 적합하지 않을 수 있습니다. 그러나 이미 머신러닝 실무 경험이 있고, 여러 시행착오를 겪어본 이들에게는 깊이 있는 인사이트를 제공하는 책입니다. 특히 분산 시스템에서의 다양한 사례를 통해 대용량 데이터 처리에 대한 고민을 자연스럽게 풀어내어, 이 분야에서 고민하는 분들에게 큰 도움이 될 것입니다. 이 책은 머신러닝 모델 개발보다는 MLOps 관점에 중점을 두었으며, 특히 대용량 데이터 처리에 초점을 맞추고 있다는 점을 고려하면 좋습니다.

이상욱, 말레이시아 PETRONAS AI Platform팀 리드

클라우드 기반 분산 환경에서 머신러닝 시스템을 운영하는 실용적인 패턴을 소개하는 필독서입니다. 데이터 수집부터 모델 훈련, 서빙, 워크플로 관리까지 전반적인 과정을 다루며, 각 단계에서 직면하는 도전 과제와 해결책을 제시합니다. 실제 시나리오에 기반한 예시와 트레이드오프 분석을 통해 이해를 돕고, 이론과 실습을 균형 있게 다루어 독자들이 종합적인 분산 머신러닝 시스템을 구축할 수 있도록 안내합니다. 현업 엔지니어와 연구자들에게 실질적인 도움이 될 것입니다.

이석곤, (주)아이알컴퍼니 AI/빅데이터 수석

단일 GPU에서의 머신러닝 실행은 비교적 간단합니다. 하지만 현실에서는 다양한 도전 과제에 직면합니다. 모델이 GPU 메모리 용량을 초과할 때는 어떻게 대처해야 할까요? 서빙 시 사용자가 급증해 처리 용량을 넘어설 때는 어떻게 해결해야 할까요? 분산 학습 환경에서 네트워크 병목이나 연결 중단이 발생한다면, 또는 특정 노드가 갑자기 작동을 멈춘다면 어떻게 대응해야 할까요? 지속적인 학습 시스템은 어떻게 구축해야 할까요? 이 책에서는 이러한 실제 문제들을 해결하기 위한 다양한 설계 패턴을 살펴봅니다.

조현석, 래블업 주식회사 소프트웨어 엔지니어

지은이·옮긴이 소개

지은이 위안 탕 Yuan Tang

Akuity의 창립 엔지니어로, 개발자를 위한 기업용 플랫폼을 구축하고 있다. 이전에 알리바바와 Uptake에서 데이터 과학 및 엔지니어링팀을 이끌며 AI 인프라와 AutoML 플랫폼 개발에 주력했다. 아르고^{Argo}와 쿠브플로^{Kubeflow}의 프로젝트 리더이자 텐서플로^{TensorFlow}와 XGBoost의 메인테이너로 활동 중이며, 이 외에도 다양한 오픈 소스 프로젝트를 만들어 운영 중이다. 세 권의 머신러닝 서적을 집필하고 여러 논문을 발표했다. 다양한 콘퍼런스에서 정기적으로 다양한 발표를 정기적으로 진행하고 있으며, 여러 조직에서 기술 자문과 리더, 멘토 역할을 수행하고 있다.

옮긴이 정민정

국내 주요 IT 기업에서 머신러닝 엔지니어로 활동하며 대규모 실시간 추론 시스템을 설계 및 운영하고 있다. 컴퓨터 비전과 자연어 처리를 중심으로 다양한 도메인의 머신러닝 모델을 실제 서비스에 적용해왔으며, 현재는 머신러닝 서비스팀을 이끌고 있다. 확장 가능하면서도 안정적인 시스템을 구축하는 데 주력하고 있으며, 실용적인 머신러닝 엔지니어링 문화를 전파하는 데 힘쓰고 있다.

옮긴이의 말

인공지능은 더 이상 특수한 영역이 아닌, 일반적인 소프트웨어 개발의 영역으로 수렴하고 있다. 머신러닝 엔지니어는 단순히 머신러닝에 특화된 기술을 습득하는 것을 넘어 전반적인 소프트웨어 개발 능력과 복잡한 시스템을 효과적으로 설계할 수 있는 시스템 디자인 역량을 갖추는 것이 필수적이다.

이 책은 변화하는 환경 속에서 머신러닝 시스템을 올바르게 설계하고 구현하기 위한 실질적인 가이드를 제공한다. 특히 방대한 데이터와 복잡한 대규모 머신러닝 모델을 안정적으로 운영하는 시스템을 구축하는 데 중점을 둔다. 이를 위한 서버 구조 설계, 실시간 데이터 수집 및 활용, 분산 학습을 가능하게 하는 다양한 패턴을 심도 있게 다룬다. 대규모 데이터셋을 효율적으로 학습시키기 위해서는 단순한 서버 확장 이상의 전략이 필요하다. 또한 머신러닝 시스템의 설계는 단순한 기술적인 문제를 넘어 성능, 신뢰성, 보안 등 다양한 운영적 측면을 고려해야 한다. 이 책은 복합적인 요구 사항을 충족시키기 위해 각 패턴의 장단점을 분석하고 실제 적용 사례를 통해 실무에 바로 적용할 수 있는 인사이트를 제공한다. 특히 클러스터 환경에서의 자원 관리, 장애 대응 전략, 동적 모델 서빙 등 실무에서 자주 마주치는 문제에 대한 해결책을 제시함으로써 독자가 직면할 수 있는 다양한 상황에 대비할 수 있도록 한다.

이 책은 단순한 이론서가 아닌, 실무에 바로 적용할 수 있는 구체적인 설계 패턴과 사례를 제공하는 지침서다. 일반적인 이론적 설명에 그치지 않고, 실무에서 활용하는 다양한 기술을 접할 수 있는 실전 예제를 통해 패턴의 적용 방법을 상세히 설명한다. 이를 통해 독자는 복잡한 분산 머신러닝 파이프라인을 설계하고 구현하는 과정에서 발생할 수 있는 문제들을 미리 예측하고, 이를 효율적으로 해결하는 능력을 기를 수 있다. 이 책을 통해 독자들은 단순히 머신러닝 모델을 구축하는 것을 넘어, 이를 안정적이고 확장 가능한 시스템으로 발전시키는 데 필요한 전문적인 역량을 기를 수 있을 것이다.

정민정

이 책에 대하여

최근 몇 년간 머신러닝 분야의 진화는 다양한 발전을 만들어냈지만 대규모 머신러닝을 다루는 일은 여전히 어렵고 까다롭다. 모델 학습을 예로 들어보자. 텐서플로나 파이토치, 혹은 XGBoost와 같은 부스팅 모델을 쿠버네티스 클러스터의 분산 환경에서 학습시키는 일을 자동화하는 것은 쉽지 않다. 파라미터 서버를 활용하거나 집합 통신과 같은 패턴을 구현하는 경우 각 서버가 통신하기 위한 네트워크 구조를 고려해야 하기 때문이다. 실제 환경에서 데이터 수집이나 모델 서빙과 같은 다양한 요소를 포함한 머신러닝 시스템을 구현한다면 시스템의 확장성과 효율성, 편의성을 모두 고려해야 한다. DevOps 경험이 없는 머신러닝 연구자가 분산 환경에서 학습을 구현하고 관리하는 것은 쉽지 않은 일이다.

머신러닝 혹은 분산 시스템 각각에 대해 다루는 책은 많다. 하지만 두 분야를 함께 다루며 그 간극을 좁히기 위한 내용이 담긴 책은 아직까지 많이 나오지 않았다. 이 책에서는 분산 환경에서 대규모 머신러닝 시스템을 구현하기 위한 다양한 패턴과 널리 알려진 방법을 소개한다.

또한 분산 머신러닝 시스템을 구축하기 위한 다양한 예제를 수록했다. 쿠버네티스, 쿠브플로, 텐서플로, 아르고와 같은 최신 기술들을 활용해 시스템을 구현한다. 클라우드 환경에서 분산 머신러닝 시스템을 확장성 있게 구축한다면 아직까지는 이 기술들이 가장 많이 쓰이는 선택지이다.

나는 몇 년간 이 분야에서 일하면서 오픈 소스 도구를 활용해 분산 머신러닝 시스템을 관리하거나, 대규모 머신러닝 인프라를 다루는 팀을 이끌어왔다. 책에서 소개할 패턴과 그 패턴들의 장단점 혹은 트레이드오프 등과 관련된 모든 내용은 내가 일하면서 매일같이 고민하는 것들이다. 이 책을 읽는 독자들에게도 이러한 내용이 도움을 줄 수 있길 바란다.

이 책은 클라우드 환경의 분산 쿠버네티스 클러스터에서 머신러닝 시스템을 운영하기 위한 실용적인 패턴으로 가득 차 있다. 각 패턴은 분산 모델 학습 시스템 구현, 예기치 못한 오류 처리, 동적 모델의 서빙 트래픽 관리 등 분산 머신러닝 시스템 구축 과정에서 공통적으로 직면하는 문제들을 해결하는 데 중점을 두었다. 실제 시나리오를 바탕으로 각 패턴의 구체적인 적용 방법을 제시하고, 접근 방식별 트레이드오프도 함께 설명한다. 이러한 핵심 기술들을 학습한 후, 실습을 통해 완성도 높은 분산 머신러닝 시스템을 직접 구축해본다.

대상 독자

본서는 머신러닝 알고리즘의 기초와 실제 환경에서 머신러닝 운영에 익숙한 데이터 분석가, 데이터 사이언티스트, 소프트웨어 엔지니어를 대상으로 한다. 이 책의 내용을 충분히 이해하고 활용하기 위해서는 Bash, 파이썬, 도커 사용에 익숙해야 한다.

책의 구성

이 책은 9장으로 구성되었다.

1부에서는 분산 머신러닝 시스템의 배경과 개념을 소개한다. 머신러닝 애플리케이션의 규모가 점점 커지는 현상과 분산 시스템의 복잡성에 대해 논의한다. 또한 분산 시스템과 분산 머신러닝 시스템에서 자주 볼 수 있는 몇 가지 패턴을 소개한다.

이 책에 대하여

2부에서는 머신러닝 시스템의 다양한 구성 요소에 내재된 여러 도전 과제를 소개하고, 이러한 과제들을 해결하기 위해 이 분야에서 채택되어 확립된 패턴을 제시한다.

- 2장에서는 대규모 데이터셋을 효율적으로 처리하기 위한 배치 처리, 샤딩, 캐싱 등의 데이터 수집 패턴을 소개한다.
- 3장에서는 분산 모델 훈련에서 자주 볼 수 있는 세 가지 패턴을 다룬다. 여기에는 파라미터 서버, 집합 통신, 탄력성 및 내결함성을 다루는 패턴이 포함된다.
- 4장에서는 모델 서빙에 유용한 레플리카 서버, 서비스 샤딩, 이벤트 기반 처리 패턴을 소개한다.
- 5장에서는 복잡하고 분산된 머신러닝 워크플로를 만드는 데 주로 사용되는 여러 워크플로 패턴을 설명한다. 여기에는 팬인 및 팬아웃 패턴, 동기 및 비동기 패턴, 스텝 메모이제이션 패턴이 포함된다.
- 6장에서는 2부의 마지막으로 운영에 유용한 스케줄링 및 메타데이터 패턴을 다룬다.

3부에서는 앞서 학습한 내용을 적용하여 전체 머신러닝 시스템을 더 깊게 다룬다. 이 프로젝트를 통해 이전에 학습한 많은 패턴을 직접 구현해보며 실무 경험을 쌓아본다.

- 7장에서는 프로젝트의 배경과 시스템 구성 요소를 살펴본다.
- 8장에서는 프로젝트에 사용할 기술의 기본 원리를 다룬다.
- 9장은 엔드투엔드 머신러닝 시스템의 완전한 구현으로 책을 마무리한다.

일반적으로 분산 머신러닝 시스템에 대해 이미 알고 있다면 1부는 건너뛰어도 된다. 2부의 모든 장은 분산 머신러닝 시스템의 서로 다른 영역을 다루므로 순서에 무관하게 읽어도 문제없다. 7장과 8장은 9장에서 구축하는 프로젝트의 선행 지식이다. 관련 기술에 이미 익숙하다면 8장은 생략할 수 있다.

소스 코드

이 책에 나오는 전체 코드는 다음 깃허브 저장소에서 확인할 수 있다.

- *https://github.com/terrytangyuan/distributed-ml-patterns*

CONTENTS

표지 설명 · 4
국내 추천사 · 5
지은이 · 옮긴이 소개 · 8
옮긴이의 말 · 9
이 책에 대하여 · 10

PART 01 분산 머신러닝 시스템의 배경지식

CHAPTER 01 분산 머신러닝 시스템 소개 · 24

1.1 대규모 머신러닝 · 25
    1.1.1 규모가 커지는 데이터셋 · 26
    1.1.2 커지는 규모에 대응하기 · 27
1.2 분산 시스템 · 29
    1.2.1 분산 시스템이란? · 29
    1.2.2 분산 시스템의 디자인 패턴 · 30
1.3 분산 머신러닝 시스템 · 31
    1.3.1 분산 머신러닝 시스템이란? · 31
    1.3.2 분산 머신러닝 시스템의 디자인 패턴 · 32
    1.3.3 분산 머신러닝 시스템이 필요한 경우 · 34
    1.3.4 분산 머신러닝 시스템이 필요하지 않은 경우 · 35
    1.3.5 이 책에서 다루는 내용 · 35
요약 · 37

PART 02 분산 머신러닝 시스템의 설계 패턴

CHAPTER 02 데이터 수집 패턴 · · · · · · 42

2.1 데이터 수집이란? · · · · · · 43

2.2 Fashion-MNIST 데이터셋 · · · · · · 45

2.3 배치 처리 패턴: 제한된 메모리로 무거운 연산 실행하기 · · · · · · 49

    2.3.1 문제 · · · · · · 49

    2.3.2 해결책 · · · · · · 51

    2.3.3 고려 사항 · · · · · · 54

2.4 샤딩 패턴: 매우 큰 데이터셋을 여러 워커에 분산시키기 · · · · · · 57

    2.4.1 문제 · · · · · · 58

    2.4.2 해결책 · · · · · · 58

    2.4.3 고려 사항 · · · · · · 63

2.5 캐싱 패턴: 효율적인 학습을 위해 데이터 재활용하기 · · · · · · 66

    2.5.1 문제 · · · · · · 68

    2.5.2 해결책 · · · · · · 68

    2.5.3 고려 사항 · · · · · · 71

요약 · · · · · · 74

CHAPTER 03 분산 학습 패턴 · · · · · · 75

3.1 분산 학습이란? · · · · · · 76

3.2 파라미터 서버 패턴: 8백만 개의 유튜브 영상에 태그 달기 · · · · · · 77

CONTENTS

    3.2.1 문제 · 80

    3.2.2 해결책 · 80

    3.2.3 고려 사항 · 86

3.3 집합 통신 패턴: 파라미터 서버가 병목이 되지 않도록 개선하기 · · · · · · · · · · · · · · · · 88

    3.3.1 문제 · 89

    3.3.2 해결책 · 90

    3.3.3 고려 사항 · 97

3.4 탄력성 및 내결함성 패턴: 제한된 연산 자원으로 인한 실패 대응하기 · · · · · · · · · · · 99

    3.4.1 문제 · 99

    3.4.2 해결책 · 100

    3.4.3 고려 사항 · 103

요약 · 105

CHAPTER 04 모델 서빙 패턴 · 106

4.1 모델 서빙이란? · 107

4.2 레플리카 서버 패턴: 늘어나는 요청량 처리하기 · 108

    4.2.1 문제 · 110

    4.2.2 해결책 · 110

    4.2.3 고려 사항 · 114

4.3 서비스 샤딩 패턴: 고해상도 영상을 처리하는 대규모 모델 서빙 다루기 · · · · · · · · 116

    4.3.1 문제 · 117

    4.3.2 해결책 · 118

    4.3.3 고려 사항 · 120

4.4 이벤트 기반 처리 패턴: 이벤트 기반으로 모델 서빙하기 ········· **121**

    4.4.1 문제 ········· **124**

    4.4.2 해결책 ········· **125**

    4.4.3 고려 사항 ········· **130**

요약 ········· **133**

CHAPTER 05 워크플로 패턴 ········· **134**

5.1 워크플로란? ········· **135**

5.2 팬인 및 팬아웃 패턴: 복잡한 머신러닝 워크플로 체계화 ········· **139**

    5.2.1 문제 ········· **140**

    5.2.2 해결책 ········· **141**

    5.2.3 고려 사항 ········· **146**

5.3 동기 및 비동기 패턴: 병렬성으로 더 빠르게 처리하기 ········· **148**

    5.3.1 문제 ········· **149**

    5.3.2 해결책 ········· **150**

    5.3.3 고려 사항 ········· **153**

5.4 스텝 메모이제이션 패턴: 반복되는 작업 생략하기 ········· **155**

    5.4.1 문제 ········· **156**

    5.4.2 해결책 ········· **157**

    5.4.3 고려 사항 ········· **159**

요약 ········· **162**

CONTENTS

CHAPTER 06 운영 패턴 163

6.1 머신러닝 시스템 운영하기 165

6.2 스케줄링 패턴: 공유 클러스터 자원을 효과적으로 할당하기 166

    6.2.1 문제 168

    6.2.2 해결책 168

    6.2.3 고려 사항 177

6.3 메타데이터 패턴: 실패를 적절히 처리하는 방법 179

    6.3.1 문제 180

    6.3.2 해결책 181

    6.3.3 고려 사항 185

요약 188

PART 03 분산 머신러닝 시스템 구축

CHAPTER 07 실습 프로젝트 둘러보기 192

7.1 프로젝트 개요 193

    7.1.1 프로젝트 배경 194

    7.1.2 시스템 구성 요소 194

7.2 데이터 수집 단계 195

    7.2.1 문제 197

    7.2.2 해결책 198

7.3 모델 학습 단계 · **201**

    7.3.1 문제 · **202**

    7.3.2 해결책 · **202**

7.4 모델 서빙 단계 · **205**

    7.4.1 문제 · **205**

    7.4.2 해결책 · **206**

7.5 전체 워크플로 구조 · **208**

    7.5.1 문제 · **209**

    7.5.2 해결책 · **209**

요약 · **213**

CHAPTER 08 실습 관련 기술 둘러보기 · **215**

8.1 텐서플로: 머신러닝 프레임워크 · **216**

    8.1.1 기본 예제 · **217**

8.2 쿠버네티스: 분산 컨테이너 관리 시스템 · **225**

    8.2.1 기본 예제 · **226**

8.3 쿠브플로: 쿠버네티스 머신러닝 워크로드 관리 시스템 · · · · · · · · · · · · · **233**

    8.3.1 기본 예제 · **238**

8.4 아르고 워크플로: 컨테이너 기반 워크플로 엔진 · **244**

    8.4.1 기본 예제 · **246**

요약 · **257**

CONTENTS

CHAPTER 09 실습 프로젝트 · **258**

9.1 데이터 수집 · **259**

9.1.1 단일 서버의 데이터 파이프라인 · **261**

9.1.2 분산 서버의 데이터 파이프라인 · **262**

9.2 모델 학습 · **264**

9.2.1 모델 정의 및 단일 서버의 학습 · **265**

9.2.2 분산 모델 학습 · **269**

9.2.3 모델 선정 · **275**

9.3 모델 서빙 · **277**

9.3.1 단일 서버 모델 서빙 · **278**

9.3.2 레플리카 모델 서버 · **284**

9.4 전체 워크플로 · **288**

9.4.1 실행 단계 · **289**

9.4.2 스텝 메모이제이션 · **294**

요약 · **298**

찾아보기 · **299**

PART

01

분산 머신러닝
시스템의 배경지식

PART 01

분산 머신러닝 시스템의 배경지식

01장 분산 머신러닝 시스템 소개

1부에서는 분산 머신러닝 시스템의 기본 개념과 배경지식을 알아본다. 머신러닝 애플리케이션이 성장하며 규모가 커지는 상황을 기반으로 현실 세계에서의 요구 사항을 만족시키기 위한 방법에 대해 논의해본다. 또한 분산 시스템이란 무엇인지, 그 복잡성은 얼마나 되는지 알아보고, 분산 시스템에서 자주 쓰이는 한 가지 패턴에 대해서도 소개할 예정이다.

그 후에는 분산 머신러닝 시스템이 무엇인지에 대해 알아보고, 현실 세계에서 주로 쓰이는 패턴으로 어떤 것들이 있는지 알아본다. 마지막에는 이 책에서 어떤 것을 배울지 간단히 소개한다.

CHAPTER 01 분산 머신러닝 시스템 소개

이 장의 내용

- 대규모 머신러닝 애플리케이션을 다루는 방법에 대해 알아본다.
- 안정적이고 확장이 쉬운 분산 시스템을 구축하기 위한 디자인 패턴을 알아본다.
- 분산 시스템 설계에 일반적으로 사용되는 디자인 패턴을 분산 머신러닝 시스템에 적용하여 확장과 재사용을 용이하게 하는 방법을 알아본다.

최근 들어 머신러닝 시스템의 중요성이 갈수록 높아지는 추세다. 머신러닝 시스템 중 하나인 추천 시스템은 고객의 피드백과 행동 데이터를 기반으로 적절한 추천 목록을 생성한다. 이상 감지 시스템은 극한 상황에서 시스템이 다운되는 것을 피하기 위해 자원을 모니터링한다. 사기 탐지 시스템은 보안 공격이나 악의적인 사기 행위로부터 금융기관을 보호한다.

이에 따라 대규모 분산 머신러닝 시스템에 대한 수요가 증가하면서, 머신러닝 모델에 대한 기본 지식과 실무 경험을 갖춘 전문가들의 역할이 더욱 중요해지고 있다. 데이터 분석가, 데이터 사이언티스트, 소프트웨어 엔지니어들이 이 책을 통해 더욱 안정적이고 확장성 있는 시스템을 구축하는 데 필요한 인사이트를 얻을 수 있을 것이다. 책의 내용을 이해하기 위해 분산 시스템에 대한 경험이 반드시 필요하지는 않다. 그러나 이 책은 독자에게 머신러닝 애플리케이션을 프로덕션[1] 환경에 배포하고 운영해본 경험, 그리고 파이썬과 배시bash 스크립트를

---

[1] 옮긴이_ 일반적으로 소프트웨어 개발은 크게 개발 환경과 프로덕션 환경으로 구분된다. 개발 환경은 고객이 사용하는 서비스에 영향을 주지 않고 자유로운 개발과 테스트를 할 수 있는 환경이며, 프로덕션 환경의 경우 고객의 서비스가 실제로 운영되는 환경을 의미한다.

최소 1년 이상 사용해본 경험이 있다고 가정하고 쓰였다.

개인 노트북에서 개발한 결과물을 대규모 분산 클러스터에 올려 확장하는 과정은 언제나 흥미롭다. 이 책에서는 다양한 도구와 하드웨어 가속을 이용해서 머신러닝 모델을 보다 빠르게 개발하고 배포하는 데 가장 좋은 디자인 패턴 몇 가지를 소개한다. 이 책을 다 읽고 나면 분산 머신러닝 시스템을 구축하고 배포하기 위한 올바른 패턴을 선택할 수 있게 될 것이다. 이 책을 통해 머신러닝 워크플로$^{machine\ learning\ workflow}$에서 일반적으로 많이 쓰이는 텐서플로 TensorFlow[2], 쿠브플로^{Kubeflow}[3], 아르고 워크플로$^{Argo\ Workflow}$[4]와 같은 도구를 적절하게 사용하는 방법을 익힐 수 있고, 도커^{docker}[5]와 쿠버네티스^{Kubernetes}[6]를 활용해 머신러닝 문제를 해결하는 실용적인 방법을 배워볼 수 있다. 각 장의 마무리에는 해당 장에서 배운 내용을 복습할 수 있는 실전 예제가 제공된다. 책의 마지막 장에서는 책에서 배운 다양한 패턴을 실제로 적용해볼 수 있는 실습 프로젝트를 소개하여, 독자들이 습득한 지식을 실무에 적용할 수 있는 기회를 제공한다.

1.1 대규모 머신러닝

머신러닝 애플리케이션은 전례 없는 규모로 커지고 있다. 고객은 실생활에서의 요구 사항을 충족시키기 위해 애플리케이션이 더욱 빨라지길 원하지만, 머신러닝 파이프라인과 모델 아키텍처는 계속해서 복잡해지고 있다. 규모가 커지는 상황에 대해 알아보고 이에 대해 어떻게 대응할 수 있는지 살펴보자.

---

2 *https://www.tensorflow.org/*
3 *https://www.kubeflow.org/*
4 *https://argoproj.github.io/*
5 *https://www.docker.com/*
6 *https://kubernetes.io/*

1.1.1 규모가 커지는 데이터셋

머신러닝에 대한 수요가 증가하면서 머신러닝 시스템의 복잡도도 함께 커지고 있다. 머신러닝 연구자나 데이터 분석가는 더 이상 GB 단위의 엑셀 시트를 사용해 간단한 머신러닝 모델을 만드는 수준으로 만족하기 어렵다. 수요와 복잡도가 커짐에 따라 머신러닝 시스템은 성장하는 애플리케이션의 규모에 대응할 수 있는 형태로 디자인되어야 한다. 계속해서 증가할 수밖에 없는 로그 데이터나 쉬지 않고 들어오는 고객의 입력 데이터, 복잡한 모델 아키텍처나 무거운 서빙 트래픽, 머신러닝 파이프라인의 전체 구조 등을 모두 고려해야 한다.

두 가지 시나리오를 생각해보자. 먼저 1GB 미만의 데이터셋으로 학습된 작은 머신러닝 모델이 있다고 가정한다. 이런 상황이라면 노트북 하나로도 충분히 모델을 다루거나 분석할 수 있다. 하지만 데이터가 한 시간에 1GB씩 늘어나는 상황이라면 최초 모델은 더 이상 올바른 예측을 할 수 없다. 예를 들어 기차 사고를 막기 위해 부품 중 하나가 한 시간 뒤에 고장이 날 확률을 예측하는 시계열 모델을 설계한다면, 모델은 기존 데이터로부터 학습한 지식을 가지고 있어야 할 뿐만 아니라 시시각각 들어오는 최신 데이터도 활용해서 정확한 예측을 만들어 내야 한다. 안타깝게도 고정된 양의 자원을 가진 노트북으로는 이러한 요구 사항을 만족시키는 모델을 만들 수 없다.

두 번째로, 잘 학습된 모델이 있고 사용자의 입력을 바탕으로 결과를 만들어내는 웹 애플리케이션을 개발했다고 가정해보자. 아마 처음에는 웹 애플리케이션이 잘 동작할 것이다. 모델은 정확한 예측을 생성하고, 사용자는 그 결과에 만족한다. 좋은 서비스가 있다면 친구에게 공유하고 함께 앉아서 웹사이트를 열어본다. 하지만 애석하게도 그들은 모델의 예측 결과 대신 끝나지 않는 로딩을 마주하게 된다. 단일 서버로 운영되던 웹 서버가 입소문을 타면서 갑작스레 늘어난 트래픽을 더 이상 감당하지 못하게 된 것이다. 이런 상황은 베타 버전으로 오픈했던 머신러닝 애플리케이션의 인기가 많아지면서 흔하게 겪는 일이다. 이런 일을 방지하기 위해서는 서비스의 규모가 커지는 상황에서 더 많은 양을 처리할 수 있도록 유연한 형태로 디자인되어야 한다.

1.1.2 커지는 규모에 대응하기

이전 절에서 봤던 예시처럼 데이터셋의 규모가 단일 서버로 처리할 수 없을 만큼 커지는 경우 어떻게 해야 할까? 데이터셋을 여러 대의 서버에 나누어 저장하고, 머신러닝 모델이 각 서버에 저장된 데이터셋 일부를 나누어 학습하는 방법을 사용할 수 있다.

30GB의 데이터셋이 있고, 이를 각각 10GB씩 세 파티션으로 쪼개서 서로 다른 서버의 디스크에 저장한다고 가정해보자. 모델은 전체 데이터를 한 번에 학습하지 않고 각 파티션에 위치한 데이터를 순차적으로 학습한다.

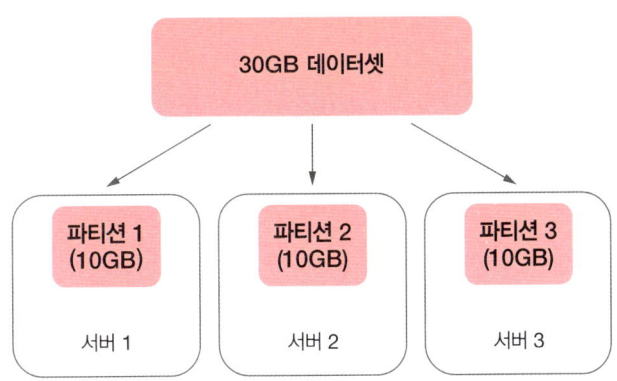

그림 1-1 큰 데이터셋을 세 파티션으로 나누어 저장하는 경우

이런 질문이 떠오를 수 있다. 각 파티션을 학습하는 데 상당한 시간이 걸린다면 어떻게 해야 할까? 첫 번째 파티션의 데이터셋으로 모델을 모두 학습시킨 뒤, 학습된 모델을 두 번째 서버로 전송해서 학습을 이어간다고 가정해보자. 각 파티션의 데이터셋을 학습하는 데 시간이 걸린다면 전체 데이터셋을 모두 학습하는 데에는 상당한 시간이 소요될 것이다.

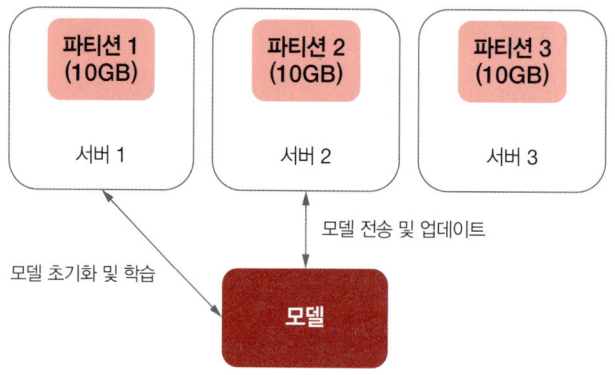

그림 1-2 모델이 각 파티션을 순차적으로 학습하는 경우

이런 상황이라면 자연스럽게 워커^{worker}[7]를 추가해서 개별 워커가 병렬로 각 파티션의 데이터셋을 동시에 학습하는 그림을 생각해볼 수 있다. 이런 경우 각 워커는 서로의 학습이 끝날 때까지 기다리지 않아도 되고, 전체 학습 속도 또한 빨라질 것이므로 바람직하다. 하지만 각 워커가 각자에게 할당된 데이터 파티션을 모두 처리한 다음 모델을 업데이트하고자 할 때는 어떻게 해야 할까? 어떤 워커에서 계산된 그레이디언트^{gradient}로 모델을 먼저 업데이트해야 할까? 여기서 학습 속도와 모델의 품질 간의 트레이드오프가 발생한다. 첫 번째 파티션이 두 번째 파티션보다 정교하게 데이터가 수집되었고, 그로 인해 첫 번째 파티션의 데이터 품질이 더 좋다고 가정해보자. 이 경우 모델을 첫 번째 워커의 결과로 먼저 업데이트해야 더 정확한 모델이 된다. 한편 두 번째 파티션 사이즈가 작아서 두 번째 워커의 작업이 먼저 끝났다면 어떨까? 작업이 먼저 끝났다면 바로 새로운 파티션에 대한 학습을 시작하는 것이 효율적이다. 워커가 많아지면 많아질수록 이렇게 작업 완료 시점과 어떤 데이터를 사용할지에 대한 의사 결정이 상충하는 상황은 더 많아진다.

마찬가지로 학습된 모델이 무언가를 예측하는 애플리케이션의 트래픽이 점점 많아지는 상황이라면 어떨까? 더 많은 트래픽을 받아낼 수 있는 서버를 몇 대 추가하면 될까? 안타깝게도

---

[7] 옮긴이_ 워커(worker)란 분산 시스템에서 작업을 나누어 실행하는 단위를 의미한다. 무엇을 워커로 간주할지는 분산 시스템의 규모나 구성에 따라 다르다. 단일 서버로 구성된 작은 분산 시스템이라면 개별 프로세스가, 여러 대의 서버로 구성된 큰 분산 시스템이라면 개별 서버가 워커로 간주될 수 있다. 후자의 경우를 워커 노드(worker node)라고 표현하기도 한다. 쿠버네티스 위에 분산 시스템을 구축했다면 쿠버네티스의 컨테이너 단위인 파드(pod)가 워커의 단위가 될 수 있다.

해결책은 그렇게 간단하지 않다. 서로 다른 서버가 같은 요청을 중복으로 처리하지 않도록 하는 등의 여러 사항을 고려해서 최선의 로드 밸런서 전략을 찾아야 한다.

이러한 문제를 해결하는 방법에 대해서는 2부에서 더 자세히 다룬다. 1부에서는 이런 상황을 다루기 위해 이미 많이 쓰이고 있는 다양한 디자인 패턴과 최적의 실행 방법들을 살펴보고, 그런 패턴을 활용해서 제한된 컴퓨팅 자원 위에서 최선의 결과를 만드는 방법을 알아보자.

1.2 분산 시스템

단일 서버나 개인용 노트북으로 대량의 데이터를 사용해 큰 머신러닝 모델을 학습시키는 것은 어렵다. 여러 대의 서버 위에서 실행되면서 전 세계 사람들이 사용할 수 있는 프로그램을 만들어야 한다. 이번 절에서는 분산 시스템과 그 복잡도를 알아보고, 분산 시스템에서 자주 볼 수 있는 구체적인 예제를 소개한다.

1.2.1 분산 시스템이란?

컴퓨터 프로그램은 한 대의 컴퓨터에서만 실행되던 형태에서 여러 대의 컴퓨터 위에서 동작할 수 있는 형태로 진화해왔다. 더 많은 연산을 처리하고자 하는 수요와 더 높은 효율성, 안정성 및 확장성이 요구되면서 수백 수천 대의 컴퓨터로 구성된 대규모의 데이터 센터도 만들어졌다. 데이터 센터로 구성된 여러 대의 컴퓨터는 공유 네트워크$^{\text{shared network}}$로 통신하면서 분산 시스템$^{\text{distributed system}}$의 발전으로 이어졌다. 분산 시스템이란 구성 요소들이 서로 다른 컴퓨터에 위치해 있으면서 메시지 전달을 통해 작업을 조정하거나 협업하는 시스템을 말한다.

예를 들어 [그림 1-3]은 서버 두 대로 이루어진 작은 분산 시스템을 나타낸다. 서버 하나는 두 개의 CPU를 가지고, 다른 하나는 세 개의 CPU를 가진다. 두 서버는 서로 메시지를 주고받으며 소통한다. 두 서버는 CPU 외에 다른 유형의 컴퓨팅 자원도 가지고 있지만 여기서는 설명을 위해 CPU만 표시했다. 현실 세계의 분산 시스템은 경우에 따라 수십만 대 이상의 서버로 매우 거대해질 수도 있다. 더 많은 컴퓨팅 자원을 갖는 서버는 더 많은 작업을 처리하면서 다른 서버와 결과를 공유한다.

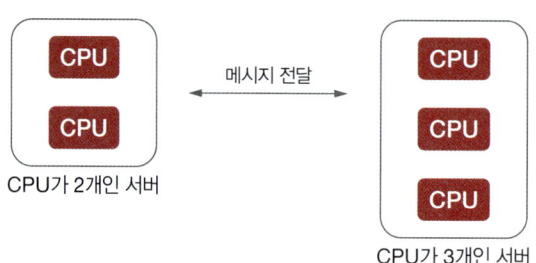

그림 1-3 서로 다른 크기의 연산 자원을 가지고 통신하는 작은 분산 시스템의 예

1.2.2 분산 시스템의 디자인 패턴

분산 시스템은 여러 대의 서버에서 실행할 수 있으며 전 세계 고객이 접근할 수 있다. 이는 시스템의 복잡도가 올라간다는 것을 뜻한다. 따라서 안정성과 확장성을 확보하기 위해서는 매우 신중하게 디자인되어야 한다. 부적절한 아키텍처에서 디자인은 치명적인 문제로 이어지고 불필요한 비용을 발생시킬 수 있다.

분산 시스템을 디자인할 수 있는 다양한 패턴과 재사용이 가능한 구성 요소가 있다. 예를 들어 배치 처리 시스템에서의 **워크-큐 패턴**work-queue pattern은 개별 작업을 독립적으로 구분하여 각 작업이 일정 시간 동안 다른 방해 없이 온전히 처리될 수 있도록 보장한다. 또한 처리해야 하는 작업의 양에 따라 워커를 늘리거나 줄이도록 조정해 작업 부하를 적절하게 유지한다.

[그림 1-4]는 이미지를 흑백으로 변환하는 작업 7개가 큐[queue8]에 대기하는 상황을 나타낸 것이다. 세 개의 워커는 각각 두 개 또는 세 개의 작업을 가져가서 처리한다. 각 워커가 유휴 상

---

8 옮긴이_ 큐(queue)는 대기열을 의미하며, 여러 작업을 순차적으로 처리하기 위한 자료 구조이다. 큐는 선입선출(FIFO, First In First Out)을 비롯한 다양한 방식으로 대기열에 있는 작업을 처리한다.

태가 되는 것을 방지하고 자원이 낭비되지 않도록 하여 작업 효율을 최대한 끌어올린다. 이는 모든 작업이 독립적이기에 가능한 일이다.

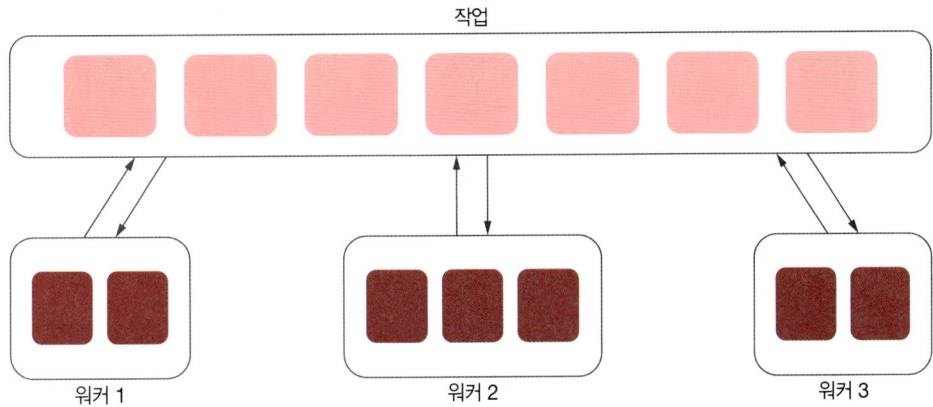

그림 1-4 워크-큐 패턴으로 실행되는 배치 처리 시스템

1.3 분산 머신러닝 시스템

분산 시스템은 일반적인 작업뿐만 아니라 머신러닝 애플리케이션에도 유용하다. 여러 대의 서버로 구성된 분산 시스템에서 대규모 데이터셋을 처리하고 거대한 머신러닝 모델을 서로 다른 파티션으로 나누어 저장하는 등의 작업을 상상해보자. 분산 시스템은 안정성과 확장성을 챙기면서도 머신러닝 애플리케이션을 크게 가속시킬 수 있다. 이번 절에서는 분산 머신러닝 시스템이란 무엇인지와 이러한 시스템에서 자주 볼 수 있는 유사한 디자인 패턴 및 현실적인 시나리오를 알아보고 이 책에서 배울 내용을 간략히 살펴본다.

1.3.1 분산 머신러닝 시스템이란?

분산 머신러닝 시스템distributed machine learning system은 데이터 수집과 모델 학습, 서빙 등 머신러닝 애플리케이션의 각 단계를 수행하는 다양한 구성 요소와 파이프라인으로 이루어진 분산 시스템이다. 일반적인 분산 시스템을 구축하는 데 유용한 디자인 패턴과 최선의 방법을 차용하면서도 머신러닝에 특별히 유용한 패턴도 활용한다. 분산 머신러닝 시스템이 더 안정성 있고 확장에 용이한 시스템이 되기 위해서는 대용량 데이터셋이나 큰 규모의 모델, 높은 트래픽, 혹은 복잡한 모델 구조와 아키텍처 최적화 등 다양한 문제를 해결할 수 있도록 신중하게 설계되어야 한다.

1.3.2 분산 머신러닝 시스템의 디자인 패턴

머신러닝 시스템을 배포한 뒤 트래픽이 늘어나고 그에 따라 서비스의 규모도 커지는 상황에 대응하기 위해서는 분산 머신러닝 파이프라인과 구성 요소를 신중하게 디자인해야 한다. 머신러닝 모델을 더 빠르게 개발하고 배포하기 위해 자동화 도구나 하드웨어 가속 등 몇 가지 패턴이 사용되고 있다.

분산 머신러닝 시스템에도 분산 시스템과 유사한 디자인 패턴을 적용할 수 있다. 예를 들어 여러 워커가 서로 다른 데이터 파티션을 맡아 비동기로 모델 학습을 진행한다. 이는 이전에 봤던 워크-큐 패턴과 유사하다. 이러한 접근은 모델 학습 과정의 속도를 크게 높일 수 있다. [그림 1-5]는 분산 시스템의 작업 대상을 단순히 데이터 파티션으로 바꿈으로써 분산 머신러닝 시스템에 같은 패턴을 적용한 것을 나타낸다. 각 워커는 원본 데이터베이스에 저장된 데이터의 일부를 사용하여 머신러닝 모델을 학습시킨다.

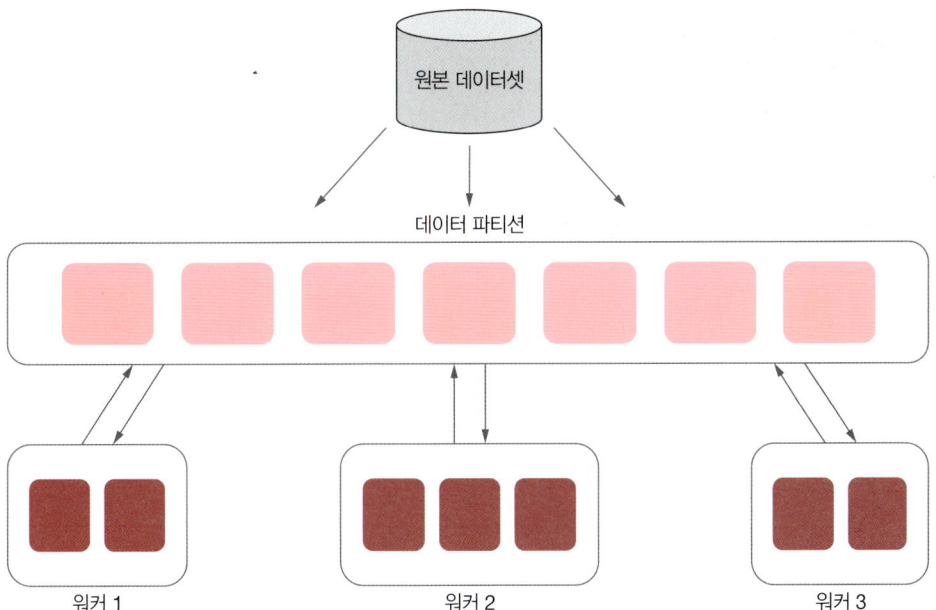

그림 1-5 분산 머신러닝 시스템에 적용된 워크-큐 패턴

분산 머신러닝 시스템에서 자주 볼 수 있는 또 다른 패턴은 **파라미터 서버 패턴**parameter server pattern이다. [그림 1-6]처럼 각 파라미터 서버는 모델의 특정 부분을 저장하고 업데이트하는 역할을 담당하며, 각 워커는 모델의 특정 부분을 업데이트하는 데 사용될 데이터 파티션을 담당한다. 이런 패턴은 모델이 너무 커서 단일 서버에 들어가지 못하는 경우 혹은 모델 파라미터를 저장하는 전용 서버를 사용함으로써 컴퓨팅 자원을 절약하고자 하는 경우 유용하게 쓰인다.

2부에서 이러한 여러 패턴에 대해 자세히 설명한다. 지금은 분산 머신러닝 시스템이 일반적인 분산 시스템과 유사한 패턴뿐만 아니라 대규모 머신러닝 작업을 처리하기 위해 특화된 패턴도 사용한다는 것을 기억해두자.

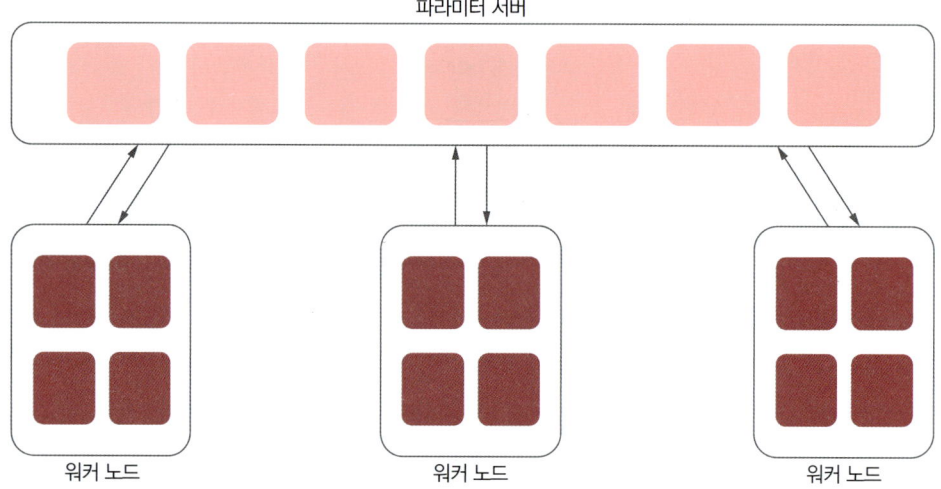

그림 1-6 분산 머신러닝 시스템에 파라미터 서버 패턴을 적용한 예

1.3.3 분산 머신러닝 시스템이 필요한 경우

다음과 같은 상황이라면 분산 머신러닝 시스템 설계를 고려해야 한다. 예를 들어 [그림 1-1]과 [그림 1-2]처럼 단일 서버에 들어가지 않는 대용량의 데이터셋을 다루는 경우라면 데이터를 분할하거나 워커를 추가로 사용해서 모델 학습 속도를 높일 수 있다. 이 외에도 다음과 같은 경우에 사용할 수 있다.

- 수백만 개의 파라미터로 이루어진 모델이 너무 커서 단일 서버에 저장할 수 없어 여러 서버로 나누어 저장해야 하는 경우
- 머신러닝 애플리케이션이 단일 서버로 처리할 수 없는 대규모의 무거운 트래픽을 처리해야 하는 경우
- 간단한 모델 구축뿐만 아니라 데이터 수집, 모델 서빙, 데이터와 모델의 버전 관리, 성능 모니터링 등 모델 라이프사이클 전반의 여러 단계를 구성해야 하는 경우
- 수십 개의 GPU 서버를 활용하는 등 많은 양의 컴퓨팅 리소스를 다루는 경우

1.3.4 분산 머신러닝 시스템이 필요하지 않은 경우

분산 머신러닝 시스템은 다양한 상황에서 유용할 수 있지만, 일반적으로 설계하기가 어렵고 가장 좋은 결과를 얻기 위해서는 많은 경험이 필요하다. 이러한 복잡한 시스템을 개발하고 유지하기 위해서는 추가적인 공수가 들거나 관리가 필요하다. 다음 중 어느 하나라도 해당된다면 분산 시스템을 고려하기보다는 이미 잘 작동하고 있는 간단한 방법을 사용하는 것이 좋다.

- 노트북에 저장할 수 있는 10GB 이하 정도의 작은 데이터셋을 다루는 경우
- 선형 회귀와 같은 간단하면서 무거운 계산이 필요하지 않은 모델을 사용하는 경우
- 제한된 컴퓨팅 자원을 사용하지만 현재 작업에는 충분한 경우

1.3.5 이 책에서 다루는 내용

이 책에서는 대규모 분산 머신러닝 시스템을 구축하고 배포하기 위한 올바른 패턴을 선택하고 적용하는 방법을 다룬다. 또한 머신러닝 작업을 관리하고 자동화하는 실무 경험도 쌓아볼 수 있다. 구체적으로는 텐서플로[9], 쿠버네티스[10], 쿠브플로[11], 도커[12], 아르고 워크플로[13]와 같이 많이 쓰이는 최신 프레임워크를 사용해 분산 머신러닝 워크플로의 다양한 구성 요소를 구축하는 방법에 대해 배운다.

이 책의 마지막에는 분산 머신러닝 파이프라인 시스템을 엔드투엔드end-to-end로 구성하는 실습 프로젝트가 있다. [그림 1-7]은 이 프로젝트에서 구축할 시스템의 아키텍처를 그린 다이어그램이다. 앞으로 살펴볼 다양한 패턴을 직접 구현하며 실습 경험을 쌓아보자. 개인 노트북에서 개발하는 것을 넘어 대규모 분산 클러스터에서 더 복잡한 문제를 처리하는 것은 매우

---

[9] https://www.tensorflow.org
[10] https://kubernetes.io
[11] https://www.kubeflow.org
[12] https://www.docker.com
[13] https://argoproj.github.io/workflows/

흥미로운 도전이 될 것이다.

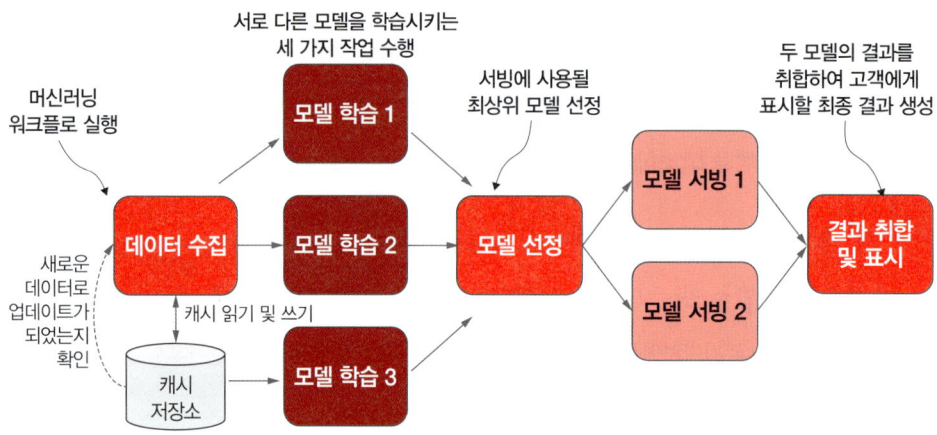

그림 1-7 3부에서 구현할 엔드투엔드 머신러닝 시스템 구조

텐서플로와 파이썬을 사용해 현실 데이터셋으로부터 유용한 피처를 추출하고, 이를 바탕으로 모델을 학습시켜 예측을 수행할 머신러닝 및 딥러닝 모델을 구축한다. 또한 쿠버네티스 클러스터에서 분산 머신러닝 작업을 실행하기 위해 쿠브플로를 활용한다. 마지막으로, 분산 머신러닝 시스템의 주요 구성 요소를 포함한 머신러닝 파이프라인을 구축하기 위해 아르고 워크플로를 사용한다. 이 기술 스택들의 기초는 다음 장에서 소개한다. 실습 경험과 관련된 내용은 2부에서 자세히 다룬다. [표 1-1]은 이 책에서 사용할 주요 기술과 사용 사례를 나타낸다.

표 1-1 책에서 사용하는 기술 스택과 사용 사례

기술	사용 사례
텐서플로	머신러닝 및 딥러닝 모델 구축
쿠버네티스	분산 환경 및 리소스 관리
쿠브플로	쿠버네티스 클러스터상의 분산 학습 작업 제출 및 관리
아르고 워크플로	워크플로 정의와 실행 및 관리
도커	컨테이너 환경 구성을 위해 사용되는 이미지 빌드 및 관리

다음 장으로 넘어가기 전에 파이썬을 활용해 머신러닝 모델을 구축해볼 것을 권장한다. 프로덕션 환경이나 분산 시스템을 다뤄본 경험이 필수는 아니지만 머신러닝 애플리케이션을 운영해본 경험이나 파이썬 및 배시 스크립트를 적어도 1년 이상 사용해본 경험이 필요하다. 또한 도커를 이해하고 도커 CLI를 이용해서 이미지와 컨테이너를 관리할 수 있어야 한다. YAML 구문을 사용해본 경험이 있다면 도움이 될 수 있지만, YAML 구문은 직관적이고 이해하기 쉽기 때문에 필수는 아니다. 이런 내용 대부분이 새롭다면 더 읽기 전에 다른 책이나 영상 등으로 관련 기술 스택을 먼저 학습해보길 바란다.

요약

- 현실에 배포된 머신러닝 애플리케이션은 커지는 데이터셋과 늘어나는 트래픽을 다룰 수 있어야 한다.

- 대규모 분산 머신러닝 시스템을 디자인하는 것은 간단하지 않다.

- 분산 머신러닝 시스템은 일반적으로 데이터 수집, 모델 훈련, 서빙, 모니터링 등 다양한 요소로 구성된 파이프라인이다.

- 모델 개발 및 배포 속도를 높이고 다양한 도구로 자동화하며 하드웨어 가속을 활용해 성능을 개선할 수 있는 머신러닝 시스템 설계를 위해 이미 널리 쓰이고 있는 패턴이 있다.

PART 02

분산 머신러닝 시스템의 설계 패턴

PART 02

분산 머신러닝 시스템의 설계 패턴

02장 데이터 수집 패턴

03장 분산 학습 패턴

04장 모델 서빙 패턴

05장 워크플로 패턴

06장 운영 패턴

분산 머신러닝 시스템의 기본 개념과 배경을 이해했다면, 이제 2부를 시작할 준비가 되었다. 2부에서는 머신러닝 시스템의 다양한 구성 요소가 직면한 과제들을 탐구하고, 이를 해결하기 위해 업계에서 널리 사용하는 몇 가지 패턴을 소개한다.

2장에서는 대규모 데이터셋을 처리하고 모델 훈련을 위해 준비하는 배치 처리 패턴에 대해 알아본다. 또한 거대한 데이터셋을 여러 작업자 기계에 분산된 다수의 데이터 조각으로 나누는 샤딩 패턴을 알아본다. 마지막으로 이전에 사용한 데이터셋을 모델 훈련에 재사용할 때 데이터 수집 과정을 크게 가속화할 수 있는 캐싱 패턴을 소개한다.

3장에서는 분산 모델 학습 과정에서 발생하는 다양한 도전 과제를 탐구한다. 먼저, 새로운 유튜브 동영상의 주제를 태그하는 거대한 머신러닝 모델을 단일 서버에 담을 수 없을 때 발생하는 문제를 알아본다. 또한 파라미터 서버 패턴 사용의 어려움을 극복하는 방법을 소개한다. 더불어 집합 통신 패턴을 활용해 소규모 모델의 분산 학습 속도를 높이고 매개변수 서버와 작업자 간 불필요한 통신 부담을 줄이는 방법도 다룬다. 마지막으로 손상된 데이터셋, 불안정한 네트워크, 다른 작업으로 인해 선점된 워커가 분산 머신러닝 시스템에 미치는 영향을 분석하고 이를 해결하는 방안에 대해 논의한다.

4장에서는 트래픽이 커지는 상황에 대응할 수 있는 확장성과 안정성을 갖춘 모델 서빙 구성 요소를 다룬다. 분산 모델 서빙 시스템 구축을 위한 다양한 방안의 트레이드오프를 살펴보고, 레플리카 서버 패턴을 활용해 증가하는 모델 서빙 요청을 처리하는 방법을 알아본다. 또한 모델 서빙 시스템을 평가하고 이벤트 기반 처리 패턴이 어떤 상황에서 유용한지 판단하는 방법을 알아본다.

5장에서는 복잡한 머신러닝 워크플로를 실행하여 여러 모델을 학습하고, 그중 성능이 가장 뛰어난 모델을 선택해 최선의 결과를 제공하는 시스템 구축 방법을 다룬다. 이 과정에서 팬인 및 팬아웃 패턴을 활용한다. 또한 동기 및 비동기 패턴을 적용해 머신러닝 워크플로의 효율성을 높이고, 장시간 걸리는 모델 학습 단계가 전체 시스템에 지연을 초래하지 않도록 한다.

6장에서는 전체 워크플로를 가속화하고 엔지니어링팀과 연구자팀의 협업 과정에서 발생하는 유지보수 및 소통 비용을 줄일 수 있는 운영 기법과 패턴을 다룬다. 한정된 연산 자원을 가진 클러스터에서 여러 팀원이 작업할 때 자원 고갈과 교착 상태를 방지하는 스케줄링 기법을 소개한다. 또한 머신러닝 워크플로 개별 단계에서 발생하는 실패를 적절히 처리해 사용자에게 미치는 부정적 영향을 줄이는 데 활용할 수 있는 메타데이터 패턴의 이점을 논의한다.

CHAPTER 02

데이터 수집 패턴

이 장의 내용

- 데이터 수집 단계의 역할과 주요 작업을 알아본다.
- 대규모 데이터셋을 작은 배치로 쪼갠 뒤 메모리에서 처리하는 배치 처리 패턴을 알아본다.
- 매우 큰 데이터셋을 작은 조각으로 나누고 여러 대의 서버를 활용해 처리하는 샤딩 패턴을 알아본다.
- 학습을 반복적으로 진행하는 과정에서 데이터셋을 효율적으로 재사용하기 위한 캐싱 패턴을 알아본다.

1장에서 규모가 점점 커지는 데이터셋과 늘어나는 모델 서빙 트래픽에 대응하기 위한 현대적인 머신러닝 애플리케이션에 대해 알아봤다. 특히 현실 세계의 요구 사항을 만족시킬 수 있는 분산 머신러닝 시스템의 복잡성과 시스템을 구축하기 위해 해결해야 하는 문제를 소개했다. 분산 머신러닝 시스템은 일반적으로 데이터 수집, 모델 학습, 서빙, 모니터링 등과 같이 다양한 역할을 하는 요소들로 구성된 파이프라인이다. 이러한 개별 구성 요소를 설계하고 구축하기 위한 방법으로 이미 널리 쓰이고 있는 검증된 것들이 몇 가지 존재한다. 이러한 패턴을 잘 활용하면 실제 머신러닝 애플리케이션의 커다란 규모와 복잡성을 대응할 수 있다.

데이터 수집은 머신러닝 파이프라인의 첫 단계이면서도 필수적인 단계이다. 데이터 분석가 혹은 데이터 사이언티스트라면 자연스럽게 겪게 되는 단계이기도 하다. 데이터 수집을 위한 시스템을 직접 구축할 수도 있고, 혹은 엔지니어링팀이 가공해준 데이터를 받아서 사용할 수도 있다. 데이터 수집 파이프라인을 잘 설계하는 것은 생각만큼 간단하지 않다. 일단 머신러닝 모델이 사용할 데이터셋에 대한 속성을 면밀히 이해하는 것이 필요하다. 앞서 말했듯 이미 검증되어 널리 쓰이고 있는 디자인 패턴을 활용하여 안정적인 토대를 기반으로 시작하는 것이 좋다.

이번 장에서는 데이터 수집 과정에서 발생하는 문제와, 이를 해결하기 위해 실무에서 널리 사용하는 몇 가지 패턴을 알아본다. 먼저 2.3절에서는 대규모의 데이터셋으로 모델을 학습시킬 때 활용하는 배치 처리 패턴batching pattern에 대해 알아본다. 이는 머신러닝 프레임워크의 기능만으로는 대규모 데이터셋을 처리할 수 없거나, 혹은 프레임워크 자체의 구현과 관련된 전문 지식이 필요한 상황에서 사용할 수 있다. 2.4절에서는 매우 큰 데이터셋을 여러 워커에 샤드shard 단위로 나누어 저장해서 사용하는 샤딩 패턴sharding pattern을 알아본다. 이 경우 각각의 워커는 독립적으로 개별 샤드를 담당하여 모델을 학습시키기 때문에, 단순히 워커 개수를 늘리는 것만으로도 학습 속도를 높일 수 있다. 2.5절에서는 모델 학습이 반복되면서 데이터를 재사용해야 하는 경우 학습 속도를 크게 높일 수 있는 캐싱 패턴caching pattern을 소개한다.

2.1 데이터 수집이란?

우리에게 데이터셋이 있고, 이를 활용해 머신러닝 시스템을 구축한다고 가정해보자. 가장 먼저 해야 할 일은 무엇일까? 답은 간단하다. **데이터셋을 잘 이해하는 것이다.** 예를 들어 이런 질문을 생각해보자. 데이터셋은 어디로부터 왔으며 어떻게 수집되었는가? 시간이 지남에 따라 데이터셋의 원천source이나 그 크기가 변하는가? 데이터셋을 처리하기 위해 필요한 인프라의 규모나 요구 사항은 무엇인가? 이러한 질문에 대한 답이 무엇인지에 따라 데이터셋을 처리하는 방법이 달라진다. 따라서 시스템을 구축하기에 앞서 다양한 관점에서 여러 가지 상황을 고려해야 한다. 이번 장에서는 이런 질문과 관련된 예시들을 살펴보면서 잠재적으로 발생할 수 있는 문제에는 무엇이 있고, 어떻게 해결할 수 있는지 알아본다.

데이터 수집^{data ingestion}은 데이터 원천을 모니터링하는 것부터 데이터를 배치^{nonstreaming}[1](혹은 비스트리밍) 또는 스트리밍^{streaming} 방식으로 가져온 뒤 머신러닝 모델을 학습하기 위한 전처리를 수행하는 것까지의 일련의 과정을 의미한다. 스트리밍 방식으로 데이터를 수집하면 데이터 원천에서 변경이 생기는 경우 이를 감지할 수 있도록 장시간 떠있는 프로세스가 필요하다. 반면 배치 방식은 필요한 시점마다 한 번씩 실행할 수 있다. 또한 스트리밍 방식은 시간이 지날수록 처리하는 데이터의 양이 계속 증가하지만, 배치 방식은 항상 고정된 크기의 데이터셋을 처리한다. [표 2-1]은 스트리밍 방식과 배치 방식의 차이를 나타낸다.

표 **2-1** 배치 방식과 스트리밍 방식을 활용한 데이터 수집 비교

	스트리밍 방식	배치 방식
데이터의 양	지속적으로 증가	고정
요구 사항	데이터 원천의 변경을 실시간으로 모니터링할 수 있는 프로세스	필요한 시점에 배치 작업을 실행할 수 있는 자원

이 장에서는 주로 배치 방식의 데이터 수집에 대해 다루며 스트리밍 방식에서도 배치와 동일한 패턴이 사용될 수 있다. 이 부분에 대해서는 뒤에서 더 자세히 다룬다.

[그림 2-1]처럼 데이터 수집 단계는 머신러닝 파이프라인의 가장 첫 번째 단계이자 필수 단계이다. 데이터 수집이 제대로 이루어지지 않는다면 머신러닝 파이프라인은 제대로 동작할 수 없다.

---

1 옮긴이_ nonstreaming data ingestion은 비스트리밍 방식이자 데이터를 실시간으로 처리하지 않고 일정 기간 동안 모아 한 번에 처리하는 '배치 처리(batch processing)' 방식을 의미한다.

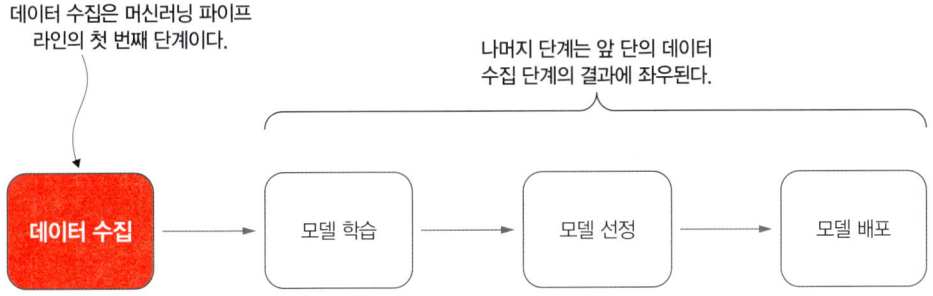

그림 2-1 머신러닝 파이프라인을 표현하는 순서도

다음 절에서는 Fashion-MNIST라는 데이터셋을 소개한다. 이 데이터셋을 활용해 데이터 수집에 쓰일 수 있는 다양한 패턴을 알아본다. 주로 분산 머신러닝 시스템을 위한 예시를 알아볼텐데, 로컬 서버나 개인 노트북을 사용하는 패턴과는 꽤 다를 것이다. 분산 머신러닝 시스템에서 쓰이는 데이터는 주로 그 크기가 매우 크거나, 혹은 아주 빠른 속도로 커지기 때문에 데이터 수집을 디자인할 때 고려해야 하는 부분이 많다.

2.2 Fashion-MNIST 데이터셋

MNIST[2] 데이터셋은 얀 르쿤이 소개[3]한 데이터셋으로, 이미지 분류 문제에서 가장 많이 쓰이는 데이터셋이다. 손으로 쓰여진 숫자 이미지이며, 총 6만 개의 학습셋과 1만 개의 테스트셋으로 구성되어 있다. 연구자들이 새로운 알고리즘이나 모델을 고안하면 그 성능을 벤치마킹하기 위한 검증 데이터로 MNIST 데이터셋을 사용하는 경우가 많다. [그림 2-2]에 MNIST 데이터셋의 샘플 이미지가 있다. 각 행별로 0부터 9까지의 숫자 이미지들이 나열되어 있다.

---

2 https://en.wikipedia.org/wiki/MNIST_database
3 옮긴이_ 1998년에 공개되었다. 「THE MNIST DATABASE of handwritten digits」(LeCun et al. 1998) 참고

각 행은 개별 숫자가 손글씨로 적힌 이미지를 나타낸다. 예를 들어, 첫 번째 행은 숫자 0 이미지가 나열되어 있다.

그림 2-2 MNIST 데이터셋 샘플[4]

하지만 최신 모델 대부분은 MNIST 데이터셋을 95% 이상의 정확도로 분류할 수 있어서 더 이상 모델의 성능을 벤치마킹하는 용도로 쓰이기에는 적절하지 않다. 따라서 최근에는 모델 성능을 검증하기보다는 코드나 모델이 잘 실행되는지 테스트하는 정도로만 사용하는 편이다.

> **NOTE** MNIST 데이터셋을 만든 원저자들은 다양한 모델로 데이터셋을 테스트한 결과를 기록했다. 「Gradient-based learning applied to document recognition」(LeCun et al. 1998)[5] 논문에서 서포트 벡터 머신Support Vector Machine(SVM)의 에러율은 0.8%라고 밝혔다. 이후, 2017년에는 MNIST의 확장판인 EMNIST Extended MNIST를 공개했다. EMNIST는 24만 개의 학습셋과 4만 개의 테스트셋으로 구성되어 있다.

이 책에서는 MNIST를 사용하는 대신, 2017년에 공개된 Fashion-MNIST[6]를 사용한다. Fashion-MNIST는 MNIST와 데이터 개수는 비슷하지만 조금 더 복잡한 형태를 가진다. Fashion-MNIST는 Zalando[7]의 기사 이미지를 활용한 데이터셋이다. 총 6만 개의 학습셋과 1만 개의 테스트셋으로 구성되어 있다. 각 이미지는 28×28 사이즈의 흑백 이미지이며, 총 10개의 클래스로 나뉜다. Fashion-MNIST 데이터셋은 MNIST를 대체하여 머신러닝 모

---

4 출처: Joseph Steffan, licensed under CC BY-SA 4.0
5 *http://yann.lecun.com/exdb/publis/index.html#lecun-98*
6 *https://github.com/zalandoresearch/fashion-mnist*
7 옮긴이_ 독일의 신발, 패션, 뷰티 부문의 온라인 소매 기업이다(*https://jobs.zalando.com*).

델을 벤치마킹하는 데 사용하기 위해 만들어졌다. 학습셋과 테스트셋은 동일한 크기와 형태를 가진다.

[그림 2-3]에 Fashion-MNIST의 10가지 클래스별 샘플 이미지가 있다. 10개의 클래스는 각각 티셔츠$^{t\text{-}shirt/top}$, 바지^{trouser}, 스웨터^{pullover}, 드레스^{dress}, 코트^{coat}, 샌들^{sandal}, 셔츠^{shirt}, 운동화^{sneaker}, 가방^{bag}, 부츠$^{ankle\ boot}$다. 각 클래스의 이미지는 3행씩 표시되어 있다.

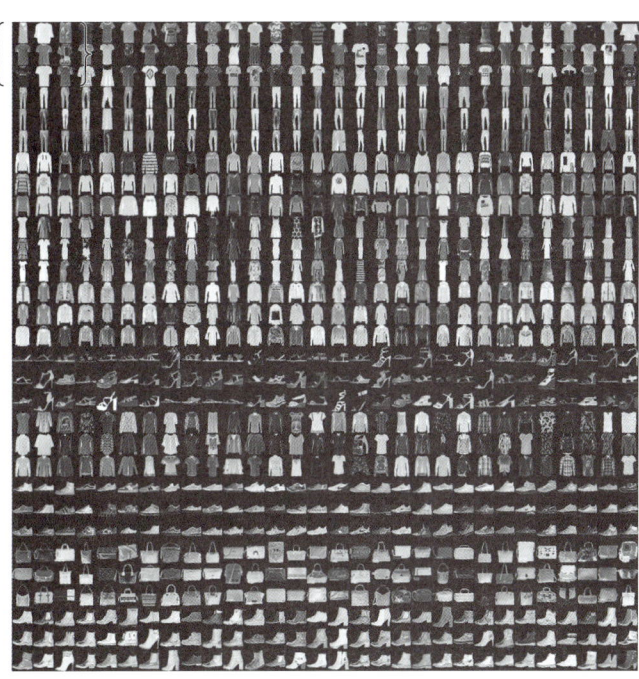

그림 2-3 Fashion-MNIST 데이터셋 샘플[8]

[그림 2-4]는 조금 더 자세히 볼 수 있도록 확대된 이미지 몇 개를 클래스 이름과 함께 나타낸다. 이제 실제 데이터 수집 과정을 알아보기 위한 시나리오를 알아보자.

---

8 출처: Zalando SE, licensed under MIT License

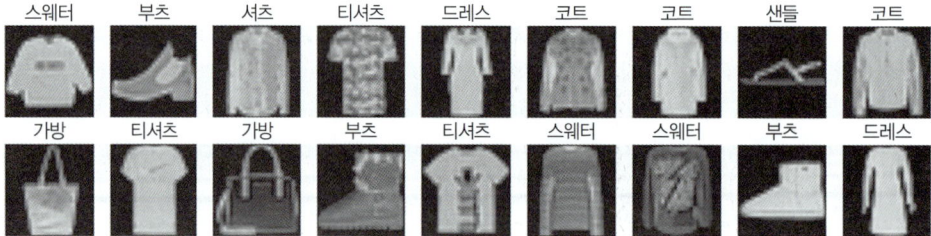

그림 2-4 확대된 Fashion-MNIST 이미지 샘플[9]

Fashion-MNIST 데이터셋의 크기는 약 30MB 정도이다. 아주 작은 데이터셋이기 때문에 데이터를 다운로드한 뒤 메모리 위에 전체 데이터셋을 올리는 것이 매우 간단하다. 예를 들어 텐서플로를 사용한다면 아래와 같이 코드 몇 줄로 데이터셋을 다운받고 메모리에 올릴 수 있다.

코드 2-1 텐서플로를 활용해 Fashion MNIST 데이터셋을 다운로드하고 메모리에 로드하기

```
> import tensorflow as tf             ◁ 텐서플로 라이브러리를 로드한다.
> train, test = tf.keras.datasets.fashion_mnist.load_data()   ◁ Fashion-MNIST 데이터셋을 다운로드한 다음 메모리로 로드한다.
Downloading data from https://storage.googleapis.com/tensorflow/tf-keras-datasets/
train-labels-idx1-ubyte.gz
29515/29515 [==============================] 0s 0us/step
Downloading data from https://storage.googleapis.com/tensorflow/tf-keras-datasets/
train-images-idx3-ubyte.gz
26421880/26421880 [==============================] 2s 0us/step
Downloading data from https://storage.googleapis.com/tensorflow/tf-keras-datasets/
t10k-labels-idx1-ubyte.gz
5148/5148 [==============================] 0s 0us/step
Downloading data from https://storage.googleapis.com/tensorflow/tf-keras-datasets/
t10k-images-idx3-ubyte.gz
4422102/4422102 [==============================] 1s 0us/step
```

데이터셋이 이렇게 넘파이[NumPy][10] 배열과 같은 형태로 메모리에 올라갔다면 머신러닝 모델을 학습시키기 위한 텐서와 같은 객체로 변환하는 것도 간단하다. 예를 들어 텐서플로의

---

[9] 출처: Zalando SE, licensed under MIT License
[10] https://numpy.org/

tf.Tensor와 같은 객체로 변환하려면 아래와 같이 실행하면 된다.

코드 2-2 Fashion MNIST 데이터셋을 텐서플로의 텐서 객체로 변환하기

```
> images, labels = train          ◁── 학습 데이터셋을 이미지와 레이블로 분리한다.      텐서플로로 다루기
> images = images / 255            ◁── 이미지를 정규화한다.                          쉽도록 메모리에 있는
> dataset = tf.data.Dataset.from_tensor_slices((images, labels))  ◁──             배열을 tf.data.
> dataset        ◁── dataset 변수에 있는 데이터의 형상과 타입을 확인한다.              Dataset 객체로
<TensorSliceDataset shapes: ((28, 28), ()), types: (tf.float64, tf.uint8)>       변환한다.
```

2.3 배치 처리 패턴: 제한된 메모리로 무거운 연산 실행하기

Fashion-MNIST 데이터셋에 대해 알아보았으니, 이제 현실 세계에서 일어날 수 있는 문제에 대해 살펴보자.

2.3.1 문제

Fashion-MNIST 같은 작은 데이터셋을 메모리에 올리는 건 간단하지만, 현실 세계의 머신러닝 애플리케이션은 대부분 이렇게 간단하지 않다. [코드 2-1]과 같은 방식으로 데이터셋을 메모리 위에 올리는 경우 텐서플로는 `tf.constant()` 연산을 실행해 피처feature와 레이블label[11] 배열을 그래프 형태로 메모리에 저장한다. 이러한 연산은 작은 데이터셋에 대해서는 문제없이 잘 작동한다. 하지만 이 과정은 넘파이 배열을 메모리 위에 여러 번 복사하는 과정이기 때문에 메모리가 낭비되고, 텐서플로의 `tf.GraphDef` 객체가 내부적으로 데이터를 저장하는 방식인 프로토콜 버퍼protocol buffer에 설정되어 있는 2GB 제한을 금방 초과하게 된다. 현실 세계의 애플리케이션, 특히 분산 머신러닝 시스템에서 사용되는 데이터셋은 이보다 훨씬 크기

---

11 옮긴이_ 머신러닝에서 피처는 모델이 학습하는 데이터를, 레이블은 모델이 맞추어야 하는 정답 데이터를 말한다. 예를 들어 MNIST 데이터셋의 경우에는 이미지의 픽셀값이 피처이고, 레이블은 해당 이미지가 나타내는 숫자 클래스이다. Fashion-MNIST에서 피처는 동일하게 이미지의 픽셀값인 반면, 레이블은 이미지가 나타내는 옷의 클래스가 된다.

나 시간이 지나면서 점점 커지기 때문에 이러한 문제가 더 빈번하게 발생한다.

[그림 2-5]는 1.5GB 크기의 넘파이 배열을 `tf.GraphDef`로 변환하는 과정에서 `tf.constant()` 연산으로 데이터가 두 번 복사되면서 최종적으로 3GB의 메모리를 차지하게 되어 OOM[out of memory] 에러가 발생하는 상황을 나타낸 것이다.

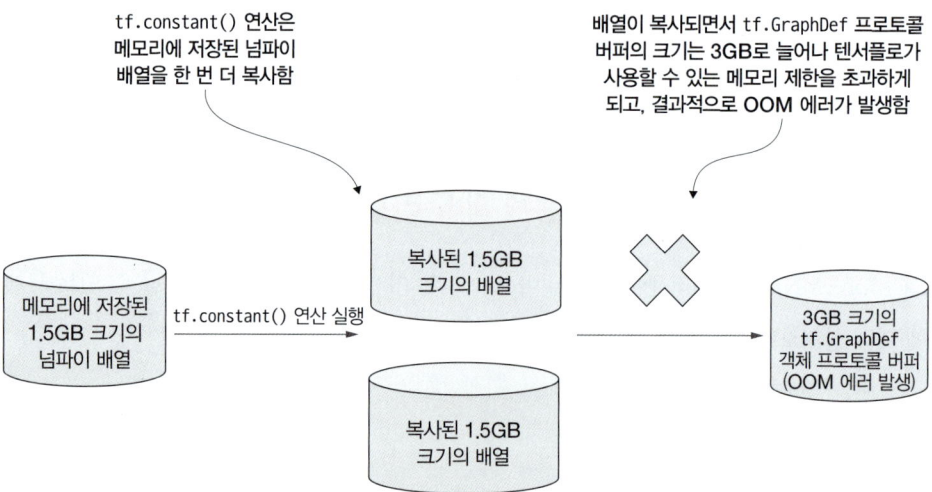

그림 2-5 메모리에 저장된 1.5GB의 넘파이 배열을 `tf.GraphDef`로 변환하는 과정에서 OOM 에러가 발생하는 예

이러한 문제는 다양한 머신러닝 혹은 데이터 관련 프레임워크에서 빈번하게 일어난다. 사용자가 프레임워크를 적절하지 않은 방법으로 사용해서일 수도 있고, 혹은 프레임워크 자체에서 큰 사이즈의 데이터셋을 다루는 것을 지원하지 않기 때문일 수도 있다.

단순히 배열을 텐서플로 객체로 변환하는 것뿐만 아니라, 데이터를 모델에 넣기 위해서는 다양한 변환을 해야 할 수 있다. Fashion-MNIST와 같이 아무리 작은 데이터셋이더라도 컴퓨터 비전 분야에서 주로 쓰이는 모델에 넣기 위해서는 사이즈 조정[resize], 정규화[normalization], 흑백[grayscale]으로 변환, 또는 컨볼루션[convolution]과 같은 복잡한 수학적인 연산을 이용한 변환이 필요할 수 있다. 이러한 연산을 수행하기 위해서는 더 많은 메모리가 필요하기 때문에 데이터셋을 전부 메모리 위에 올리는 것은 더 어려워진다.

2.3.2 해결책

앞에서 살펴봤던 문제를 다시 되짚어보자. 넘파이 배열 형태로 메모리에 올라가있던 Fashion-MNIST 데이터셋을 텐서플로의 `from_tensor_slices()` API를 사용해 `tf.Dataset` 객체로 변환했다. 이 과정에서 넘파이 배열은 메모리상에 여러 번 복사되었고, 결과적으로 `tf.GraphDef`의 메모리 제한값인 2GB에 다다르면서 메모리 에러가 발생했다. 즉, 이런 방식으로는 이보다 큰 데이터셋은 사용할 수 없다.

이런 문제는 텐서플로와 같은 프레임워크를 사용하다보면 흔히 발생할 수 있다. 해결책은 간단하다. 이런 패턴은 텐서플로의 성능을 최대로 활용하지 않는 패턴이므로, 더 큰 데이터셋을 사용하기 위해서는 전체 데이터셋을 메모리에 모두 올리지 않고 사용할 수 있는 다른 API를 사용해야 한다.

예를 들어 `tensorflow_io`[12]는 기본 텐서플로가 제공하지 않는 파일 시스템이나 파일 포맷 등과 관련된 기능을 모아놓은 라이브러리이다. [코드 2-3]와 같이 `tfio.IODataset.from_mnist()`를 이용하면 MNIST 데이터셋을 로컬 디스크에 저장하지 않고 바로 메모리에 올릴 수 있다. 이는 `tensorflow_io`가 내부적으로 HTTP 파일 시스템을 사용하기 때문이다.

코드 2-3 tensorflow_io를 사용한 MNIST 데이터셋 로드

```
> import tensorflow_io as tfio[13]    ◁── tensorflow_io 라이브러리를 로드한다.

> dataset_url = "https://storage.googleapis.com/cvdf-datasets/mnist/"
> d_train = tfio.IODataset.from_mnist(    ◁── 데이터셋을 다운로드하지 않고 HTTP 파일
    dataset_url + "train-images-idx3-ubyte.gz",    시스템을 통해 메모리에 바로 로드한다.
    dataset_url + "train-labels-idx1-ubyte.gz",
)
```

분산 파일 시스템이나 데이터베이스에 저장된 큰 규모의 데이터셋을 다룰 때 메모리나 디스크 관련 문제가 발생하지 않도록 데이터셋을 로드할 수 있는 API도 있다. 아래에

---

[12] https://github.com/tensorflow/io
[13] 옮긴이_ 라이브러리가 없다면 `pip install tensorflow-io` 명령어로 설치하자(https://github.com/tensorflow/io).

PostgreSQL[14] 데이터베이스로부터 데이터셋을 로드하는 예제를 소개한다. 아래 코드는 예시일 뿐이다. PostgreSQL 데이터베이스가 설치되어 있지 않은 환경에서 실행하면 에러가 발생한다.

코드 2-4 PostgreSQL를 사용한 데이터셋 로드

```
> import os           ◁┤ 환경 변수를 사용할 수 있도록 파이썬의 내장 라이브러리인 os를 로드한다.
> import tensorflow_io as tfio    ◁┤ tensorflow_io 라이브러리를 로드한다.

> endpoint="postgresql://{}:{}@{}?port={}&dbname={}".format(    ◁┤ PostgreSQL 데이터
    os.environ['TFIO_DEMO_DATABASE_USER'],                          베이스의 주소를 세팅한다.
    os.environ['TFIO_DEMO_DATABASE_PASS'],
    os.environ['TFIO_DEMO_DATABASE_HOST'],
    os.environ['TFIO_DEMO_DATABASE_PORT'],
    os.environ['TFIO_DEMO_DATABASE_NAME'],
)
                                              ┤ AirQualityUCI 테이블에서 두 개의
> dataset = tfio.experimental.IODataset.from_sql(   컬럼을 가져온 뒤 tf.data.Dataset
    query="SELECT co, pt08s1 FROM AirQualityUCI;",   객체로 변환한다.
    endpoint=endpoint,
)

> print(dataset.element_spec)    ◁┤ 데이터셋의 각 컬럼별 형상과 타입을 확인한다.
{
    'co': TensorSpec(shape=(), dtype=tf.float32, name=None),
    'pt08s1': TensorSpec(shape=(), dtype=tf.int32, name=None)
}
```

이제 다시 원래 시나리오로 돌아가서, 텐서플로가 `tensorflow_io` 라이브러리처럼 큰 데이터셋을 다루기 위한 API를 지원하지 않는다고 가정해보자. 사용할 수 있는 메모리가 많지 않아서 Fashion-MNIST 데이터셋을 전부 메모리에 올리는 것은 불가능하다. 그렇다면 데이터셋에 실행할 수학적인 연산을 데이터셋의 일부에 실행한다고 가정해보자. 데이터셋을 **미니 배치**mini-batch라고 부르는 작은 조각으로 쪼갠 뒤, 각 미니배치에 포함된 이미지만 메모리에 로드해서 연산을 실행하는 것이다. 이렇게 만들어진 미니배치라면 모델을 한 회iteration 학습시키는 것이 가능할지도 모른다.

---

14 https://www.postgresql.org/

예를 들어 첫 번째 미니배치가 [그림 2-4]에 포함된 19개의 샘플 이미지로 구성되어 있다고 해보자. 각 이미지에 컨볼루션과 같은 무거운 수학적인 연산을 수행한 뒤 전처리된 이미지로 머신러닝 모델을 학습시킨다. 남은 데이터셋에서 다시 미니배치를 만들고 동일한 과정을 반복하면서 모델 학습을 진행한다.

이렇게 데이터셋을 여러 개의 미니배치로 나누어서 모델 학습을 진행한다면 정확도를 높이기 위해 필요한 무거운 수학적인 연산을 필요한 만큼 실행하더라도 메모리 에러를 피할 수 있다. 심지어 전체 데이터셋의 크기가 더 커지더라도 미니배치의 크기만 조정하면 된다. 이렇게 데이터셋을 미니배치로 쪼개어 학습시키는 방법을 배치 처리^{batching}라고 한다. 데이터 수집에서의 배치 처리란 전체 데이터셋을 일련의 데이터 모음으로 묶어서 쪼갠 뒤, 머신러닝 모델을 각 배치를 이용해 순차적으로 학습시키는 방법을 말한다.

예를 들어 100개의 데이터로 이루어진 데이터셋이 있다고 가정해보자. 먼저 50개를 하나의 배치로 만들어 모델을 학습시킨 뒤, 남은 50개에 대해 동일한 과정을 반복한다. 즉, 50개의 데이터로 이루어진 두 개의 배치를 만들고, 모델은 이 배치를 하나씩 사용하면서 학습을 진행한다. 아래의 [그림 2-6]은 이 과정을 설명하는 다이어그램으로, 원본 데이터셋이 순차적으로 두 개의 배치로 분할되는 것을 보여준다. 첫 번째 배치는 t0 시점에 모델 학습에 사용되고, 두 번째 배치는 t1 시점에 사용된다. 결과적으로 전체 데이터셋을 한 번에 메모리에 올릴 필요 없이 전체 데이터셋을 배치 단위로 순차적으로 학습시킬 수 있다.

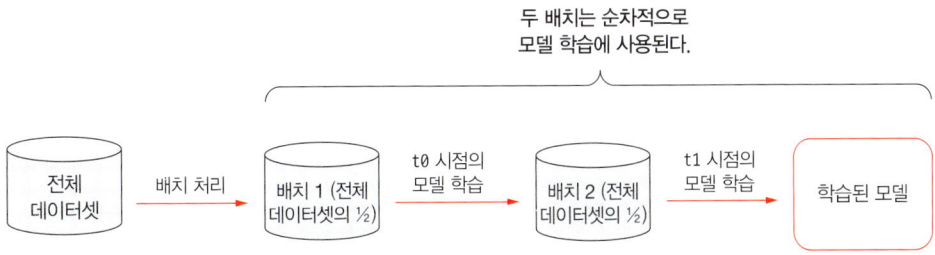

그림 2-6 전체 데이터셋을 두 배치로 나누어 학습시키는 과정

이러한 **배치 처리 패턴**은 아래의 의사코드[pseudocode][15]인 [코드 2-5]에서 확인할 수 있다. 원본 데이터셋에서 새로운 배치를 읽어오고, 해당 배치를 사용해 모델을 학습시키는 과정을 반복한다. 이 과정은 전체 데이터셋에서 더 이상 사용할 배치가 없을 때까지 수행한다.

코드 2-5 배치 처리 패턴 의사코드

```
> batch = read_next_batch(dataset)       ◁─┤ 데이터셋에서 다음 배치를 읽어온다.
> while batch is not None:
      model.train(batch)       ◁─┤ 배치로 모델을 학습시킨다.
      batch = read_next_batch(dataset)       ◁─┤ 다음 배치를 읽어온다.
```

모델 학습을 위해 큰 규모의 데이터셋을 사용할 때 이러한 배치 패턴을 적용할 수 있다. 예를 들어 프레임워크가 메모리 위에 있는 데이터만 처리할 수 있다면 전체 큰 데이터셋을 작은 배치로 쪼갠 뒤 배치를 순차적으로 메모리에 로드해서 사용할 수 있다. 이런 방법을 사용한다면 제한된 메모리만으로도 큰 규모의 전체 데이터셋을 처리할 수 있다. 또한 데이터 처리를 위해 무거운 연산을 수행해야 하는 경우에도 각 배치에 한해 순차적으로 연산을 수행할 수 있기 때문에 매우 큰 컴퓨팅 자원을 필요로 하지 않는다. 이 패턴은 9.1.2절에서 적용해본다.

2.3.3 고려 사항

배치 처리를 수행하기 위해 고려해야 하는 사항이 있다. 이 방식은 데이터셋을 스트리밍 방식으로 전체 데이터셋의 일부로 학습을 실행할 수 있는 수학적 연산이나 알고리즘에만 적용할 수 있다. 다시 말해 알고리즘 학습을 위해 전체 데이터셋을 한 번에 학습하는 것이 필요하다면 배치 처리를 사용할 수 없다. 예를 들어 학습을 위해 특정 피처의 총합을 알아야 하는 알고리즘이라면 배치 처리는 실행 가능한 방법이 아니다. 전체 데이터셋의 부분 집합으로는 해당 정보를 얻을 수 없기 때문이다.

---

[15] 옮긴이_ 의사코드란 실제로 시스템에서 돌아가는 소스 코드가 아닌, 사람이 이해하기 쉽도록 편의에 따라 작성된 가짜 코드를 의미한다. 주로 로직이나 코드의 흐름을 설명하기 위한 목적으로 작성한다.

머신러닝 연구자나 실무자가 Fashion-MNIST에 대해 더 나은 성능과 정확도를 얻고자 다양한 머신러닝 모델을 사용한다고 가정해보자. 이때 어떤 알고리즘이 모델의 파라미터를 업데이트하기 위해 각 클래스마다 최소 10개의 데이터를 필요로 한다면, 배치 처리는 적절한 방법이 아니다. 모든 미니배치에 각 클래스별로 항상 최소 10개의 데이터가 포함되는 것이 보장되지 않기 때문이다. 특히 배치 크기가 작다면 더욱 그렇다. 극단적인 예시로 배치 크기가 10인 경우를 생각해보자. 모든 미니배치에 각 클래스의 데이터가 최소 하나씩 포함되는 경우, 즉 10개 클래스의 데이터를 모두 한 장씩 포함한 10장이 구성되는 경우는 매우 드물 것이다.

기억해야 할 또 다른 점이 있다. 머신러닝, 특히 딥러닝 모델을 학습시킬 때 적절한 배치 크기는 자원을 얼마나 사용할 수 있느냐에 따라 크게 달라진다는 것이다. 특히 공유 자원 환경shared-resource environment이라면 배치 크기를 결정하는 것이 더욱 어려워진다. 머신러닝 학습에서 자원을 얼마나 효율적으로 활용하는지는 모델의 구조뿐만 아니라 배치 크기에도 달려 있다. 이렇게 자원과 배치 크기 사이의 상호 의존성은 머신러닝 실무자가 작업을 효율적으로 실행하고 자원을 활용하기 위해 고려해야 하는 것들을 더욱 복잡하게 한다.

다행히도 배치 크기를 자동으로 최적화해주는 알고리즘과 프레임워크가 있다. 예를 들어 AdaptDL[16]을 사용하면 자동으로 배치 크기를 조절하여 효율적으로 분산 학습을 할 수 있다. 이 프레임워크는 학습 과정에서 시스템 성능과 그레이디언트 노이즈 스케일을 측정하여 가장 효율적인 배치 크기를 선택한다. [그림 2-7]은 ResNet18[17] 모델 학습 과정에서 수동 또는 자동으로 배치를 조정한 경우에 대한 전체 학습 시간을 비교한 것이다.

---

[16] https://github.com/petuum/adaptdl
[17] https://arxiv.org/abs/1512.03385

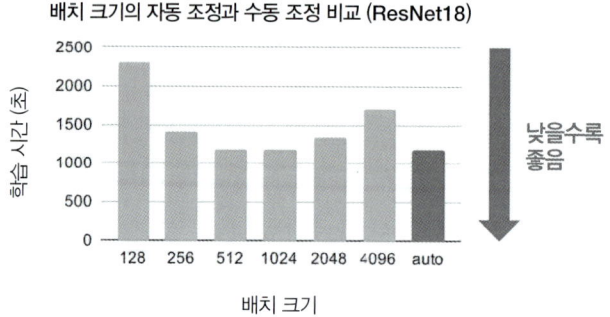

그림 2-7 수동과 자동 배치 크기 조정으로 ResNet18 모델을 학습시켰을 때 전체 학습 시간 비교[18]

배치 처리 패턴은 전체 데이터셋의 부분 집합을 배치로 추출하여 순차적으로 모델을 학습시킬 수 있는 효과적인 방법이다. 그러나 단일 서버에 맞지 않는 극도로 큰 데이터셋이라면 또 다른 기술이 추가로 필요하다. 다음 절에서는 이러한 문제를 다룰 수 있는 새로운 패턴을 소개한다.

예제

❶ 배치 처리에서 학습은 병렬로 진행되는가, 혹은 순차적으로 진행되는가?

❷ 머신러닝 프레임워크가 큰 데이터셋을 다루지 못하더라도 배치 처리 패턴을 활용할 수 있는가?

❸ 머신러닝 모델이 학습하는 과정에서 전체 데이터셋에서 특정 피처의 평균이 필요한 경우 배치 처리 패턴을 사용할 수 있는가?

---

18 출처: Petuum, licensed under Apache License 2.0.

2.4 샤딩 패턴: 매우 큰 데이터셋을 여러 워커에 분산시키기

2.2절에서 Fashion-MNIST 데이터셋을 소개했다. 이 데이터셋의 압축된 버전은 디스크의 약 30MB 정도만 차지했었다. 이런 경우에는 한 번에 모든 데이터셋을 메모리로 로드하는 것이 간단하지만 훨씬 큰 데이터셋이라면 쉽지 않은 문제가 된다.

2.2절에서 다룬 배치 처리 패턴은 데이터를 일정 개수만큼 미니배치로 묶은 뒤, 각 배치별로 모델을 순차적으로 학습시켜서 이 문제를 해결한다. 이러한 패턴을 사용하면 큰 데이터셋으로 모델을 학습시킬 수 있다. 또한 머신러닝 프레임워크의 기능만으로는 대규모 데이터셋을 처리할 수 없거나, 혹은 프레임워크 자체의 구현과 관련된 전문 지식이 필요한 상황에서도 사용할 수 있다.

이제 우리가 훨씬 커다란 데이터셋을 가지고 있다고 상상해보자. 이 데이터셋은 Fashion-MNIST의 약 1,000배에 달하는 크기를 가진다. 즉, 압축된 버전은 디스크에서 30MB × 1,000 = 30GB를 차지하며, 압축을 해제하면 약 50GB가 된다. 이 새로운 데이터셋에는 60,000 × 1,000 = 6천만 개의 학습 데이터가 있다.

이렇게 확장된 Fashion-MNIST 데이터셋을 사용하여 머신러닝 모델을 학습시키고, 이미지를 티셔츠나 가방 등과 같은 서로 다른 클래스로 분류해보자. 머신러닝 모델의 세부 구조는 3장에서 깊게 다루므로 지금은 고려하지 않고, 여기서는 데이터 수집과 관련된 구성 요소에만 집중한다. 또한 속도 향상을 위해 세 개의 워커를 사용할 수 있다고 가정한다.

데이터셋이 꽤 크기 때문에 이전에 배운 배치 처리 패턴을 적용해볼 수 있다. 전체 데이터셋을 작은 배치로 나누어 메모리에 로드할 수 있는 크기로 만든다. 우리가 가지고 있는 노트북이 충분한 자원을 가지고 있다고 가정한다면, 50GB의 압축 해제된 데이터셋을 디스크에 저장하고 각 배치가 5GB인 10개의 작은 배치로 나눌 수 있다.

이렇게 배치 처리를 이용하면 노트북이 큰 데이터셋을 배치로 나눈 데이터를 모두 저장할 수 있는 선에서 대규모 데이터셋을 다룰 수 있다. 이 다음 단계는 데이터 배치를 사용하여 모델 학습 프로세스를 시작하는 것이다. 2.3절에서 모델을 한 번에 배치 하나씩 순서대로 학습시켰던 것을 기억해보자. 다시 말하면 모델이 하나의 배치를 전부 사용한 뒤 다음 배치가 사용된다.

2.4.1 문제

데이터를 순차적으로 사용하는 이 과정은 전체 모델 학습 프로세스를 느리게 만드는 원인이 된다. 예를 들어, 5GB 크기의 데이터 배치가 모델 학습에 약 한 시간이 걸린다고 가정하면 전체 데이터셋에 대한 모델 학습 프로세스를 완료하는 데 10시간이 걸리게 된다.

배치 처리 방식은 모델을 배치별로 순차적으로 학습시킬 충분한 시간이 있는 경우에는 괜찮은 방법일 수 있다. 그러나 실제 애플리케이션을 개발하기 위해서는 더 효율적으로 모델을 학습시키는 방법이 필요하다.

2.4.2 해결책

배치 패턴만 활용한다면 모델을 순차적으로 학습시키는 것이 매우 느릴 수 있다. 그렇다면 이 과정을 더욱 빠르게 만들기 위해서는 무엇을 더 할 수 있을까? 배치 처리 패턴의 가장 큰 문제는 모델을 배치별로 순차적으로 학습시켜야 한다는 점이다. 그렇다면 여러 배치를 준비한 뒤, 이를 모델이 한 번에 사용하도록 한다면 어떨까? [그림 2-8]는 전체 데이터셋을 두 개의 배치로 나눈 뒤, 각 배치가 동시에 모델 학습에 사용되는 방식을 그린 것이다. 안타깝게도 한정된 노트북 메모리 위에 두 개의 배치를 동시에 올릴 수 없기 때문에 이 방식은 아직 동작하지 않는다. 하지만 곧 알아볼 해결책과 가까운 형태를 가진다.

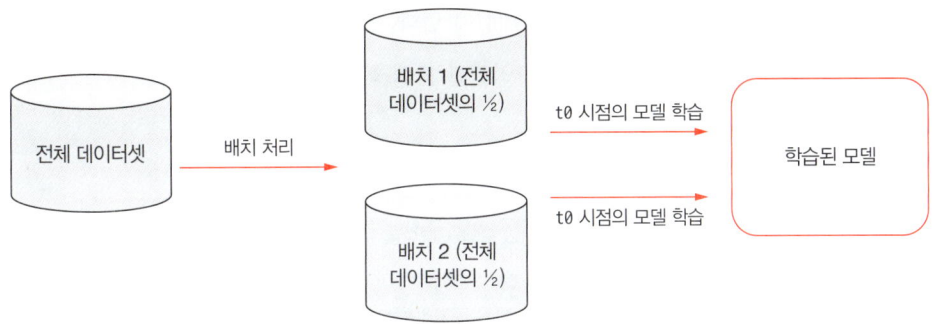

그림 2-8 두 개로 나뉘어 동시에 모델 학습에 사용되는 배치 처리

여러 대의 워커가 있고 각 워커는 머신러닝 모델의 사본을 가진다고 가정해보자. 각 모델 사본은 기존처럼 한 번에 하나의 배치를 사용할 수 있다. 하지만 개별 워커가 여러 대라면 각 워커에 있는 모델은 독립적으로 여러 배치를 사용할 수 있다. [그림 2-9]는 각 워커가 개별 배치를 독립적으로 가져온 뒤 워커 내에 위치한 모델 사본을 학습시키는 다중 워커의 아키텍처를 나타낸다.

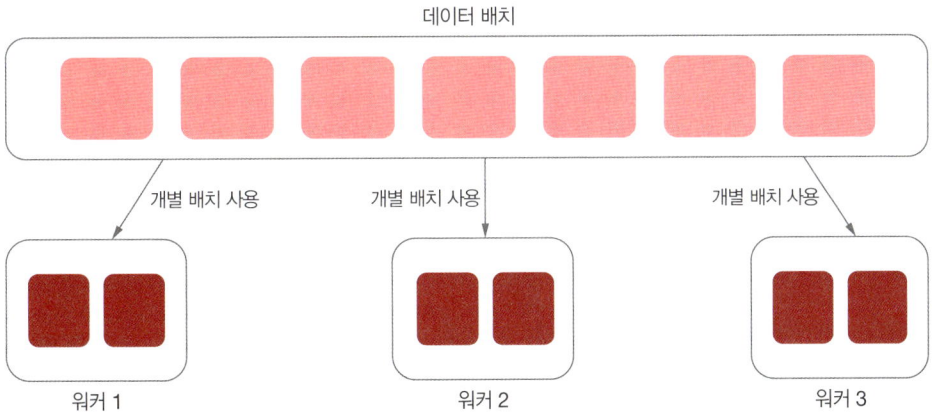

그림 2-9 독립적으로 개별 배치를 사용하는 여러 대의 워커

아마도 이런 궁금증이 생길 수 있다. 여러 모델 사본이 독립적으로 서로 다른 배치로 학습한다면 이 모델 사본 중 최종 모델은 무엇일까? 안심해도 좋다. 이러한 방식으로 모델 학습 프로세스를 어떻게 진행하는지와 관련된 자세한 내용은 3장에서 다룬다. 지금은 여러 워커가

독립적으로 여러 배치를 사용할 수 있는 패턴이 있다는 것만 기억하자. 기존에 배치별로 순차적으로 모델을 학습시킴으로써 크게 느려졌던 모델 학습 프로세스는 이러한 방법으로 크게 가속화될 수 있다.

> **NOTE** 3장에서는 여러 워커에 위치한 여러 개의 모델 사본으로 모델을 학습하는 데 도움이 되는 **집합 통신 패턴**collection communication pattern을 소개한다. 집합 통신 패턴은 각 워커에서 그레이디언트를 계산한 다음 모델을 업데이트할 때 워커 간 통신을 통해 각 모델 사본을 동기화하는 역할을 맡는다.

여러 워커에 배치를 분산시킬 수 있다면 각 워커에서 사용할 배치는 어떻게 생성하는지 알아보자. 우리의 시나리오에는 6천만 개의 학습 데이터가 있으며, 사용 가능한 워커는 세 대가 있다. 그렇다면 데이터셋은 서로 겹치지 않는 세 개의 부분 집합으로 나누고, [그림 2-11]에 나타난 것처럼 각 배치를 각각의 워커에 보낼 수 있다. 큰 데이터셋을 여러 개의 작은 조각으로 나누어 여러 워커에 분산시키는 프로세스를 샤딩sharding이라고 하며, 이러한 작은 데이터 조각을 데이터 샤드data shard라고 한다. [그림 2-10]은 원본 데이터셋이 겹치지 않는 여러 개의 데이터 샤드로 샤딩된 뒤, 여러 워커에 의해 사용되는 아키텍처를 나타낸다.

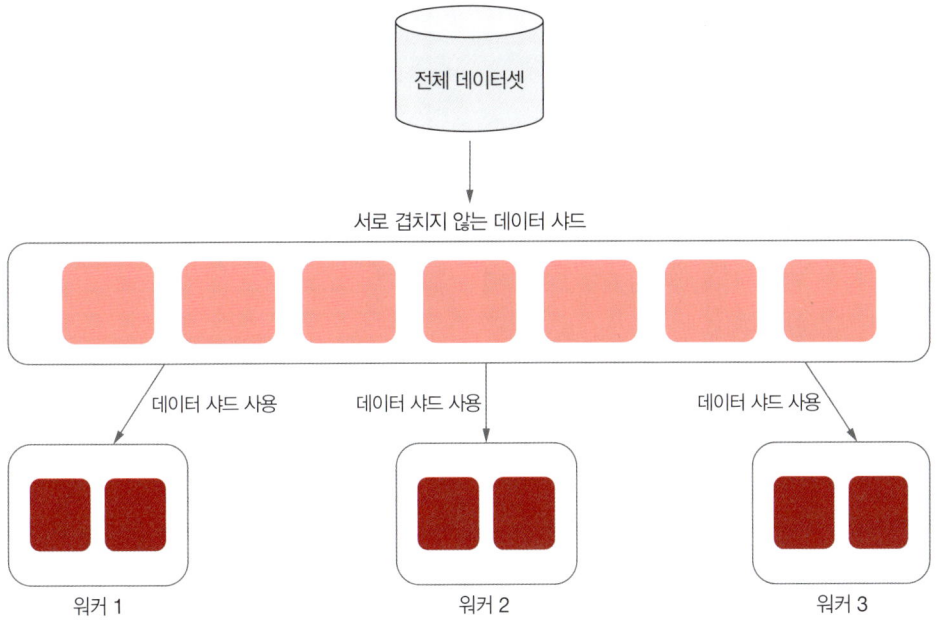

그림 2-10 여러 개의 겹치지 않는 데이터 샤드로 샤딩된 데이터셋과 학습 과정

> **NOTE** 샤딩은 분산 데이터베이스에서 자주 볼 수 있는 개념으로, 대규모 시스템에서 발생하는 여러 문제를 해결한다. 이 기법은 데이터베이스의 가용성을 높이고 처리량을 증가시키며 쿼리 응답 시간을 감소시키는 등 큰 규모에서 발생할 수 있는 문제를 해결하는 데 유용하다.

샤드는 본질적으로 전체 데이터셋의 일부를 포함하도록 분할하는 **수평 데이터 분할**[horizontal data partition]이며, 가로 분할이라고도 한다. 가로와 세로의 구분은 데이터베이스의 전통적인 표 형태에서 기인한다. 데이터베이스를 세로로 분할한다는 것은 테이블의 **열**[column]을 기준으로 분할하는 것이고, 가로로 분할한다는 것은 **행**[row]을 기준으로 분할하는 것을 의미한다. [그림 2-11]에 수직 분할과 수평 분할을 나타냈다. 수직 분할의 경우, 어떤 열을 기준으로 분할하는지에 따라 일부 행이 비어 있을 수 있으므로 수직 분할 중 오른쪽 파티션에는 다섯 행 중 세 행만 표시했다.

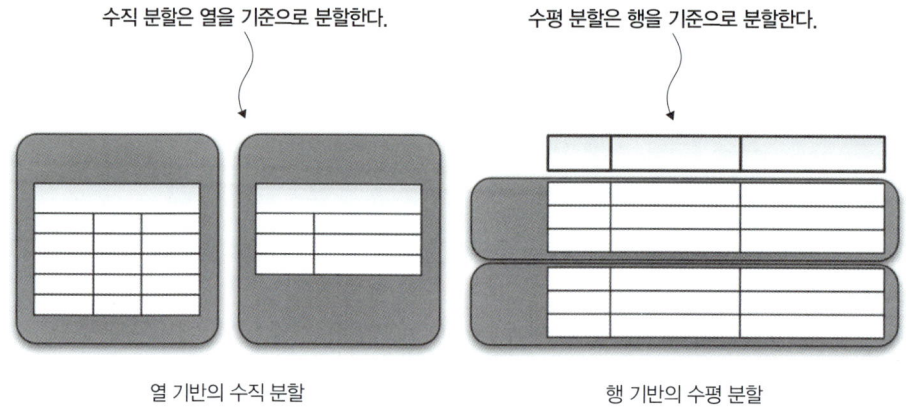

그림 2-11 수직 분할과 수평 분할[19]

이러한 **샤딩 패턴**은 다음과 같은 의사코드로 요약된다. 먼저 랭크 0에 해당하는 대표 워커에서 데이터 샤드를 생성한 뒤 다른 워커에게 샤드를 전송한다. 이후 첫 번째 로컬 데이터 샤드를 생성해서 모델을 학습시키고 새로운 로컬 샤드를 생성한다. 이 과정은 로컬 머신에서 더 이상 사용 가능한 샤드가 없을 때까지 반복한다.

코드 2-6 샤딩 패턴 의사코드

```
if get_worker_rank() == 0:              랭크 0인 대표 워커가 샤드를 생성한 뒤
    create_and_send_shards(dataset)     다른 모든 워커에게 전송한다.
shard = read_next_shard_locally()       로컬에서 사용할 첫 번째 샤드를 읽어온다.
while shard is not None:                데이터 샤드로 모델을
    model.train(shard)                  학습시킨다.
    shard = read_next_shard_locally()   다음 샤드를 읽어온다. 이 과정은 남은
                                        샤드가 없을 때까지 반복한다.
```

샤딩 패턴은 전체 데이터셋을 데이터 샤드로 나누어 여러 워커에 분산시킨다. 각 워커가 개별 샤드를 독립적으로 사용하는 방식으로 큰 규모의 데이터셋을 다룰 수 있다. 이 패턴은 배치 패턴이 모델을 순차적으로 학습시킴으로써 속도가 느려지는 단점을 보완한다. 워커의 자원의 크기가 서로 다르다면 각 워커가 연산을 수행할 수 있는 크기에 맞추어 샤드의 크기를 다르게 분할하는 것도 가능하다. 이 패턴은 9.1.2절에서 적용한다.

....
19 출처: YugabyteDB, licensed under Apache License 2.0.

2.4.3 고려 사항

샤딩 패턴을 활용해 매우 큰 데이터셋을 여러 데이터 샤드로 나누어 여러 개의 워커에 분산시키는 방법을 알아보았다. 각 워커가 각각의 데이터 샤드를 독립적으로 담당해서 모델을 학습시키는 방식으로 학습이 더 빨라졌다. 이 방법을 이용하면 매우 큰 데이터셋으로도 머신러닝 모델을 학습시킬 수 있다.

질문을 던져보자. 데이터셋이 계속해서 커지면서 새롭게 입수되는 데이터를 모델 학습 프로세스에 추가해야 하는 경우에는 어떻게 해야 할까? 이런 경우 데이터셋이 업데이트되면 새로운 데이터 샤드가 여러 워커에 적절히 분산될 수 있도록 새로운 샤딩 작업을 주기적으로 진행해야 한다.

2.3.2절에서는 데이터셋을 단순히 겹치지 않도록 두 개의 샤드로 나눴지만, 현실 세계의 시스템에서 이렇게 수동으로 작업하는 방식은 이상적이지 않을뿐더러 적용하기도 어렵다. 수동 샤딩의 가장 큰 문제는 샤드가 균일하지 않게 할당될 수 있다는 점이다. 샤드의 크기가 균일하지 않으면 문제가 발생할 수 있다. 일부 샤드는 과도하게 커져 과부하가 걸리는 반면, 다른 샤드는 지나치게 작아 워커의 자원이 낭비될 수 있다. 이러한 불균형은 여러 개의 워커로 모델을 학습시키는 프로세스가 지연되는 원인이 된다. 이와 관련해서는 다음 장에서 자세히 다룬다. [그림 2-12]은 원본 데이터셋이 균일하지 않게 샤딩되어 사용되는 예시다.

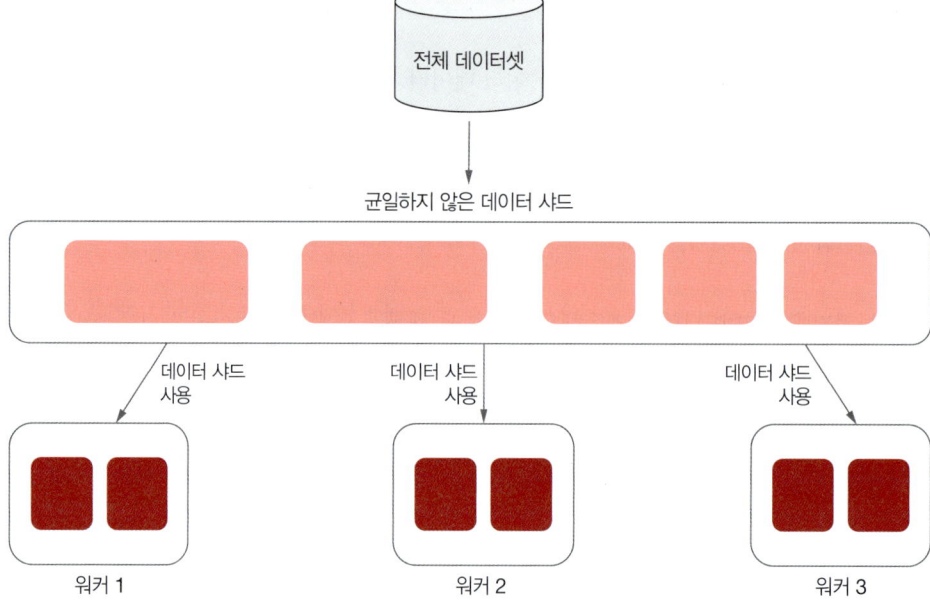

그림 2-12 원본 데이터셋이 불균일한 샤드로 분할되어 여러 워커에 의해 사용되는 예

한 샤드에 너무 많은 데이터가 들어가게 되면 속도가 느려지거나 서버에 과부하가 걸릴 수 있으므로 피하는 것이 좋다. 이 문제는 전체 데이터셋을 너무 적은 수의 샤드에 강제로 분산시키는 경우에 발생할 수 있다. 개발 환경 혹은 테스트 환경에서는 시도해도 큰 문제가 되지 않지만, 프로덕션 환경에서 사용하기에는 이상적이지 않다.

또한 데이터셋에 새로운 데이터가 업데이트될 때마다 수동으로 샤딩을 진행하는 것은 운영 비용이 클 뿐만 아니라 복잡도 또한 높아진다. 데이터 유실을 방지하기 위해 여러 개의 워커가 전부 백업되어야 하며, 데이터 마이그레이션 혹은 스키마 변경이 일어나는 경우 모든 샤드가 동일한 스키마 복사본을 유지하는 것 또한 보장되어야 한다.

이러한 문제를 해결하기 위해 수동 샤딩 대신 알고리즘을 기반으로 하는 자동 샤딩을 사용할 수 있다. 예를 들어 [그림 2-13]의 해시 샤딩$^{hash\ sharding}$은 데이터 샤드의 키값으로 해시를 생성한다. 생성된 해시값은 각 데이터가 속할 샤드를 결정한다. 균일한 해싱 알고리즘을 사용한다면 해시 함수가 데이터를 서로 다른 워커에 고르게 분산시킬 것이므로 위에서 언급한 문제를 줄일 수 있다. 또한 비슷한 데이터가 같은 샤드에 배치될 가능성도 낮아진다.

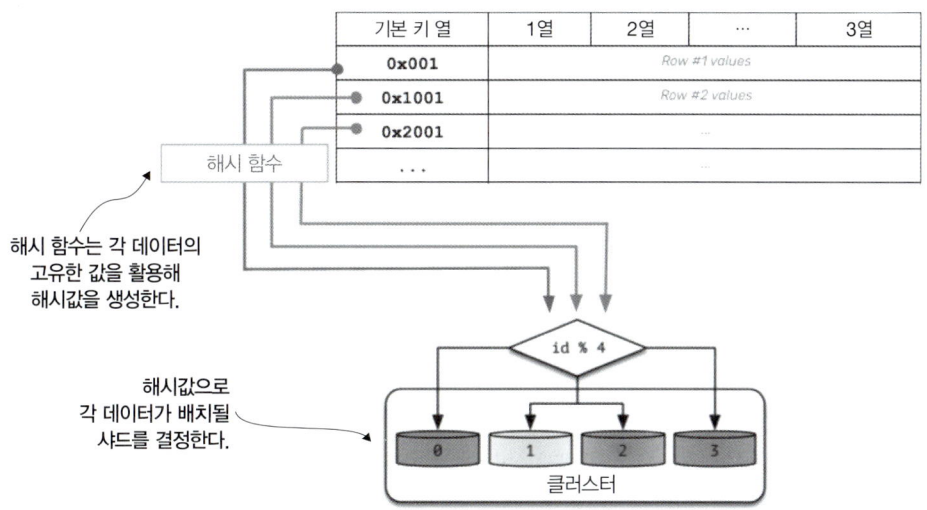

그림 2-13 각 데이터를 어떤 샤드에 배치할지 결정하는 해시 함수[20]

샤딩 패턴은 매우 큰 데이터셋을 여러 데이터 샤드로 나누어 여러 워커에 분산시키고, 각 워커가 개별 데이터 샤드를 독립적으로 사용함으로써 성능을 크게 높인다. 이 방법을 활용하면 배치 처리가 순차적으로 모델을 학습시킴으로써 생기는 지연을 피할 수 있다. 배치와 샤딩 패턴은 전체 데이터셋을 모두 사용하면서 모델 학습 프로세스를 향상시킨다. 다만, 전체 데이터셋을 여러 번 사용해야 하는 머신러닝 알고리즘과 같은 경우에는 배치 및 샤딩을 두 번 이상 수행해야 한다. 다음 절에서는 이 프로세스를 더 빠르게 하기 위한 패턴을 소개한다.

예제

❶ 샤딩 패턴은 가로 분할인가, 세로 분할인가?

❷ 모델은 각 샤드를 어디서 읽어오는가?

---

20 출처: YugabyteDB, licensed under Apache License 2.0.

❸ 수동 샤딩의 단점을 보완할 수 있는 대안이 있는가?

2.5 캐싱 패턴: 효율적인 학습을 위해 데이터 재활용하기

지금까지 배운 패턴을 되짚어보자. 2.2절에서는 대규모 데이터셋을 사용하는 과정에서 머신러닝 프레임워크가 큰 데이터셋을 처리할 수 없거나 프레임워크 자체를 구현하는 것에 대한 도메인 전문 지식이 필요한 경우 배치 패턴을 활용해 개선했다. 배치 처리 방식을 활용하면 메모리가 제한된 상황에서도 대규모 데이터셋을 처리하거나 비용이 많이 드는 작업을 효과적으로 수행할 수 있다. 또한 샤딩 패턴을 사용하면 매우 큰 데이터셋을 여러 데이터 샤드로 나누고, 여러 대의 워커를 추가해서 분산시킴으로써 각 데이터 샤드에 대한 모델 학습을 독립적으로 실행하는 방식으로 학습 속도를 높일 수 있다. 이러한 두 가지 패턴은 매우 큰 데이터셋으로 머신러닝 모델을 학습할 때 시간이 오래 걸리거나 단일 서버로 학습을 할 수 없는 상황을 해결한다.

다만 지금까지 고려하지 않은 또 다른 문제도 있다. 트리 기반 알고리즘이나 딥러닝과 같은 현대의 머신러닝 알고리즘은 대부분 여러 에포크^{epoch}에 걸친 학습이 필요하다. 1 에포크란 전체 데이터셋을 모두 사용하는 한 번의 주기를 의미한다. 즉, 데이터셋에 포함된 모든 데이터를 최소 한 번씩 전부 사용해서 학습을 진행하는 단위이다. 예를 들어 모델이 Fashion-MNIST 데이터셋으로 1 에포크를 학습했다면 60,000개의 데이터를 한 번씩 사용해 학습한 것과 같다. [그림 2-14]는 여러 에포크에 걸쳐 모델 학습을 진행하는 과정을 나타낸다.

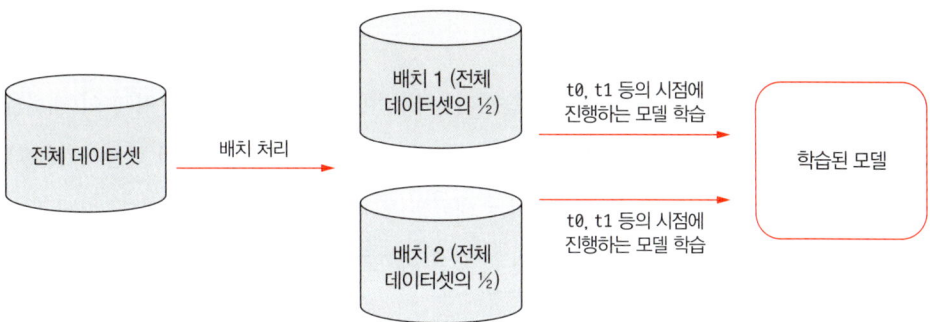

그림 2-14 여러 에포크에 걸쳐 진행하는 모델 학습 과정

머신러닝 알고리즘을 학습시킨다는 것은 일반적으로 서로 강한 의존성을 가지는 대규모의 파라미터 집합을 최적화하는 과정이다. 그렇기에 모델이 최적점에 도달하기 위해, 혹은 최소한 그 부근의 최적 공간에 안착하기 위해서는 매우 많은 양의 레이블링[21]된 데이터가 필요하다. 특히 딥러닝 알고리즘에서 주로 사용하는 확률적 경사 하강법$^{\text{stochastic gradient descent}}$의 경우 파라미터를 확률적으로 업데이트한다는 점을 고려하면 상황은 더 어려워진다. 확률적으로 더 효과적인 업데이트를 시도하는 만큼 더 많은 양의 데이터를 필요로 하기 때문이다.

Fashion-MNIST와 같은 다차원 데이터를 레이블링하는 작업은 비용이 많이 들 뿐만 아니라 저장 공간도 많이 차지한다. 이러한 이유로 대부분의 경우 학습 데이터는 모델이 실제로 충분히 학습하기 위해 필요한 데이터의 양보다 훨씬 적다. 또한 데이터셋에 충분한 정보가 포함되어 있더라도, 경사 하강법으로 그 정보를 추출하기 위해서는 상당한 시간이 걸릴 수 있다.

이렇게 데이터의 양이 부족해서 발생하는 문제는 주로 전체 데이터셋을 여러 번 학습시키는 방법으로 해결한다. 데이터를 여러 번 반복해서 학습하면 알고리즘은 점차 수렴할 수 있다. 즉, 모델을 여러 에포크에 걸쳐 학습시키면서 충분한 학습이 이루어지도록 한다.

---

21 옮긴이_ 레이블은 모델이 맞추어야 하는 정답 데이터를 의미한다. 이때 모델이 학습에 사용할 데이터에 레이블, 즉 정답 데이터가 없는 경우 수동 또는 자동으로 각 데이터 별 정답 데이터를 추가해야 하며, 이 작업을 레이블링이라고 한다.

2.5.1 문제

머신러닝 모델을 여러 에포크에 걸쳐 학습시키는 방법에 대해 알아보았다. 이제 이 패턴을 Fashion-MNIST 데이터셋에 적용해보자. 전체 데이터셋으로 모델을 한 번 학습시키는 데 세 시간이 걸린다면, 2 에포크를 학습시키는 데에는 두 배의 시간이 걸리게 된다. 실제로 현실 세계의 머신러닝 시스템은 이보다 훨씬 더 많은 에포크의 학습이 필요할 수 있다. 시간 관점에서는 효율적이지 않은 방식이다.

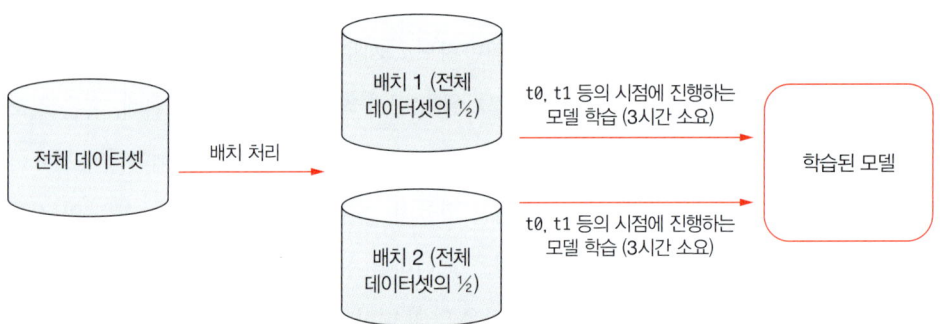

그림 2-15 1 에포크에 3시간이 걸리는 모델 학습 과정

2.5.2 해결책

머신러닝 모델을 여러 에포크에 걸쳐 학습시키는 데 비현실적으로 많은 시간이 든다면 어떤 방법으로 개선할 수 있을까? 첫 번째 에포크는 말 그대로 머신러닝 모델이 전체 데이터셋을 처음 사용해서 학습하는 단계이기 때문에 할 수 있는 방법이 거의 없다. 하지만 두 번째 이후라면 어떨까? 모델이 이미 데이터셋을 한 번은 사용했다는 점을 활용해 볼 수 있지 않을까?

모델 학습에 사용하는 노트북이 충분한 연산 자원과 메모리, 저장 공간을 가지고 있다고 가정해보자. 머신러닝 모델이 학습 데이터를 메모리에 올려서 사용했다면 나중에 학습할 때 디스크에서 메모리로 올리는 작업을 반복하는 대신 데이터를 메모리에 유지시키는 방법이 있다. 다른 말로 하면 학습 데이터를 캐싱caching해놓는 것이다. 데이터가 디스크 대신 메모리에 유지된다면 해당 데이터에 다시 접근하는 것은 훨씬 빨라진다.

예를 들어 [그림 2-16]에 나타난 것처럼 각 배치에 대한 학습을 마치면 해당 배치를 **캐시**cache에 저장한다. 이렇게 하면 다음 에포크에서 같은 데이터로 학습을 다시 진행할 때 인메모리 캐시in-memory cache에 직접적으로 접근해 데이터를 가져옴으로써 데이터 로드에 걸리는 시간을 크게 줄일 수 있다.

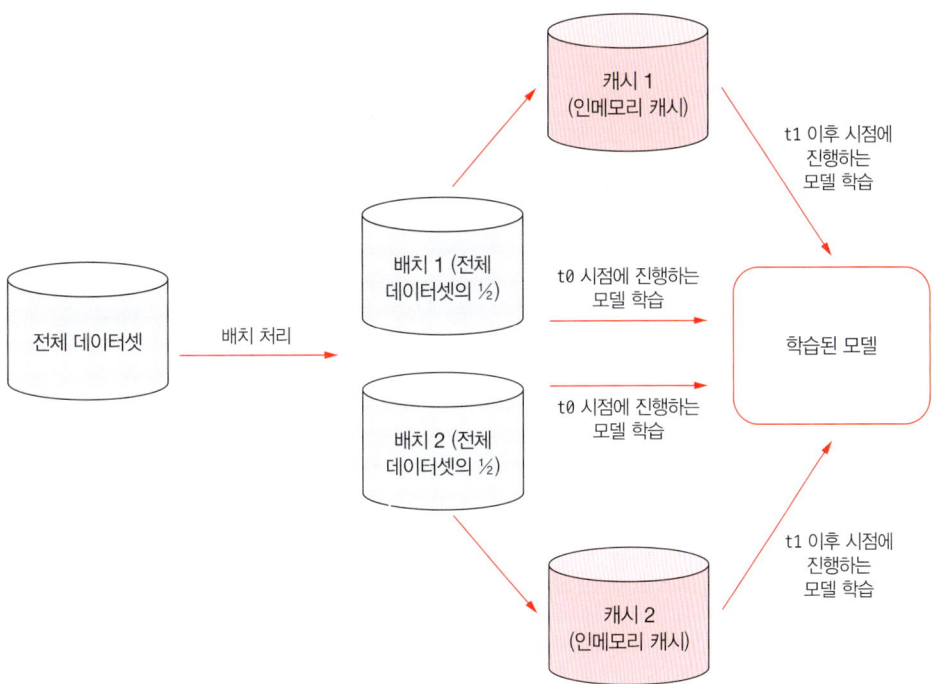

그림 2-16 t0, t1 등의 시점에 원천 데이터 대신 캐시를 사용하여 여러 에포크의 모델 학습을 실행하는 과정

이러한 캐싱 패턴의 의사코드는 [코드 2-7]에서 확인할 수 있다. 첫 번째 에포크에서는 이전과 같이 데이터를 읽어온 뒤 각 배치를 모두 캐시에 저장한다. 두 번째 이후의 에포크에서는 배치를 캐시로부터 읽어온 뒤 모델을 학습시킨다.

코드 2-7 캐싱 패턴 의사코드

```
batch = read_next_batch(dataset)          ◁── 데이터셋으로부터 첫 번째 배치를 읽어온다.
cache = initialize_cache(batch)           ◁── 첫 번째 배치로 캐시를 생성한다.
while batch is not None:                  ┐ 첫 번째 에포크에서 배치를
    model.train(batch)                    │ 순차적으로 읽어와서 학습한다.
    cache.append(batch)                   ┘
    batch = read_next_batch(dataset)
while current_epoch() <= total_epochs:    ┐ 두 번째 이후의 에포크에서는
    batch = cache.read_next_batch()       │ 캐시로부터 배치를 읽어와서 학습한다.
    model.train(batch)                    ┘
```

원본 데이터셋을 학습에 활용될 수 있는 형태로 전처리하는 데에도 많은 시간이 소요된다면 원본 데이터셋을 전처리한 결과를 캐싱하는 것도 효율적이다. [코드 2-8]은 이와 같은 전처리 과정을 포함한다.

코드 2-8 전처리 과정을 포함한 캐싱 패턴 의사코드

```
batch = read_next_batch(dataset)
cache = initialize_cache(preprocess(batch))   ◁── 전처리가 완료된 배치로 캐시를 생성한다.
while batch is not None:
    batch = preprocess(batch)
    model.train(batch)
    cache.append(batch)
    batch = read_next_batch(dataset)
while current_epoch() <= total_epochs:
    processed_batch = cache.read_next_batch() ┐ 캐시에서 전처리가 완료된 배치를
    model.train(processed_batch)              ┘ 가져와서 학습한다.
```

[코드 2-7]과 [코드 2-8]의 기본 논리는 동일하다. 모두 첫 번째 에포크는 기존과 동일하게 진행하되, 그 과정에서 각 배치를 캐시에 저장해놓은 다음 두 번째 이후 에포크부터는 캐시에 저장된 배치로 학습을 진행한다. 다만 그 과정에서 시간이 오래 걸리면서도 에포크마다 동일하게 반복되는 전처리 과정까지 완료된 데이터를 캐시해놓는다면 시간을 더 줄일 수 있다.

캐싱 패턴을 활용하면 모델 학습 과정에서 동일한 데이터셋을 반복적으로 가져오느라 낭비되는 시간을 크게 줄일 수 있다. 캐싱의 또 다른 장점은 머신러닝 파이프라인에서 예상치 못

한 오류가 발생했을 때 캐시에 저장된 데이터를 재활용할 수도 있다는 점이다. 이 부분에 대해서는 9.1.1절에서 자세하게 알아본다.

2.5.3 고려 사항

각 워커의 메모리에 데이터를 저장하는 캐시를 활용함으로써 모델 학습 과정을 빠르게 하면서도 동일한 데이터에 다시 접근하는 데 낭비되는 시간을 줄이는 방법을 알아보았다. 하지만 워커가 모종의 이유로 종료된다면 어떻게 될까? 캐시는 메모리 위에 존재하기 때문에 워커가 OOM 에러 등으로 인해 다운된다면 캐시에 저장된 데이터는 모두 유실된다.

이러한 문제를 피하기 위해서는 데이터를 인메모리 캐시뿐만 아니라 디스크에도 함께 저장하는 방법을 고려할 수 있다. 디스크에 저장된 데이터는 워커의 실행이나 종료와 관계없이 영구적으로 유지되기 때문에 언제든 해당 데이터를 활용해서 학습을 재개하는 것이 가능하다. 학습 과정에서 유실된 데이터를 복구하거나 학습 과정 자체를 보다 안정적으로 만드는 방법에 대해서는 3장에서 자세히 알아본다.

캐시를 디스크에 함께 저장하는 것은 이후의 학습 과정에 도움이 되는 해결책일 수 있다. 그러나 여전히 메모리는 디스크보다 빠르며, 방법에 따라 최소 6배에서 최대 10만 배 이상의 속도 차이가 날 수 있다는 점을 기억하자. **순차 접근 메모리**^{Sequential Access Memory} (SAM)는 디스크가 데이터를 읽고 쓰는 속도에 비해 6배 정도 빠른 것에 그치지만, **랜덤 접근 메모리**^{Random Access Memory} (RAM)는 무려 10만 배나 빠르다. 하드디스크는 데이터를 읽거나 쓰는 데 몇 밀리초가 걸리는 반면, 램은 나노초 수준으로 빠르다. 따라서 메모리와 디스크를 사용하는 것에는 시간과 영속성 간의 트레이드오프가 존재한다. [그림 2-18]은 디스크 캐시를 이용한 모델 학습 과정을 나타낸다.

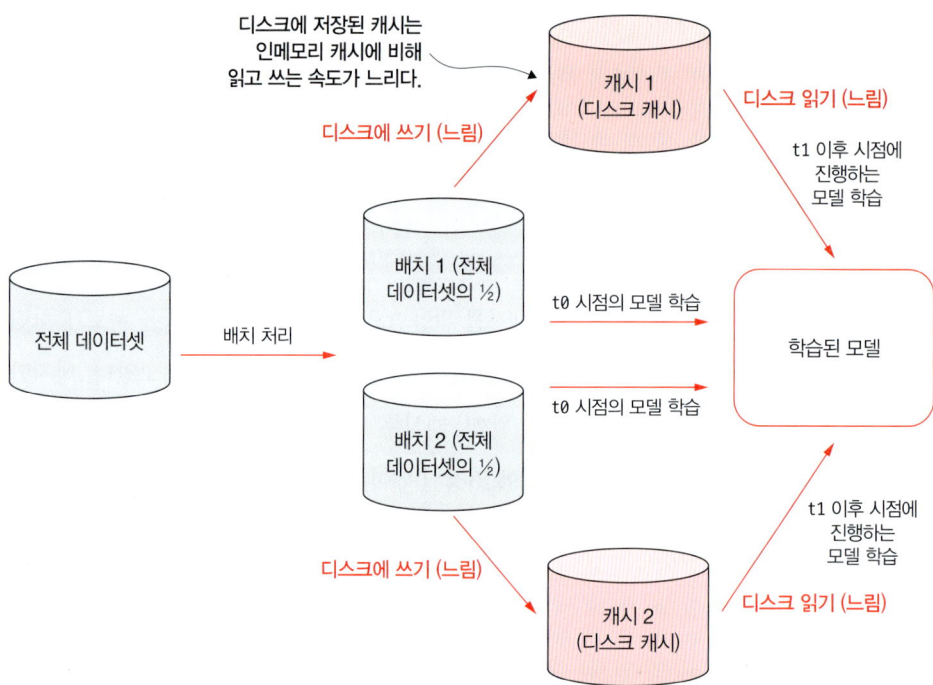

그림 2-17 t0, t1 등의 시점에 디스크 캐시를 사용하여 여러 에포크의 모델 학습을 실행하는 과정

일반적으로, 보다 견고하고 안정성이 요구되는 시스템이 필요한 상황이라면 디스크 캐시를 사용하고, 속도나 시간 비용을 줄이는 것이 더 중요한 상황이라면 인메모리 캐시를 사용하는 편이 좋다. 특히 디스크 캐시는 원격 데이터베이스로부터 데이터를 가져와서 사용할 때 매우 유용하다. 네트워크 통신은 매우 느리고 때로는 불안정한 경우도 있기 때문이다.

2.3.3절에서 언급했듯, 시간이 지나면서 데이터셋이 점점 커지는 경우에는 어떻게 될까? 데이터가 점점 늘어나면서 새로운 데이터가 들어온다면 각 워커에 할당된 데이터 샤드 또한 재분배되어야 한다. 따라서 캐시 또한 일정 주기마다 새로 업데이트가 되도록 설정해야 할 수 있다.

> **예제**

❶ 캐싱 패턴은 에포크별로 같은 데이터셋을 사용하는 경우와 에포크마다 다른 데이터셋을 사용하는 경우 중 어떤 경우에 더 유용한가?

❷ 원본 데이터셋을 전처리해서 사용해야 한다면 캐시에는 어떤 데이터를 저장해야 하는가?

❸ 디스크 캐시는 인메모리 캐시보다 빠른가?

> **예제 정답**

✏️ 2.3

① 배치는 데이터를 순차적으로 학습한다.

② 그렇다. 이러한 경우가 배치 처리 패턴을 활용하는 주요 사례이다.

③ 사용할 수 없다.

✏️ 2.4

① 가로 분할이다.

② 워커의 로컬 디스크에서 읽어온다.

③ 해시 샤딩과 같은 자동 샤딩을 활용할 수 있다.

✏️ 2.5

① 에포크별로 같은 데이터셋을 사용하는 경우에 유용하다.

② 전처리가 완료된 배치를 캐시에 저장함으로써 이후에 같은 작업을 반복하지 않도록 한다.

③ 아니다. 인메모리 캐시가 디스크 캐시보다 빠르다.

요약

- 데이터 수집은 머신러닝 파이프라인의 시작 단계에 해당한다. 시스템에 들어오는 모든 데이터를 모니터링하고, 필요하다면 모델 학습에 사용되기 위한 형태로 전처리하는 과정이 포함된다.

- 배치 처리 패턴은 데이터셋을 작은 배치로 쪼개어 메모리 위에 올려 사용함으로써 큰 규모의 데이터셋을 활용할 수 있게 한다.

- 샤딩 패턴은 데이터셋을 조각으로 나누어 각각의 워커가 독립적으로 처리함으로써 매우 큰 규모의 데이터셋을 활용할 수 있게 한다.

- 캐싱 패턴은 학습을 반복하면서 재사용해야 하는 데이터를 캐시로 저장함으로써 학습에 걸리는 시간을 줄인다.

CHAPTER 03

분산 학습 패턴

이 장의 내용

- 전통적인 모델 학습과 분산 학습 과정이 어떻게 다른지 알아본다.
- 단일 서버에 들어갈 수 없을 정도로 거대한 모델을 구축하기 위해 파라미터 서버를 어떻게 사용하는지에 대해 배운다.
- 집합 통신 패턴으로 분산 모델 학습 과정을 개선하는 방법에 대해 알아본다.
- 분산 모델 학습 과정에서 예기치 못한 문제가 발생하는 경우 이를 대응하는 방법을 알아본다.

2장에서 데이터 수집 과정에 필요한 몇 가지 실용적인 패턴을 알아보았다. 데이터 수집 과정은 분산 머신러닝 시스템의 시작점이자, 입수되는 모든 데이터를 모니터링하고 모델 학습에 필요한 전처리를 모두 수행하는 단계다.

데이터 수집을 완료했다면 다음으로 진행할 단계는 **분산 학습**$^{\text{distributed training}}$이다. 이 단계는 일반적인 분산 시스템에는 없지만 분산 머신러닝 시스템에서는 가장 중요한 단계다.

분산 머신러닝 시스템은 다양한 크기와 서로 다른 복잡도의 학습 과정을 모두 처리할 수 있도록 확장 가능하면서도 신뢰할 수 있는 형태로 디자인되어야 한다. 모델은 단일 서버에 들어갈 수 없을 정도로 클 수도 있고, 혹은 단일 서버에 들어갈 수는 있지만 분산 학습으로 연산 속도를 최적화하기에는 어려울 정도의 크기일 수도 있다.

예기치 못한 실패나 병목 현상이 발생한 경우 이를 대처하기 위한 방안도 필요하다. 예를 들어 데이터셋 일부가 손상되어 학습에 사용할 수 없다거나, 기상 악화나 사람의 실수 등으로 분산 클러스터 간의 네트워크가 불안정해지거나 심지어는 끊어지는 경우 이를 대처할 수 있어야 한다.

이번 장에서는 분산 학습 과정에서 발생할 수 있는 문제와 더불어 이 분야에서 널리 쓰이고 있는 몇 가지 방법에 대해 알아본다. 3.2절에서는 유튜브 영상에 태그를 붙이는 머신러닝 모델이 너무 커서 단일 서버에 들어가지 않는 사례를 소개하고, 이를 파라미터 서버 패턴으로 해결하는 방법을 알아본다. 3.3절에서는 집합 통신 패턴으로 중형 모델의 분산 학습 속도를 높이고 매개변수 서버와 워커 간에 발생하는 불필요한 통신 부하를 줄이는 방법을 알아본다. 마지막 절에서는 분산 머신러닝 시스템에서 손상된 데이터셋과 불안정한 네트워크 및 선점된 워커로 인해 종종 발생하는 취약점과 이러한 문제를 어떻게 해결할 수 있는지에 대해 알아본다.

3.1 분산 학습이란?

분산 학습은 2장에서 논의한 데이터 수집 과정에서 처리된 데이터를 가져와 모델을 초기화한 뒤, 여러 대의 서버로 구성된 분산 환경에서 모델을 학습시키는 과정이다. 이는 데이터셋과 모델이 하나의 기기에 저장되어 있는 단일 서버 환경의 전통적인 모델의 학습 과정과 혼동되기 쉽다. 분산 모델 학습은 일반적으로 동시에 실행되어 학습 과정을 크게 가속화할 수 있는 클러스터에서 이루어진다. 또한 전통적인 모델 학습은 데이터셋을 주로 단일 노트북이나 기기의 로컬 디스크에 저장하는 반면, 분산 모델 학습은 원격 분산 데이터베이스에 데이터셋을 저장하거나 여러 기기의 디스크에 데이터셋을 분할하여 저장한다. 모델이 단일 서버에 저장될 수 없을 만큼 크다면 전통적인 방식으로 단일 기기에서 모델을 학습시키는 것은 불가능하다. 네트워크의 경우 단일 로컬 네트워크 대신 인피니밴드^{InfiniBand}[1] 또는 RDMA$^{\text{Remote Direct}}$

---

[1] https://wiki.archlinux.org/title/InfiniBand

Memory Access[2]와 같은 고성능 네트워크를 주로 사용한다. [표 3-1]는 이러한 학습 방법의 차이를 나타낸다.

표 3-1 전통적인 모델 학습과 분산 모델 학습의 비교

	전통적인 모델 학습	분산 모델 학습
컴퓨팅 자원	개인 노트북 또는 단일 서버	여러 서버로 구성된 클러스터
데이터셋의 저장 위치	단일 서버의 로컬 디스크	클러스터의 분산 데이터베이스 또는 분할된 디스크
네트워크	로컬 네트워크	인피니밴드 또는 RDMA
모델 크기	단일 서버에 들어갈 수 있을 정도의 소형 또는 중형 모델	중형 또는 대형 모델

> **인피니밴드와 RDMA**
>
> 인피니밴드는 분산 학습과 같은 고성능 컴퓨팅에서 표준으로 쓰이는 네트워크 통신 아키텍처이다. 서버와 서버 간, 혹은 서버와 디스크 간 통신을 할 때 매우 높은 처리량^{throughput}과 낮은 지연^{latency}을 가진다는 특징이 있다.
>
> RDMA를 직역하면 원격 직접 메모리 접근으로, 여러 서버를 사용하는 클러스터 환경에서 서버의 운영체제와 관계없이 각 서버의 메모리에 직접적으로 접근할 수 있는 방법이다. 이 또한 높은 처리량과 낮은 지연을 가지는 통신을 제공하며, 분산 학습과 같이 서버 간의 통신이 잦은 경우 특히 유용하다.

3.2 파라미터 서버 패턴: 8백만 개의 유튜브 영상에 태그 달기

YouTube-8M[3]이라는 데이터셋이 있다. 이 데이터셋은 수백만 개의 유튜브 동영상으로 구

---

2 https://www.geeksforgeeks.org/remote-direct-memory-access-rdma/
3 https://research.google.com/youtube8m

성되어 있고, 각 동영상에는 모델이 생성한 다양한 태그가 붙어있다. 태그는 영상에 포함된 다양한 객체를 나타내며, 음식, 자동차, 음악 등 3,800개 이상의 종류로 구성된다. 이 데이터를 활용해 새로운 영상이 추가되었을 때 자동으로 알맞은 태그를 붙일 수 있는 모델을 학습시켜보자.

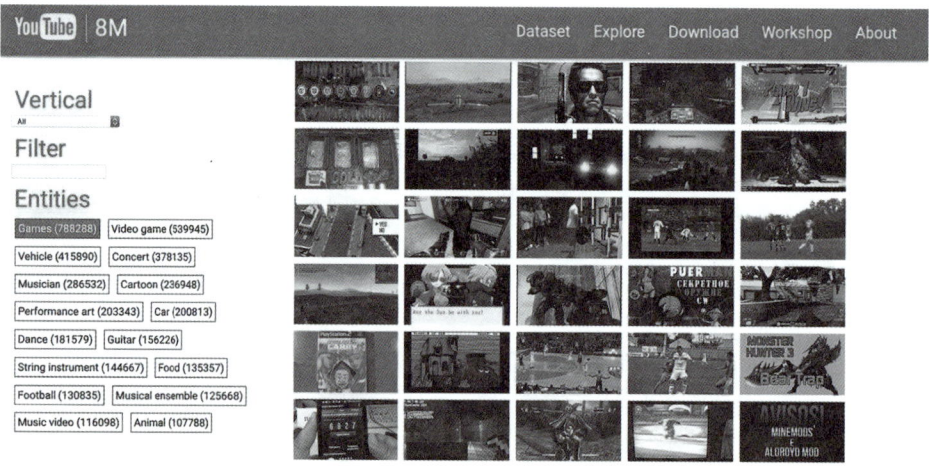

그림 3-1 YouTube-8M 데이터셋[4]

이 데이터셋에는 누가 보더라도 명확하게 구분되는 객체$^{coarse\ entity}$와 구분이 애매해서 분류하기 까다로운 객체$^{fine-grained\ entity}$가 섞여 있다. 전자의 경우 일반인이 몇 개의 샘플을 보고 나면 어렵지 않게 분류할 수 있지만, 후자는 겉보기에 매우 비슷하기 때문에 각 분야의 전문가만이 구분해낼 수 있다. 이 객체들은 먼저 모델이 탐지한 뒤 세 명의 평가자에 의해 실제로 식별 가능한지 추가 검증된 결과이다. 각 객체는 최소 123개 이상의 영상에 포함되며, 평균 3,552개의 영상에 포함된다. 평가자들은 영상 내 각 요소들이 얼마나 식별이 가능한지 1부터 5 사이의 점수를 매겼다. 1은 일반인도 쉽게 식별할 수 있는 정도를 나타낸다.

---

[4] 출처: Sudheendra Vijayanarasimhan et al. Licensed under Nonexclusive License 1.0

Entity Name	Entity URL	Entity Description
Thunderstorm	http://www.freebase.com/m/0jb2l	A thunderstorm, also known as an electrical storm, a lightning storm, or a thundershower, is a type of storm characterized by the presence of lightning and its acoustic effect on the Earth's atmosphere known as thunder. The meteorologically assigned cloud type associated with the thunderstorm is the cumulonimbus. Thunderstorms are usually accompanied by strong winds, heavy rain and sometimes snow, sleet, hail, or no precipitation at all...

평가자가 각 객체를 이해할 수 있도록 주어지는 설명

음성이나 제목, 댓글 등 기타 정보 없이 해당 객체를 탐지하기 위한 난이도는 어느 정도인가?

각 객체가 어느 정도로 식별 가능한지 평가하기 위해 주어지는 질문

1. 아무런 지식이 없는 일반인도 가능함
2. 일반인이 예시나 기본 지식을 학습하면 가능함
3. 각 분야의 전문가만 가능함
4. 시각적인 정보 외에 추가 정보 없이는 불가능함
5. 이미지 또는 동영상에 해당 객체가 존재하지 않음

그림 3-2 모델의 객체 탐지 결과를 평가하는 과정[5]

YouTube-8M을 제공하는 사이트의 Explorer 페이지[6] 왼쪽에는 모든 객체 태그 리스트와 태그별로 해당 객체를 포함하는 영상의 개수가 표시되어 있다. [그림 3-3]에 나타난 것처럼 각 객체의 태그 리스트는 영상이 많은 순서대로 정렬되어 있다. 가장 많은 영상에 포함된 객체는 '게임^{game}', '비디오 게임$^{video\ game}$', '탈것^{vehicle}'이며, 각각 41만개에서 78만개의 영상에 포함된다. 가장 적은 영상에 나타나는 객체는 '원통^{cylinder}'과 '회반죽^{mortar}'이며, 각각 123개와 127개의 영상에 포함된다.

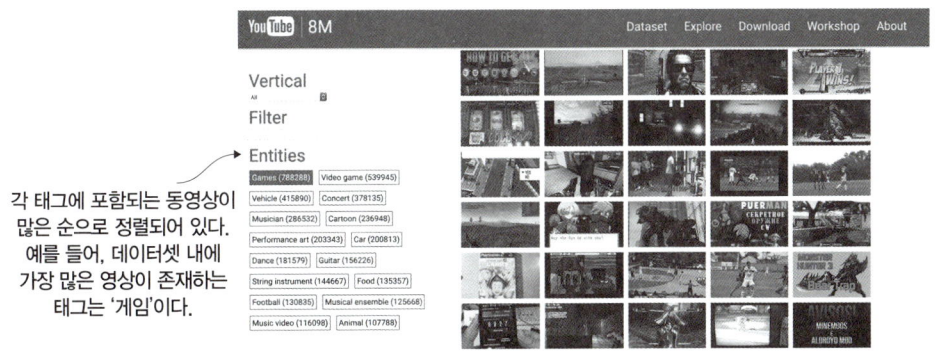

각 태그에 포함되는 동영상이 많은 순으로 정렬되어 있다. 예를 들어, 데이터셋 내에 가장 많은 영상이 존재하는 태그는 '게임'이다.

그림 3-3 YouTube-8M 사이트의 Explore 페이지[7]

....
5 출처: Sudheendra Vijayanarasimhan et al. Licensed under Nonexclusive License 1.0
6 http://research.goo-gle.com/youtube8m/explore.html
7 출처: Sudheendra Vijayanarasimhan et al. Licensed under Nonexclusive License 1.0

3.2.1 문제

이 데이터셋으로 이전에 본 적 없는 새로운 동영상에 알맞은 객체 태그를 붙일 수 있는 모델을 학습시킨다고 가정해보자. 간단한 데이터셋과 작은 머신러닝 모델을 사용한다면 어렵지 않은 문제일 수 있지만, YouTube-8M 데이터셋을 사용한다면 문제가 그리 간단하지 않을 것이다. 한 가지 다행인 점은 이 데이터셋은 수십억 개의 영상 프레임과 오디오 클립으로부터 추출 및 가공한 음성-시각audiovisual 피처를 제공하기 때문에 많은 양의 연산 자원이 필요한 피처 추출 작업을 직접 하지 않아도 된다는 것이다.

하나의 GPU만으로 하루 안에 베이스라인 모델을 만들 수 있지만, 이 데이터셋의 규모와 다양성을 고려하면 학습하는 데에만 몇 주가 걸리는 복잡한 음성-시각 모델을 만들 수도 있다. 이렇게 거대한 모델을 효율적으로 학습시키는 방법은 무엇일까?

3.2.2 해결책

먼저 YouTube-8M 사이트의 Explorer 페이지에서 몇 가지 객체를 살펴보자. 서로 관련이 있거나 겹치는 객체들이 있지 않을까? 데이터를 살펴보면서 모델을 효율적으로 학습시키는 데 유용한 정보를 찾아보자.

[그림 3-4]는 '반려동물pet' 태그에 포함된 영상을 나타낸다. 첫 번째 행의 세 번째 영상은 아이가 개와 함께 놀고 있는 모습이다.

그림 3-4 반려동물 태그에 포함된 영상 샘플[8]

비슷하지만 다른 태그로 분류된 객체를 살펴보자. [그림 3-5]에는 '동물^{animal}' 태그가 붙은 영상이 있다. 해당 태그가 붙은 영상에는 물고기, 말, 판다 등 다양한 동물이 나타난다. 다섯 번째 행의 세 번째 영상을 보자. 고양이가 진공 청소기로 청소를 당하고 있는 모습이 보인다. 이 영상의 고양이는 사람과 함께 생활하고 있으므로 누군가는 이 영상에 '동물'이 아닌 '반려동물' 태그를 달아야 한다고 생각할 수 있다.

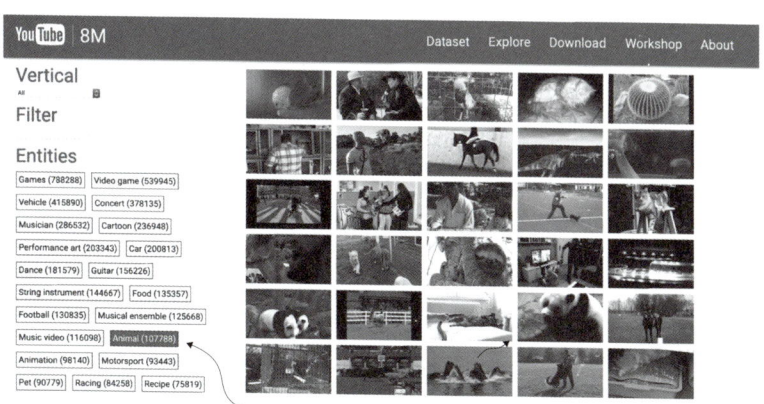

그림 3-5 동물 태그에 포함된 영상[9]

---

8 출처: Sudheendra Vijayanarasimhan et al. Licensed under Nonexclusive License 1.0
9 출처: Sudheendra Vijayanarasimhan et al. Licensed under Nonexclusive License 1.0

지금까지 확인한 내용을 토대로 머신러닝 모델을 만든다면 데이터셋을 모델에 바로 학습시키기보다는 추가적인 피처 엔지니어링[10]을 진행하는 것이 좋다. 동물과 반려동물 두 태그는 겹치는 영역이 있고 비슷한 정보를 담고 있기 때문에, 두 태그에 해당하는 피처를 하나로 합치는 경우 모델 성능이 올라갈 수 있다. 이렇게 피처 간의 조합을 탐색하고 다양한 피처 엔지니어링을 시도한다면, 이는 더 이상 하나의 GPU로 하루 안에 완료할 수 없는 작업이 된다.

전통적인 머신러닝 모델이 아니라 더욱 많은 피처 엔지니어링과 실험을 필요로 하는 딥러닝 모델을 사용한다면 객체별 피처 간에 내재된 관계와 특성을 더 잘 학습할 수 있다. 딥러닝 모델의 신경망 계층을 구성하는 가중치^{weight}와 편향^{bias} 벡터는 학습 과정에서 데이터셋에서 얻은 정보를 토대로 조정된다.

3,863개의 객체 중 단 10개만 사용한다면 유튜브 영상을 10개의 카테고리로 분류하는 문제로 변형해서 LeNet 모델을 사용해볼 수 있다. LeNet 모델은 크게 두 개의 컨볼루션^{convolution} 계층을 가지는 컨볼루션 인코더와 세 개의 완전 연결$^{fully-connected}$ 계층으로 구성된다. 문제를 단순화하기 위해 영상의 각 프레임은 28×28 해상도의 이미지라고 가정해보자. 이미지는 객체와 음성-시각 피처 간에 내재된 관계와 특성을 학습하는 여러 개의 컨볼루션 계층과 풀링^{pooling} 계층을 통과할 것이다.

> **LeNet 모델에 관한 짤막한 이야기**
>
> LeNet 모델[11]은 가장 처음 공개된 합성곱 신경망$^{Convolutional\ Neural\ Networks}$ (CNN)[12] 중 하나다. 공개된 직후 컴퓨터 비전 분야에서 뛰어난 성능을 나타내며 많은 주목을 받았다. 당시 AT&T 연구소의 연구원이었던 얀 르쿤$^{Yann\ LeCun}$이 공개했으며, 손글씨로 쓰여진 숫자 이미지를 인식하는 문제를 해결하는 모델로 소개되었다. 1989년 얀 르쿤은 십여 년의 연구와 개발을 통해 고안한 첫 번째 CNN 모델을 공개했다.

---

10 옮긴이_ 피처 엔지니어링이란 모델 학습에 쓰이는 피처를 가공하는 모든 작업을 지칭한다. 모델의 성능을 높이기 위해 불필요한 데이터를 제거하거나 적절한 형태로 변환 또는 병합하는 등의 작업을 할 수 있다.
11 https://en.wikipedia.org/wiki/LeNet
12 https://en.wikipedia.org/wiki/Convolutional_neural_network

> 공개 이후 LeNet은 서포트 벡터 머신$^{Support\ Vector\ Machine}$ (SVM)을 뛰어넘는 성능을 보였으며, 이후 오랫동안 머신러닝 분야 중 지도 학습 문제에서 가장 많이 사용되었다.

모델이 학습하는 내재된 특성은 모델의 파라미터 그 자체와 연관이 있다. 모델의 파라미터는 각 계층의 가중치와 편향으로 쓰이는 숫자로 구성된 벡터를 말한다. 학습 과정에서 모델은 영상의 각 프레임 이미지를 입력으로 받고 손실^{loss}을 계산하고, 음성-시각 피처와 객체가 서로 점점 더 가까운 의미를 가질 수 있도록 파라미터를 조정하는 과정을 반복한다.

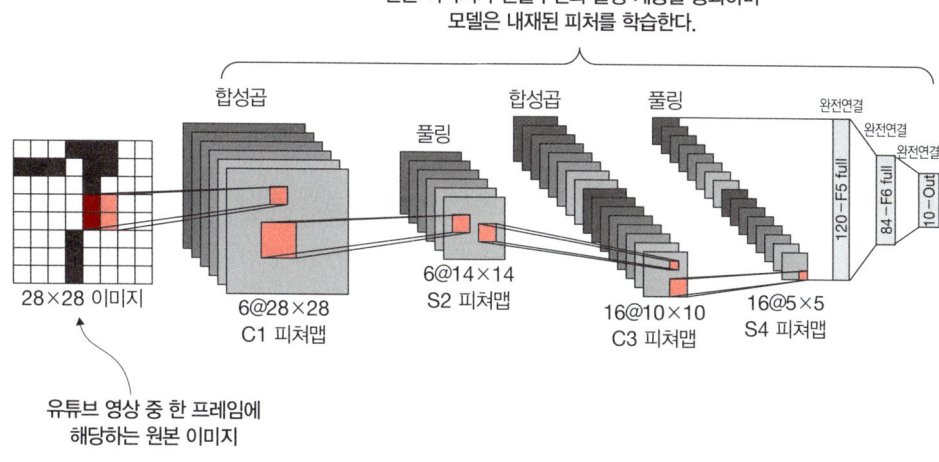

그림 3-6 유튜브 영상을 10가지 카테고리로 분류할 수 있는 LeNet 모델의 구조[13]

하지만 이러한 학습 과정은 느리다. 이를 개선하기 위해 학습 속도를 높일 수 있는 두 가지 해결책이 있다.

먼저 모델이 한 대의 서버에 들어갈 정도로 적당한 크기여서 저장소 부족이나 OOM 문제 등이 없다고 가정해보자. 이 경우 LeNet 모델의 모든 파라미터는 전용 서버 한 대에 저장해두고 학습 과정은 여러 서버가 나눠서 진행할 수 있다. [그림 3-7]은 이러한 학습 구조를 나타

---

[13] 출처: Aston Zhang et al. Licensed under Creative Commons Attribution-ShareAlike 4.0 International Public License

낸다.

각 워커에 전체 데이터셋 중 일부를 할당하고, 해당 데이터만 이용해 그레이디언트를 계산한 다음 모델 전용 서버로 해당 결과를 전송해 모델을 업데이트한다. 각 워커는 서로 격리된 연산 자원을 사용하므로 통신할 필요 없이 무거운 모델 학습 연산을 비동기적으로 수행할 수 있다. 각 노드 간의 통신 비용을 제외하면 세 개의 워커를 사용해 속도를 세 배로 향상시킬 수 있다.

모델을 저장하는 서버는 각 워커가 보내는 그레이디언트 정보를 모아 모델을 업데이트한다. 이러한 역할을 하는 서버를 파라미터 서버$^{parameter\ server}$라고 한다. **파라미터 서버 패턴**$^{parameter\ server\ pattern}$을 활용해서 보다 효율적인 분산 머신러닝 학습 시스템을 구축할 수 있다.

하지만 현실 세계는 순탄치 않다. 딥러닝 모델은 기본적인 신경망 구조 위에 추가 계층이나 구조가 얹어진 복잡한 형태를 가진다. 이렇게 복잡한 모델은 파라미터 수 또한 매우 크기 때문에 용량이 크다. 이에 따라 학습을 제대로 실행하려면 더 많은 저장소나 메모리, 혹은 연산 자원이 필요하다. 모델이 너무 커서 하나의 파라미터 서버에 들어가지 않는다면 어떻게 해야 할까?

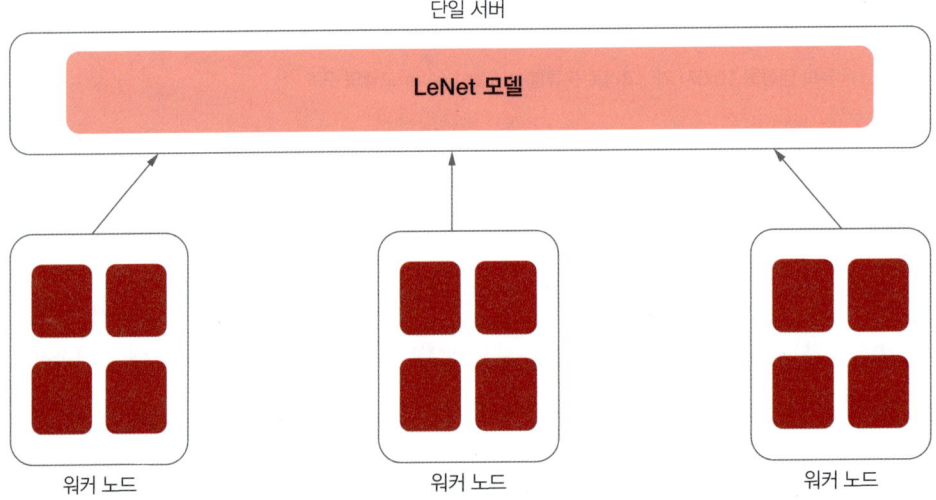

그림 3-7 단일 파라미터 서버로 구성된 머신러닝 학습 구조

다음 해결책은 이런 상황까지 해결할 수 있다. 파라미터 서버를 여러 대 사용하면서 모델 또한 모델 파티션model partition이라고 하는 여러 조각으로 나누어 각각의 파라미터 서버에 저장하고 업데이트하는 것이다.

[그림 3-8]은 여러 대의 파라미터 서버를 사용한 모델 학습 구조를 나타낸다. [그림 3-7]과 다르게 여러 대의 파라미터 서버가 하나의 모델을 쪼개서 각 파티션을 저장한다. 각 워커는 데이터셋의 일부인 데이터 파티션을 활용해 연산을 진행하고, 각 워커가 계산한 그레이디언트 결과로 모델 파티션을 업데이트하기 위해 파라미터 서버로 전송한다. 다만 앞서 언급했듯 각 워커는 비동기적으로 연산을 수행하기 때문에 각 워커가 업데이트하는 모델 파티션은 최신 버전이 아닐 수 있다. 각 워커가 항상 최신 상태의 모델 파티션을 업데이트하는 것이 보장되려면 각 워커는 주기적으로 파라미터 서버와 통신하면서 다른 워커에 의해 업데이트된 최신 모델 파티션을 받고pull, 또 해당 워커가 업데이트한 모델 파티션을 파라미터 서버로 보내야push 한다.

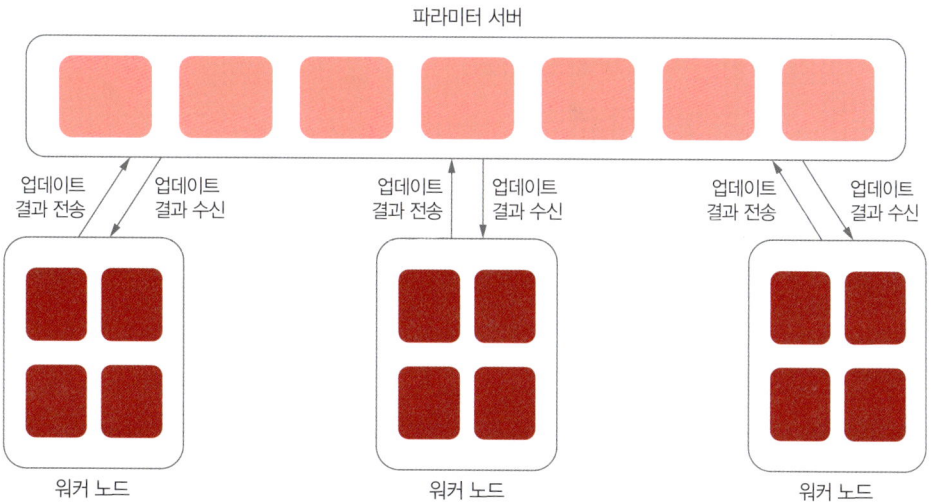

그림 3-8 여러 개의 파라미터 서버로 구성된 머신러닝 학습 구조

파라미터 서버를 활용하면 새로운 유튜브 영상에 태그를 붙이는 모델을 학습시킬 수 있다. [그림 3-9]는 태깅 모델이 '비행기'라는 태그를 붙인 영상의 일부다. 그림에 있는 영상들은 모

델을 학습시키는 데 사용되지 않았지만, 모델이 해당 영상들에 적절한 태그를 성공적으로 부여했다. 이렇게 모델이 너무 커서 단일 서버에 들어가지 않는 경우라도 모델을 효율적으로 학습시킬 수 있다. 다만 이렇게 모델이 한 서버에 들어가지 않을 정도로 거대한 경우라면 이러한 패턴이 효과적일 수 있지만, 그렇지 않은 경우 오히려 작업을 비효율적으로 만들 수도 있다.

그림 3-9 모델 학습에 쓰이지 않았음에도 모델이 비행기라고 태깅한 영상들[14]

3.2.3 고려 사항

파라미터 서버 패턴이 무엇인지와 이를 활용해 YouTube-8M 데이터셋으로 모델을 어떻게 학습할 수 있을지 알아보았다. 파라미터 서버 패턴은 모델이 너무 커서 단일 서버에 저장할 수 없을 때 유용하다. 하지만 실제 환경에서는 분산 학습 시스템을 더 효율적으로 구축하기 위해 추가로 고려해야 할 사항들이 많다.

---

[14] 출처: Sudheendra Vijayanarasimhan et al. Licensed under Nonexclusive License 1.0

머신러닝 엔지니어 혹은 DevOps[15] 엔지니어는 파라미터 서버 패턴을 구성할 때 파라미터 서버와 워커를 각각 몇 대씩, 혹은 어떤 비율로 구성할지 결정하는 데 어려움을 겪을 수 있다. 워커가 계산한 그레이디언트뿐만 아니라 파라미터 서버에 있는 최신 모델 파티션을 주고받는 것까지 고려한다면 워커와 파라미터 서버 간 발생하는 통신 비용은 적지 않다. 모델이 더욱 커서 파라미터 서버의 수가 더 늘어난다면 각 워커에서 실행되는 연산에 비해 통신 비용이 막대해지는 경우가 생길 수도 있다.

3.3절에서는 이러한 통신 비용과 관련한 문제에 대해 알아본다. 워커와 파라미터 서버 간의 통신을 최적화하기 위해 쏟는 노력을 줄일 수 있을 것이다.

예제

❶ 한 대의 노트북에서 여러 개의 CPU나 GPU를 사용해 학습한다면 이것은 분산 학습이라고 할 수 있는가?

❷ 워커나 파라미터 서버가 늘어나면 어떤 일이 발생하는가?

❸ 파라미터 서버는 CPU, GPU, 메모리, 디스크 중 어떤 자원을 가장 필요로 하며, 해당 자원을 어느 정도로 할당해야 하는가?

---

15 옮긴이_ DevOps는 Development와 Operations의 합성어로, 소프트웨어 개발 생태계에서 필요한 모든 인프라나 환경을 구축 및 운영하는 분야를 일컫는다. 일반적인 소프트웨어 엔지니어가 개발한 서비스를 안정적으로 배포 및 운영하고, 사용되는 자원에 대한 모니터링과 효율적인 운영 등과 같은 업무를 담당한다.

3.3 집합 통신 패턴: 파라미터 서버가 병목이 되지 않도록 개선하기

3.2절에서 8백만 개의 유튜브 영상에 태그를 다는 모델과 같이 너무 커서 단일 서버에 들어가지 않는 경우를 대응하기 위한 파라미터 서버 패턴을 알아보았다. 매우 큰 모델을 다루기 위해 파라미터 서버 패턴을 고려할 수 있지만 이를 실제로 구현하고 운영하는 것은 간단하지 않다.

앞서 언급했듯 분산 머신러닝 시스템의 인프라를 운영하는 DevOps 엔지니어는 파라미터 서버와 워커의 수와 비율을 조정하는 데 어려움을 겪을 수 있다. 예를 들어 [그림 3-10]과 같이 세 대의 파라미터 서버와 세 개의 워커가 있다고 가정해보자. 세 워커는 각각 무거운 모델 학습 연산을 실행한 뒤 모델을 업데이트하기 위해 파라미터 서버와 비동기적으로 통신한다.

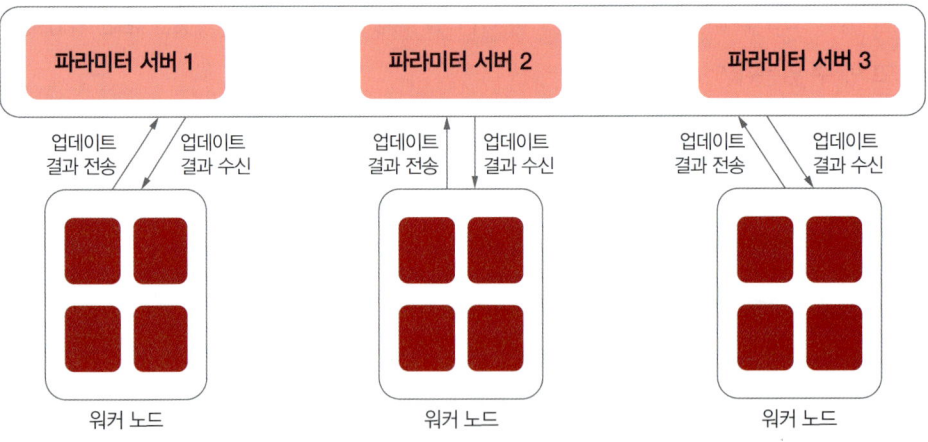

그림 3-10 세 개의 파라미터 서버와 세 개의 워커로 구성된 분산 모델 학습 구조

하지만 워커와 파라미터 서버가 각각 세 대씩 있다고 해도, 실제로 이들이 일대일 통신하는 형태로 동작하지는 않는다. 경우에 따라 서로 다른 워커가 동일한 모델 파티션의 업데이트를 시도할 수 있다. 예를 들어 [그림 3-11]처럼 두 개의 워커가 연산을 마친 뒤 같은 파라미터 서버로 동시에 업데이트를 요청했다고 가정해보자.

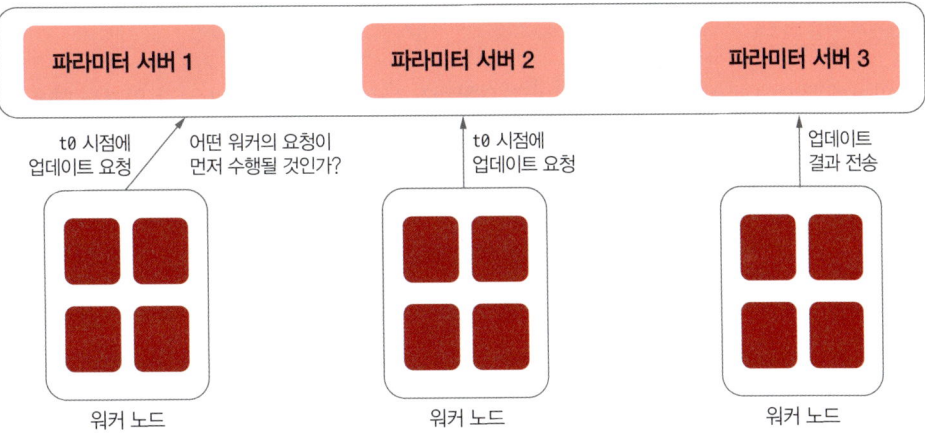

그림 3-11 두 워커가 동시에 같은 파라미터 서버로 업데이트를 요청한 경우

결과적으로 두 워커는 서로를 블로킹^{blocking}[16]하게 된다. 이는 두 워커가 동시에 파라미터 서버의 모델을 업데이트할 수는 없다는 뜻이다.

3.3.1 문제

이러한 문제로 인해 파라미터 서버가 각 워커로부터 계산된 그레이디언트를 제 시간 안에 수집해서 모델을 업데이트하는 것이 어려워진다. 안타깝게도 현실 세계에서 여러 개의 워커를 사용하는 경우 이렇게 동시에 업데이트 요청을 보내는 일은 매우 흔하다. 이러한 통신 문제를 해결하고 넘어갈 필요가 있다.

워커와 파라미터 서버 개수의 비율이 적절하지 않다면 문제가 더 커질 수 있다. 예를 들어 파라미터 서버 대비 워커가 과도하게 많다면 동시에 발생하는 업데이트 요청은 더욱 많아질 것이다. 이렇게 통신 과정에서 생기는 병목 현상은 학습 과정을 훨씬 비효율적으로 만든다. 그렇다면 이러한 문제를 어떻게 해결할 수 있을까?

---

16 옮긴이_ 블로킹(blocking)은 한 번에 하나의 요청만 처리함으로써 처리 중에 들어온 요청은 대기하게 하는 동작을 나타내는 개념이다.

3.3.2 해결책

두 워커가 동시에 동일한 파라미터 서버로 요청해서 블로킹이 생기는 경우 각 워커는 합을 맞춰야 한다. 어떤 워커가 먼저 요청을 보낼지 정하고, 순서에 따라 계산된 그레이디언트를 각 파라미터 서버에 전송한다. 하나의 워커가 그레이디언트 전송을 완료하면 파라미터 서버는 모델을 업데이트한 뒤 최신 모델 파티션을 다시 해당 워커로 전송한다. 이를 통해 워커는 최신 모델을 받을 수 있다. [그림 3-12]와 같이 한 워커가 최신 모델을 수신하는 시점에 다른 워커가 연산이 완료된 결과를 파라미터 서버로 전송하고자 한다면 또다시 블로킹이 발생할 수 있고, 또 다른 작업 재조정이 필요하다.

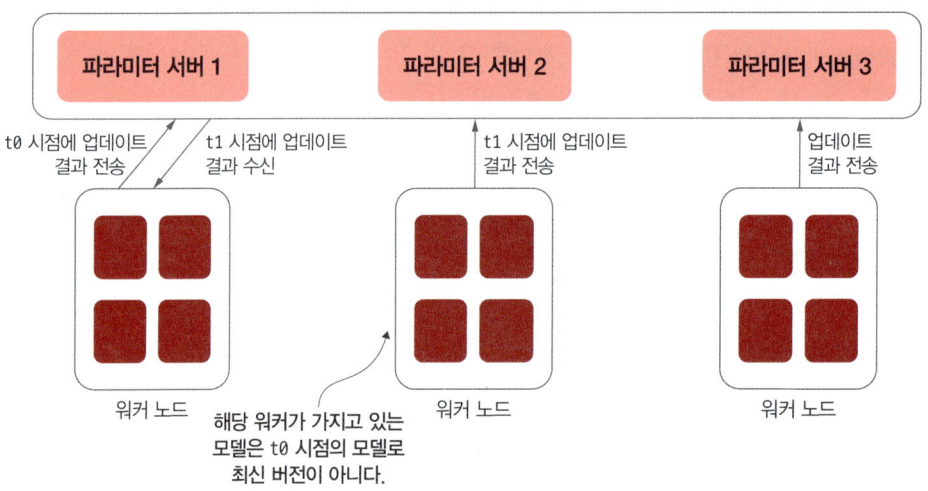

그림 3-12 한 워커가 최신 모델을 수신함과 동시에 다른 워커가 연산 결과를 보내는 경우

이런 상황에서 워커 간 동기화를 하는 것은 쉽지 않다. 각 워커가 계산한 그레이디언트가 최신 모델로 계산한 것이 아닐 수 있기 때문이다. 각 워커가 가지고 있는 모델 간의 차이가 작다면 큰 문제가 되지 않겠지만, 작은 차이가 쌓여 점차 큰 차이를 만들게 된다면 모델이 제대로 학습되지 못하는 상황이 될 수 있다.

[그림 3-13]처럼 하나의 파라미터 서버가 전체 모델의 3분의 2만큼의 파라미터를 가지고 있다면, 해당 모델 파티션이 최신 버전이 아닌 상태에서 그레이디언트를 계산할 경우 문제가

발생한다. 이는 모델 품질에 큰 영향을 미칠 수 있다. 때에 따라서는 최신 버전으로 계산되지 않은 그레이디언트는 사용하지 않고 버리는 것이 더 나은 선택일 수 있다.

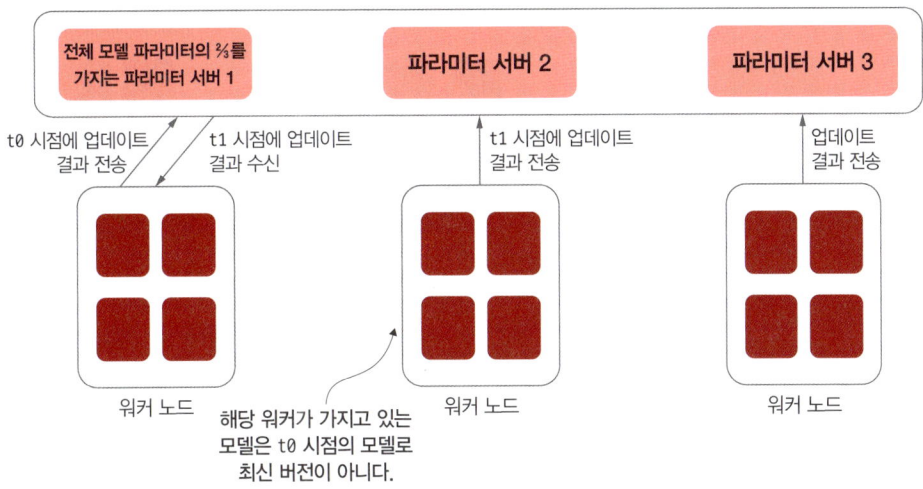

그림 3-13 하나의 파라미터 서버가 많은 양의 모델 파라미터를 가지고 있는 경우

그렇다면 또 다른 문제가 생긴다. 연산이 완료된 그레이디언트가 최신 버전이 아니어서 버리고자 할 때, 해당 연산이 [그림 3-14]처럼 전체 데이터셋 중 많은 양을 이용한 연산이라 매우 오래 걸리는 작업이었다면 어떨까? 다시 계산하는 데 또다시 많은 시간이 필요하게 된다. 이런 상황이라면 재연산을 하기 위해 다시 많은 시간을 들이는 것보다 조금 최신화가 덜 된 그레이디언트를 사용하는 것이 나을 수 있다.

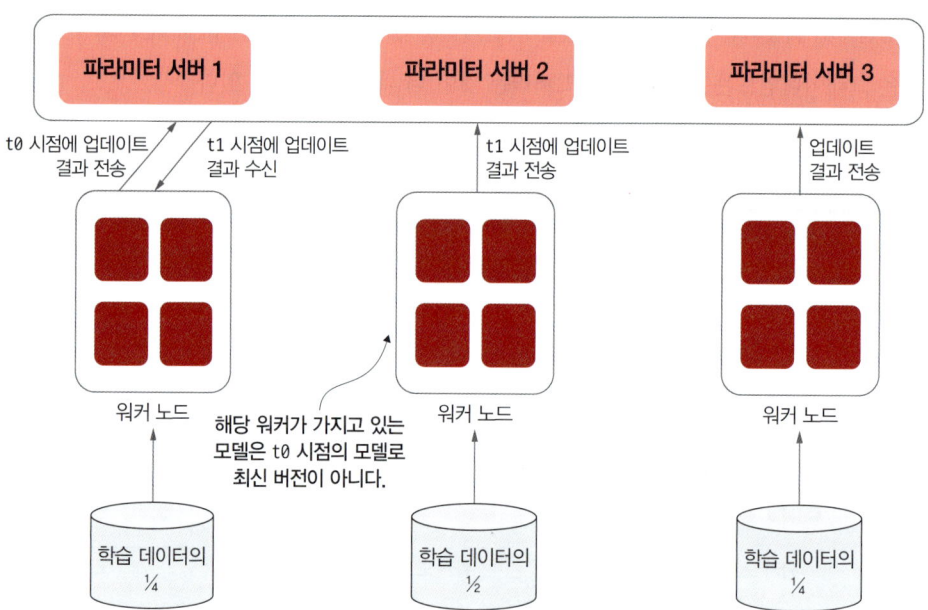

그림 3-14 한 워커가 전체 데이터셋의 절반을 이용해 그레이디언트를 계산하는 경우

현실 세계에서 파라미터 서버를 이용해 분산 머신러닝 시스템을 구축하는 경우 완벽하게 해결되기 어려운 다양한 문제가 생길 수 있다. 이런 상황이 발생하게 된다면 여러 선택지 간의 트레이드오프를 고려해야 한다. 파라미터 서버와 워커의 수가 늘어나는 경우 워커와 파라미터 서버 간의 통신뿐만 아니라 각 워커 간의 동기화를 위한 통신 비용이 늘어난다. 이러한 문제가 커진다면 각 워커에서 계산하는 연산에 비해 통신 비용이 과도하게 커지는 비효율이 발생할 수 있다.

파라미터 서버와 워커의 비율, 연산 자원을 여러 가지 방법으로 적용해본 경험이 많아 익숙하더라도, 이 과정은 여전히 많은 시간이 소요된다. 상황에 따라 학습을 진행하다가 워커나 파라미터 서버에 오류가 발생할 수도 있고, 네트워크가 불안정하거나 서버 간 통신을 하다가 문제가 생길 수도 있다. 이러한 측면에서 분산 환경에 대한 경험이 부족하거나 시간이 충분하지 않은 경우에는 파라미터 서버 패턴이 적절하지 않을 수 있다.

다른 대안이 있을까? 파라미터 서버 패턴은 거대한 모델을 다루기에 유용하다. 크기가 적당한 모델 학습을 보다 효율적으로 실행할 수 있는 방법은 무엇이 있을까? 모델이 하나의 서버에 들어갈 수 있을 만큼 충분히 작고 각 서버 또한 온전한 모델 파일을 저장할 수 있을 정도의 디스크 크기를 가지는 상황을 가정해보자.

이러한 전제하에 분산 학습의 속도를 빠르게 할 수 있는 방법은 무엇이 있을까? 이런 경우 전체 시스템은 [그림 3-15]와 같이 파라미터 서버 없이 워커만 있고, 각 워커는 온전한 모델 파일을 가지고 있는 상태일 것이다.

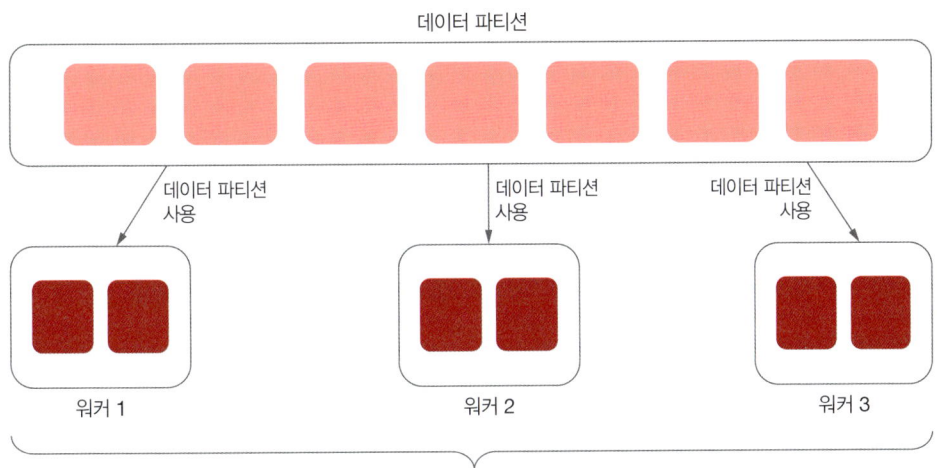

그림 3-15 워커로만 구성된 분산 학습 시스템

이런 상황에서는 모델을 어떻게 학습시켜야 할까? 각 워커는 전체 데이터셋의 일부인 데이터 파티션을 이용해서 그레이디언트를 계산하고, 계산된 그레이디언트로 각 워커에 저장된 모델 파일을 업데이트할 수 있다. 모든 워커가 가지고 있는 각 데이터 파티션으로 그레이디언트 계산을 마쳤다면 이렇게 계산된 그레이디언트를 한데 모아서 모델 파라미터를 업데이트하는 것이 나은 방법일 수 있다. 그렇게 한다면 각 워커는 각자 계산한 그레이디언트와 업데이트된 모델의 복사본을 서로 주고받아야 한다.

그레이디언트를 주고받는 것에 대해서는 이미 이전에 논의한 바 있다. 각 워커가 계산한 그레이디언트를 파라미터 서버로 전송하면 파라미터 서버는 모델의 특정 파티션을 업데이트하는 방식이다. 일반적으로 이렇게 서버와 서버 간, 혹은 프로세스와 프로세스 간에 일대일로 통신하는 방식을 점대점 통신point-to-point communication이라고 한다. 서로 통신하는 프로세스 외에 개입하는 요소는 없다.

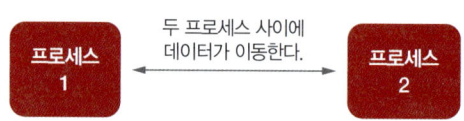

그림 3-16 두 개의 프로세스가 서로 통신하는 점대점 통신의 예

하지만 점대점 통신은 비효율적이다. 파라미터 서버 없이 워커만 있다면 각 워커에서 계산된 모든 그레이디언트를 모아서 집계하는 과정이 필요하다. 이 경우 한 워커가 다른 모든 워커와 직접 통신해야 하기 때문이다. 이러한 상황에서 사용할 수 있는 또다른 통신 방식이 있다. 집합 통신collective communication은 하나의 프로세스가 다른 모든 프로세스로 이루어진 그룹과 통신할 수 있는 통신 방식이다. [그림 3-17]은 하나의 프로세스가 다른 세 개의 프로세스로 이루어진 그룹과 통신하는 집합 통신의 예시다. 이런 방식을 따라 각 워커는 다른 프로세스들로 이루어진 그룹에 그레이디언트를 전송하고, 그와 함께 다른 모든 워커로부터 각 워커가 계산한 그레이디언트를 수신할 수 있다.

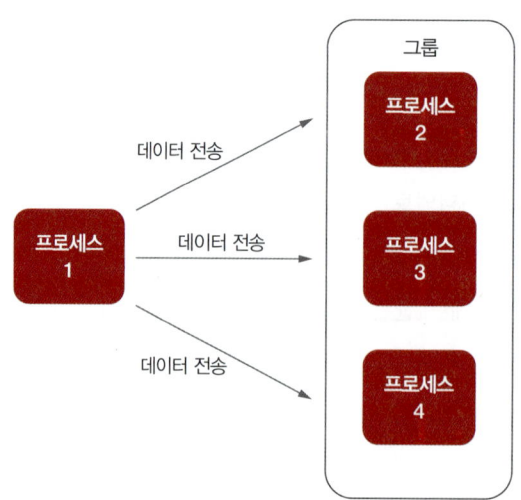

그림 3-17 하나의 프로세스가 프로세스 그룹과 통신하는 집합 통신의 예

머신러닝 모델 학습 과정에는 한 워커가 다른 모든 워커에서 계산된 그레이디언트를 모두 받아서 집계하는 연산이 포함된다. 여기서의 집계 연산은 여러 그레이디언트값을 집계해서 하나 또는 적은 수의 값으로 변환하는 과정을 의미하며, 이러한 연산을 리듀스^{reduce} 연산이라고 한다. 리듀스 연산의 예시로는 합^{sum}, 최댓값^{maximum}, 최솟값^{minimum}, 평균값^{average} 등이 있다. 모델 학습 과정에서는 그레이디언트값들을 여러 종류의 리듀스 연산으로 집계할 수 있다.

[그림 3-18]은 리듀스 연산이 어떻게 실행되는지 보여준다. 2번, 3번, 4번 프로세스가 가지고 있는 벡터 v0, v1, v2를 1번 프로세스로 전송하면 1번 프로세스는 세 개의 벡터를 모아 리듀스 연산을 실행한다.

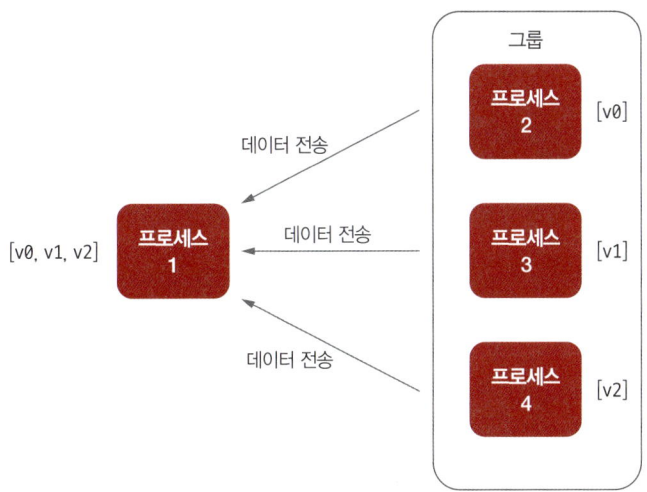

그림 3-18 합 연산을 실행하는 리듀스 연산의 예

이렇게 한 워커가 모든 그레이디언트를 모아 리듀스 연산을 완료했다면 그 결과를 다시 다른 모든 워커로 전송해서 모두 동일한 값으로 모델을 업데이트하도록 할 수 있다. 이렇게 하나의 값을 다른 프로세스로 모두 전송하는 연산을 브로드캐스트^{broadcast} 연산이라고 하며, 이 또한 집합 통신에서 흔하게 쓰이는 연산 중 하나이다. [그림 3-19]에서 브로드캐스트 연산이 어떻게 실행되는지 확인해보자.

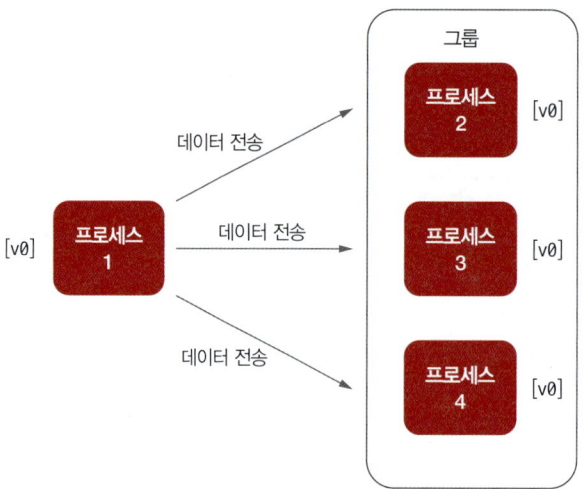

그림 3-19 한 프로세스의 데이터를 다른 프로세스에게 모두 전달하는 브로드캐스트 연산의 예

리듀스 연산과 브로드캐스트 연산을 조합한 것을 올리듀스$^{\text{all-reduce}}$라고 한다. 다른 프로세스가 가지고 있는 모든 값을 받아서 집계하는 리듀스 연산과 함께 다른 모든 프로세스로 같은 값을 전달하는 브로드캐스트 연산이 함께 실행된다. [그림 3-20]에서 올리듀스 연산의 실행 방식을 확인해보자. 모델 학습의 경우 각 워커는 계산한 그레이디언트를 다른 워커들에게 전송하고, 다른 모든 워커들로부터 받은 그레이디언트를 전부 집계해서 모델을 업데이트한다. 이러한 과정이 한 라운드 끝나면, 다음 라운드로 넘어가 새로운 데이터로 동일한 과정을 다시 반복한다.

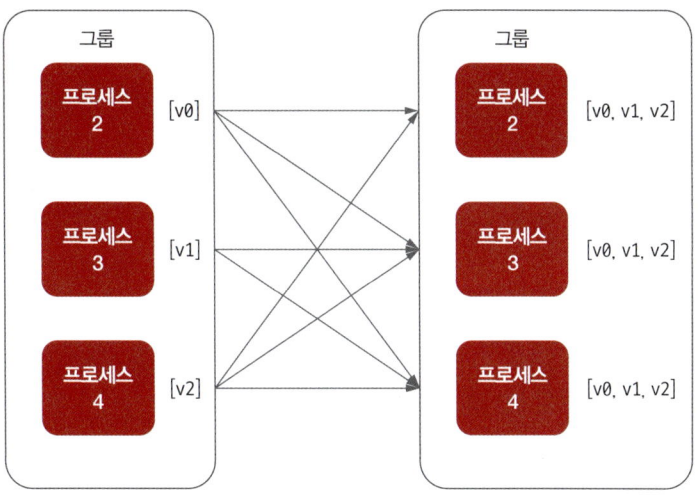

그림 3-20 프로세스 그룹 간 결과를 주고받는 올리듀스 연산의 예

지금까지 살펴본 내용을 정리해보자. 집합 통신 패턴을 사용해서 각 워커가 계산한 그레이디언트를 주고받고 그 결과로 모델을 모두 동일한 값으로 업데이트하는 방법을 알아보았다. 이런 구조라면 파라미터 서버는 필요하지 않고, 이에 따라 하나의 파라미터 서버가 병목이 되어 생기는 통신 부하도 없다. 집합 통신 패턴은 머신러닝 시스템에서, 그중에서도 리듀스나 브로드캐스트[17]와 같이 데이터를 병렬적으로 분산해서 처리해야 하는 경우 특히 유용하다. 9.2.2절에서 이러한 패턴을 실제로 적용해본다.

3.3.3 고려 사항

집합 통신 패턴은 모델이 너무 커서 하나의 서버에 들어가기 어려울 정도가 아니라면 파라미터 서버를 대체할 수 있는 좋은 대안이 될 수 있다. 파라미터 서버와 워커 간의 통신 부하로 병목이 생기지도 않고, 파라미터 서버와 워커 개수의 적절한 비율을 찾기 위해 많은 시간을 들이지 않아도 된다. 집합 통신 패턴에서는 복잡한 것들을 고려하지 않고 간단히 워커의 수

---

[17] 옮긴이_ 머신러닝에서 쓰이는 집계 통신 연산은 책에 소개된 리듀스나 브로드캐스트, 올리듀스 외에도 scatter, gather 등 몇 가지 연산이 더 존재한다. 궁금하다면 파이토치의 공식 문서 중 분산 시스템 내용을 확인하자. https://pytorch.org/tutorials/intermediate/dist_tuto.html

를 늘리는 것만으로도 모델 학습의 속도를 늘릴 수 있다.

하지만 한 가지 짚고 넘어가야 할 것이 있다. 집합 통신 패턴으로 모든 워커가 올리듀스 연산을 통해 결과를 주고받고 모델을 업데이트한다면 워커가 많아질수록 네트워크 비용이 늘어나게 된다. 올리듀스 연산을 보다 효율적으로 실행시키려면 어떻게 할 수 있을까?

올리듀스 연산을 효율적으로 실행할 수 있도록 고안된 방법이 몇 가지 있다. 그중 하나는 링 올리듀스$^{ring\ all-reduce}$ 알고리즘이다. 연산 방법과 과정은 기본적인 올리듀스 연산과 동일하지만, 연산에 쓰이는 데이터는 고리와 같은 형태로 움직인다. N개의 워커가 있다면 $2 \times (N-1)$회[18]의 데이터 송수신만으로 모든 워커가 모든 그레이디언트를 집계한 같은 값을 가질 수 있다. 즉, 링 올리듀스는 네트워크 관점에서 최적이다. 네트워크를 통해 전송되어야 하는 그레이디언트의 양이 많다면 이 방법으로 통신 비용을 크게 줄일 수 있을 것이다.

파라미터 서버 패턴과 집합 통신 패턴은 분산 환경에서 모델 학습을 효율적으로 확장할 수 있는 방법이다. 하지만 현실에서는 학습 진행 중에 워커나 파라미터 서버가 자원 부족 등의 이유로 중단될 수 있다. 다음 절에서는 이런 상황을 방지하기 위해 보다 안정적으로 분산 학습을 실행할 수 있는 패턴에 대해 알아본다.

예제

❶ 블로킹 현상은 워커 간에서만 발생하는가?

❷ 각 워커는 모델 파라미터를 동기적으로 업데이트하는가, 비동기적으로 업데이트하는가?

❸ 올리듀스 연산은 어떤 연산의 조합으로 어떻게 실행되는가?

---

[18] 옮긴이_ 기본 올리듀스 연산의 경우 N개의 워커가 있다면 데이터 송수신량은 N의 제곱에 비례한다. 즉, 기본 올리듀스는 연산 복잡도가 $O(N^2)$인 반면 링 올리듀스는 $O(N)$이기 때문에 훨씬 적은 비용으로 올리듀스 연산을 실행할 수 있다.

3.4 탄력성 및 내결함성 패턴: 제한된 연산 자원으로 인한 실패 대응하기

파라미터 서버 패턴과 집합 통신 패턴은 분산 모델 학습을 효율적으로 확장할 수 있게 한다. 단일 서버에 들어가지 않을 정도로 큰 모델을 다루는 경우 한 모델을 쪼개서 여러 파라미터 서버에 저장하는 파라미터 서버 패턴을 적용할 수 있다. 파라미터 서버에 너무 많은 통신이 몰려서 병목이 된다면 집합 통신 패턴으로 통신 비용을 최적화할 수 있다. 다만 모델 크기는 너무 크지 않아야 한다.

이러한 패턴들을 활용해서 분산 학습 환경을 잘 구축했다고 가정해보자. 머신러닝 모델을 효율적으로 학습시킬 수 있고, 여러 모델의 서로 다른 요구 사항도 충족시킬 수 있다. 한 가지 잊지 말아야 할 점은 분산 학습은 오래 걸리는 작업이라는 것이다. 몇 시간 혹은 며칠이 걸릴 수도 있고 심지어 몇 주가 걸릴 수도 있다. 다른 모든 소프트웨어 작업들이 그렇듯 오래 걸리는 작업은 예기치 못한 문제에 취약하다. 내부적인 오류가 발생할 수도, 혹은 제어하기 어려운 외부적인 요인에 의한 문제가 발생할 수도 있다. 아래는 예상 가능한 몇 가지 실패 시나리오다.

- 데이터셋의 일부가 손상되어 모델 학습에 사용될 수 없는 경우
- 기상 악화나 사람에 의한 오류로 네트워크가 불안정하거나 끊기는 경우
- 파라미터 서버나 워커가 우선순위가 더 높은 다른 작업으로 선점되어 모델 학습 프로세스에 스케줄링되지 못하는 경우

3.4.1 문제

예기치 못한 문제가 발생한 상황에서 이를 해결하기 위해 적절한 조치가 취해지지 않는다면 에러가 누적되어 더욱 큰 문제가 될 수 있다. 앞서 확인했던 문제 상황 예시 중 첫 번째처럼 데이터셋이 손상된 상황에서 각 워커들이 모두 같은 로직으로 손실된 데이터셋을 처리하

려고 한다면 모든 워커의 작업이 실패할 것이다. 두 번째 예시처럼 네트워크가 불안정해지면 모든 파라미터 서버와 워커는 네트워크가 복구될 때까지 학습을 중단한다. 세 번째 예시처럼 파라미터 서버나 워커가 다른 작업에 의해 선점되어 모델 학습 프로세스를 실행할 수 없다면 학습이 실패하고 돌이킬 수 없는 상황에 이를 것이다. 이런 모든 상황을 방지하기 위해서는 어떤 조치가 필요할까? 예기치 못한 실패를 막을 수 있는 방법이 있을까?

3.4.2 해결책

첫 번째 문제 상황을 조금 더 구체화해서 학습 과정에서 특정 배치가 손상되어 있다고 가정해 보자. [그림 3-21]처럼 YouTube-8M 데이터셋 중 몇 개의 영상이 모종의 이유로 수정되어 원본 영상과 다른 형태가 되었다. 첫 번째 워커가 데이터를 로드하던 중 오류가 발생해서 모델에 넣을 데이터를 생성할 수 없다. 머신러닝 모델은 최초 정의된 형태가 아닌 데이터는 처리할 수 없기 때문에 학습 중에는 이러한 문제를 해결할 수 없다.

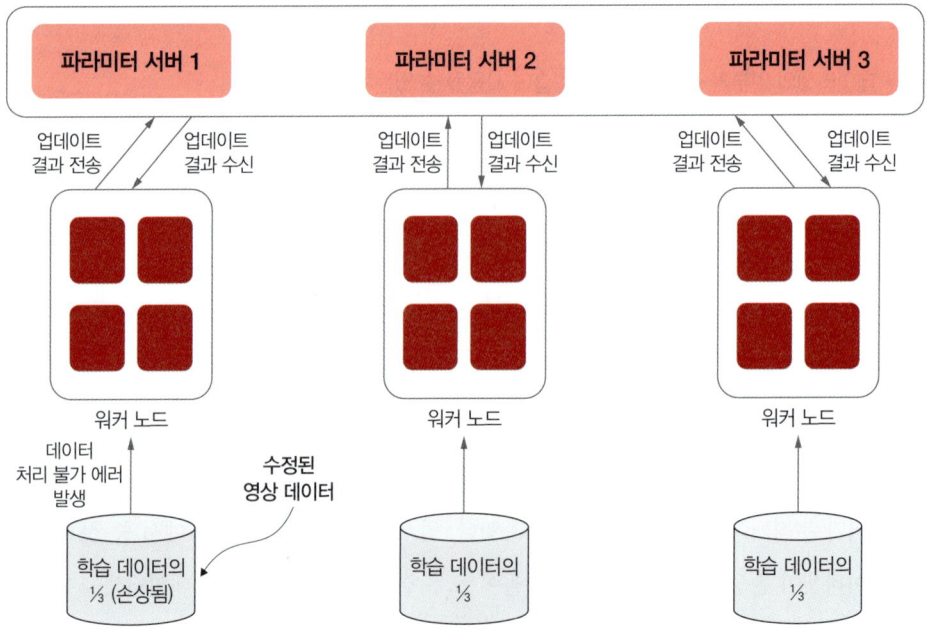

그림 3-21 데이터의 일부가 손상되어 모델 학습에 사용될 수 없는 경우

기존 코드에 손상된 데이터를 처리할 수 있는 로직이 포함되어 있지 않았다면 학습 프로세스는 실패하고 중단될 것이다. 모델 학습 코드를 수정한 뒤 모델 학습을 처음부터 다시 실행해야 한다.

손상된 배치를 생략하고 넘어가서 기존과 같은 실패가 발생하지 않도록 코드를 수정하고 분산 학습 프로세스를 다시 실행시켰다. 다른 문제없이 잘 실행되는 것 같았지만 몇 시간에 걸쳐 절반 이상의 데이터를 학습시킨 시점에 또 다른 문제가 발생했다. 특정 배치가 이전보다 훨씬 느린 속도로 진행되는 것이다. 몇 가지 원인을 살펴보고 DevOps팀과도 이야기를 나누어보니, 데이터 센터에 발생한 폭풍으로 인해 네트워크가 매우 불안정해졌다고 한다. 데이터셋이 원격 저장소에 저장되어 있고 배치마다 이를 다운받아 사용한다면 이렇게 네트워크가 불안정한 경우 학습 프로세스가 중단될 수 있다. 이런 상황을 방지하기 위해서는 학습 중간 과정에서 생기는 모델을 저장해야 한다. 이러한 모델 체크포인트^{checkpoint}를 만들어두면 네트워크가 복구되었을 때 중단된 지점부터 다시 학습을 진행할 수 있다.

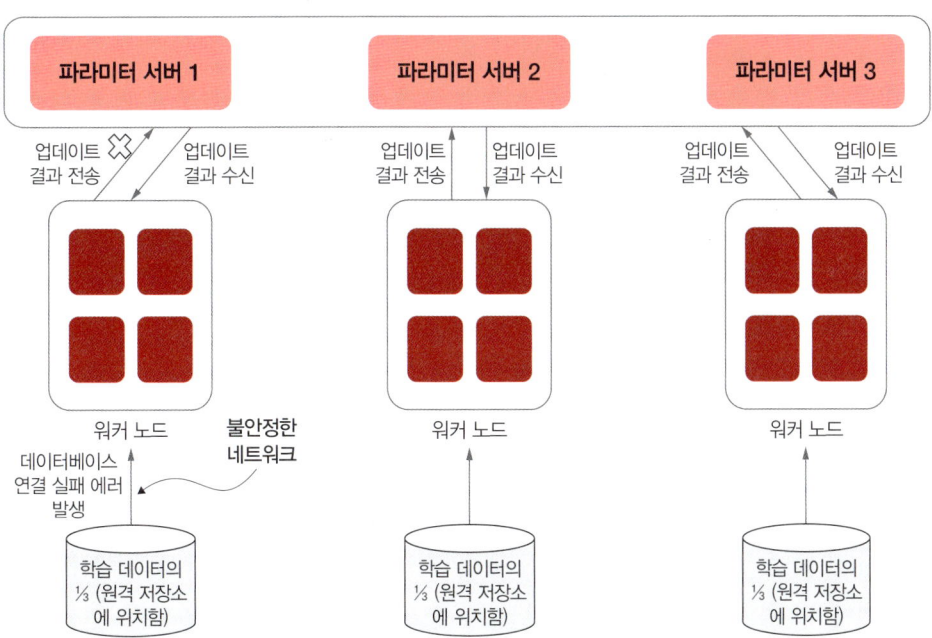

그림 3-22 불안정한 네트워크로 인해 원격 저장소로부터 데이터를 가져올 수 없는 경우

불안정한 네트워크가 영향을 미치는 또 다른 요소가 있다. 데이터를 가져오는 것뿐만 아니라 워커와 파라미터 서버 간 그레이디언트와 모델을 주고받는 것 또한 네트워크에 의존하는 통신이다. 집합 통신 패턴에서는 모든 서버가 서로 통신하기 때문에 학습 프로세스는 동기적이다. 한 워커의 통신이 원활하지 않으면, 해당 워커의 그레이디언트를 수신할 때까지 다른 모든 워커가 대기하게 되어 전체 학습 프로세스가 블로킹될 수 있으며, 더 심각한 경우 학습이 중단될 수도 있다.

[그림 3-23]은 세 개의 프로세스가 올리듀스 연산을 실행하는 과정을 보여준다. 불안정한 네트워크로 인해 [그림 3-23]처럼 두 개의 통신이 느려진다면 2번과 4번 프로세스는 리듀스 연산에 필요한 벡터를 받을 수 없게 된다. 이 두 벡터를 받을 때까지 올리듀스 연산은 중단된다.

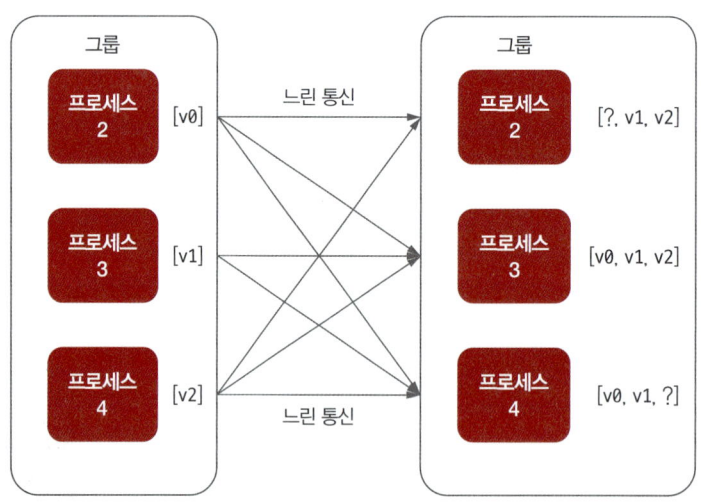

그림 3-23 불안정한 네트워크로 인해 통신이 느려지는 경우

불안정한 네트워크로 각 워커의 처리가 느려지는 경우 학습 프로세스를 유지할 수 있는 방법이 있을까? 이 케이스의 경우 네트워크 연결이 불안정한 두 통신을 배제하고 올리듀스 연산을 다시 진행하는 방법이 있다. 집합 통신 패턴의 특성상 각 워커는 동일한 모델 복사본을 가지고 있기 때문에 통신이 안정적인 워커만으로 새로운 그룹을 생성해서 올리듀스 연산을 다시 실행할 수 있다.

이 방법은 앞서 언급했던 워커가 다른 작업에 의해 선점된 경우에도 적용될 수 있다. 다른 작업으로 인해 학습을 진행할 수 없는 워커를 제외하고 사용 가능한 워커로 그룹을 재구성한 뒤 연산을 재개하는 것이다. 이렇게 잠시 중단된 학습을 멈췄던 지점부터 다시 시작한다면 학습 프로세스가 실패해서 모델 학습을 처음부터 다시 시작해야 하는 불상사를 막을 수 있다. 여유 자원이 있다면 필요한 시점에 새로운 워커를 추가해서 학습을 재개하는 방법도 있다. 분산 학습에 사용되는 워커의 수를 쉽게 늘리거나 줄일 수 있도록 구축한다면 회복이 빠르고 강건한 시스템을 만들 수 있다. 다른 대부분의 분산 시스템도 안정적이면서 확장이 용이한 시스템이 될 수 있도록 이러한 방식을 사용한다.

3.4.3 고려 사항

앞서 논의한 여러 방법으로 자원 낭비 없이 회복이 가능한 분산 시스템을 만들 수 있다. 집합 통신 패턴이 아닌 파라미터 서버 패턴으로 구성된 분산 학습을 진행한다면 어떨까?

파라미터 서버는 모델의 파티션을 저장해두고 각 워커가 전송하는 그레이디언트로 모델을 업데이트하는 역할을 한다. 파라미터 서버에 문제가 생겨서 해당 서버를 제외하고 학습을 진행하려면 각 파라미터 서버가 저장한 모델 파티션의 체크포인트를 주기적으로 저장해야 한다. 또한 남은 파라미터 서버들이 나눠서 학습을 재개하려면 전체 모델을 다시 나누어 새로운 모델 파티션을 생성해야 한다.

여러 문제 상황에 대한 대응 방법을 논의했지만, 현실에서 발생할 수 있는 문제는 아직 많이 남아있다. 모델의 체크포인트는 어떤 식으로 저장할 것이며, 어디에 저장하는 것이 적합한가? 체크포인트는 얼마나 자주 저장해야 하는가?

> **예제**

❶ 예기치 못한 장애 발생 시 가장 우선적으로 저장해야 하는 것은 무엇인가?

❷ 집합 통신 패턴으로 구성된 분산 학습 과정에서 특정 워커에 문제가 있어 해당 워커를 제외하고 학습을 재개하려고 한다. 최신 모델의 체크포인트는 어디에서 구할 수 있는가?

> **예제 정답**

✏️ **3.2**

① 단일 서버 혹은 노트북에서 실행하는 학습은 분산 학습이 아니다.

② 모델 학습에 필요한 연산보다 각 워커 혹은 파라미터 서버 간 데이터를 송수신하는 통신하는 데 걸리는 시간과 비용이 더 커지게 된다.

③ 파라미터 서버는 거대한 모델을 저장할 수 있는 디스크 저장 용량 자원을 가장 필요로 하므로 디스크를 필요한 만큼 크게 할당한다. 파라미터 서버에서는 모델 학습과 같은 무거운 연산을 실행하지 않기 때문에 CPU나 GPU, 혹은 메모리와 같은 자원은 비교적 적게 할당할 수 있다.

✏️ **3.3**

① 아니다. 워커와 파라미터 서버 간에도 블로킹이 발생할 수 있다.

② 모델 파라미터 업데이트는 비동기적으로 실행된다.

③ 올리듀스 연산은 리듀스 연산에 이어 브로드캐스트 연산을 실행하는 순서로 실행된다.

✏️ **3.4**

① 가장 먼저 저장해야 하는 것은 모델의 최신 체크포인트이다.

② 집합 통신 패턴에서는 모든 워커가 동일한 모델 사본을 가지고 있어서 각 워커에 있는 최신 체크포인트 모델로 학습을 재개하면 된다.

🔍 요약

- 분산 모델 학습은 학습하는 과정, 데이터나 모델의 크기, 데이터를 저장하는 위치, 연산 자원의 양이나 네트워크 인프라의 종류 등 다양한 관점에서 전통적인 모델 학습과 다르다.

- 거대하고 복잡한 모델을 사용하는 경우 모델을 파티션으로 쪼개어 저장할 수 있는 파라미터 서버 패턴을 사용할 수 있다.

- 워커와 파라미터 서버 간의 통신이 병목이 되는 경우 파라미터 서버 없이 워커만으로 구성된 집합 통신 패턴을 활용할 수 있다. 중형 사이즈의 모델이라면 집합 통신 패턴으로 모델 학습 속도를 높일 수 있다.

- 분산 학습 과정에서 예기치 못한 오류가 발생하는 경우 학습이 중단되지 않도록 여러 가지 방안을 적용할 수 있다.

CHAPTER 04
모델 서빙 패턴

이 장의 내용

- 학습된 모델에 새로운 데이터를 입력해 예측하거나 추론할 수 있도록 서빙하는 방법을 알아본다.
- 여러 개의 모델 서버를 활용하는 수평 스케일링 방식으로 많은 요청을 안정적으로 처리하는 방법을 알아본다.
- 많은 요청을 처리하기 위해 활용할 수 있는 서비스 샤딩 패턴을 알아본다.
- 이벤트 기반으로 처리하는 시스템 구조를 알아보고 기존 디자인과 비교해본다.

3장에서는 분산 환경에서 모델을 학습할 때 발생할 수 있는 문제를 확인하고 이를 해결하기 위한 실용적인 패턴을 알아보았다. 분산 학습 과정은 분산 머신러닝 시스템에서 가장 중요한 파트다. 그 예로 유튜브 영상에 태그를 붙이는, 단일 서버에는 들어갈 수 없을 정도로 큰 모델을 소개했다. 해당 모델을 학습시키기 위해 파라미터 서버 패턴으로 여러 대의 서버를 활용해 학습을 나누거나, 집합 통신 패턴으로 분산 학습 속도를 빠르게 하면서 불필요한 통신 부하를 줄이는 방법을 알아보았다. 또한 데이터셋 손상, 불안정한 네트워크, 워커 스케줄링 문제 등 분산 학습 환경에서 발생할 수 있는 다양한 문제와 이를 대응하는 방법도 살펴봤다.

모델 서빙은 이러한 모든 모델 학습 과정이 완료된 이후 실행하는 단계로, 이 역시 분산 머신러닝 시스템의 중추 중 하나에 해당한다. 모델 서빙 시스템은 계속 성장하는 서비스에 의해 증가하는 요청량을 안정적으로 처리할 수 있어야 한다. 다양한 서빙 아키텍처 디자인 중에서도 각각의 장단점을 분석하고 트레이드오프를 고려해 최적의 구조를 선택해 설계할 필요가 있다.

이번 장에서는 모델 서빙 시스템을 분산 환경으로 구축할 때 발생할 수 있는 여러 문제를 살펴보고, 이를 해결하기 위한 몇 가지 패턴을 소개한다. 예를 들어 모델 서버로 들어오는 요청이 늘어날 때 수평 스케일링horizontal scaling으로 이를 처리하는 방법을 설명하고, 서비스 샤딩 패턴으로 거대한 요청량을 처리하는 기법을 다룰 것이다. 마지막으로, 이벤트 기반으로 처리하는 구조로 서버를 설계하는 경우 가질 수 있는 이점과 현실 세계에서 있을 수 있는 시나리오에 대해 알아본다.

4.1 모델 서빙이란?

모델 서빙model serving이란 학습된 머신러닝 모델을 이용해 특정 데이터에 대한 예측값을 생성해 응답하는 처리 과정을 말한다. 이는 모델을 전부 학습하고 난 다음 단계에 해당한다. [그림 4-1]은 전체 머신러닝 파이프라인 속에서 모델 서빙이 해당하는 구조를 나타낸다.

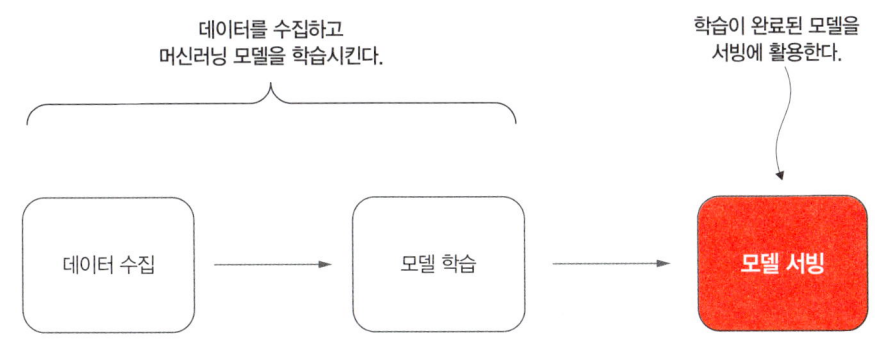

그림 4-1 머신러닝 파이프라인 중 모델 서빙을 나타내는 다이어그램

모델 서빙은 분산 환경뿐만 아니라 전통적인 머신러닝 애플리케이션에도 해당하는 개념이다. 전통적인 머신러닝 시스템에서 모델 서빙은 보통 단일 서버 위에서 실행되는 단일 프로그램으로 동작했다. 데이터셋과 머신러닝 모델 모두 단일 서버에서 처리되거나 저장될 수 있을 정도로 작은 경우가 일반적이었다.

반면 분산 모델 서빙은 보통 여러 서버로 구성된 클러스터 위에서 이루어진다. 데이터셋 혹은 머신러닝 모델은 단일 서버의 디스크에 저장될 수 없을 정도로 커서 여러 파티션으로 나누어서 저장되어야 할 수 있다. [표 4-1]은 전통적인 모델 서빙과 분산 모델 서빙의 차이를 설명한다.

표 4-1 전통적인 모델 서빙과 분산 모델 서빙의 비교

	전통적인 모델 서빙	분산 모델 서빙
컴퓨팅 자원	개인 노트북 또는 단일 서버	여러 서버로 구성된 클러스터
데이터셋의 저장 위치	단일 서버의 로컬 디스크	클러스터의 분산 데이터베이스 또는 분할된 디스크
모델 크기	단일 서버에 들어갈 수 있을 정도의 소형 또는 중형 모델	중형 또는 대형 모델

분산 환경에서 손쉽게 확장할 수 있는 모델 서빙 시스템을 안정적이면서도 효율적으로 구축하는 것은 쉽지 않은 일이다. 다양한 실제 사례와 널리 쓰이는 패턴을 알아보면서 여러 문제를 해결하는 방법을 알아보자.

4.2 레플리카 서버 패턴: 늘어나는 요청량 처리하기

앞서 우리는 약 8백만 개의 동영상으로 구성된 YouTube-8M 데이터셋으로 유튜브 영상에 태그를 생성하는 모델을 학습시키는 방법에 대해 살펴봤다. 이제 사용자가 새로운 영상을 업로드할 때 실제로 태그를 생성하기 위한 모델 서빙 시스템을 구축해보자. 서빙 시스템은 머신러닝 모델을 로드해서 새로운 영상에 알맞은 태그를 생성해야 한다. 단, 각각의 요청은 서로 독립적이기 때문에 각 사용자의 요청은 서로 다른 요청의 결과에 영향을 받지 않는다.

사용자가 새로운 영상을 업로드하게 되면 모델 서버로 요청이 전송된다. 모델 서버는 학습된 모델을 가져와 영상을 모델에 입력하고 모델이 예측한 태그를 생성한다. [그림 4-2]는 시스

템의 전체 구조를 보여준다.

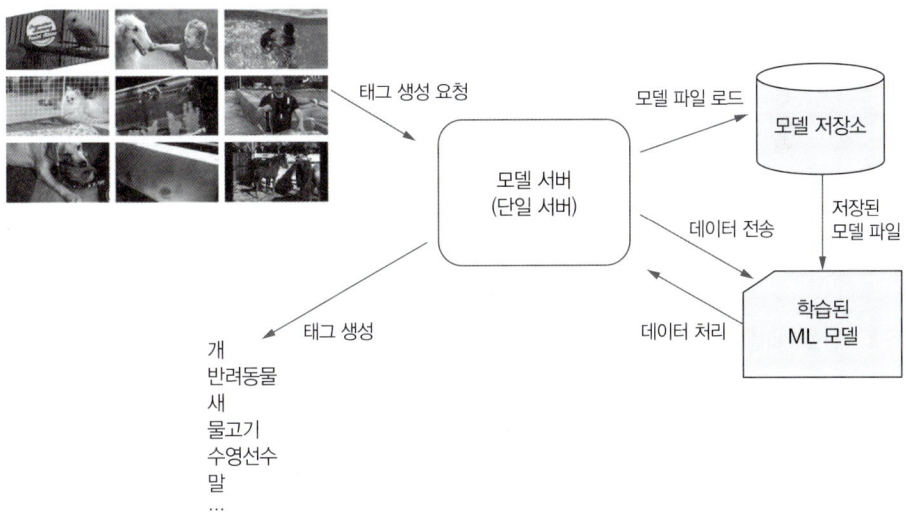

그림 4-2 단일 서버로 구성된 모델 서빙 시스템

일단 단일 서버로 구성된 모델 서빙 시스템을 생각해보자. 이 경우 [그림 4-3]처럼 모델 서버가 하나라서 들어온 순서대로 요청을 처리하여 응답한다. 이런 방식은 고객이 매우 적거나 테스트용으로 요청의 결과를 확인하는 경우 유용하다. 하지만 고객 수가 증가하여 모델 서버로 들어오는 요청이 많아지면, 하나의 요청에 대한 응답을 받기 위해 다른 요청 처리가 끝날 때까지 고객들은 오랜 시간을 기다려야 한다. 현실 세계에서 서비스가 이렇게 동작한다면 고객들은 안 좋은 경험을 하게 되고, 결국 서비스를 떠난다.

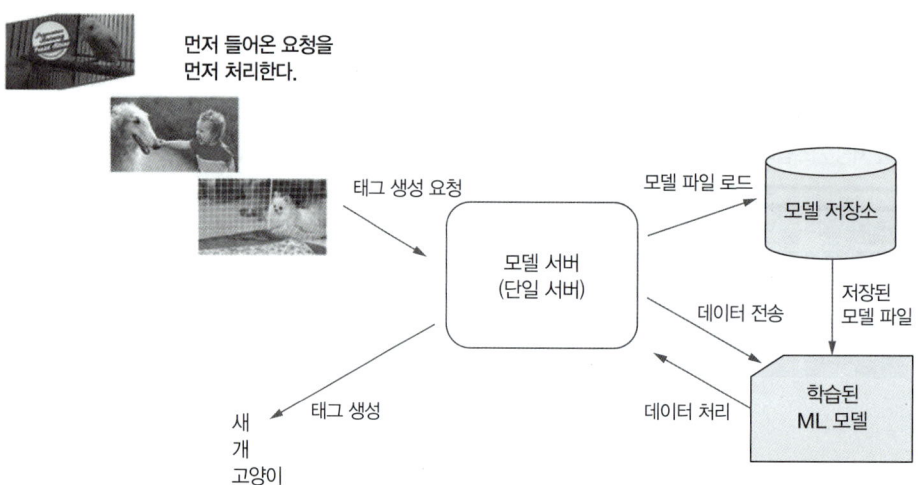

그림 4-3 단일 서버로 구성된 모델 서빙 시스템이 동작하는 방식

4.2.1 문제

시스템은 사용자가 업로드한 영상을 받아서 모델 서버로 요청을 보낸다. 모델 서버로 들어온 요청은 하나씩 순차적으로 처리되므로 요청이 많이 들어온 경우 큐^{queue}에 들어가 순서를 기다리게 된다.

이렇게 모델 서버가 단일 서버로 구성될 경우 서버는 극히 제한적인 처리량을 갖게 된다. 현실 세계에서 요청량이 점점 늘어나게 된다면 고객은 서비스를 이용하기 위해 긴 시간을 기다리면서 안 좋은 경험을 하게 된다. 이렇게 모든 요청을 순차적으로 처리하는 것보다 더 좋은 방법이 있을까?

4.2.2 해결책

한 가지 아직 고려하지 않은 점이 있다. 바로 각각의 요청은 서로 독립적이기 때문에 각 요청은 서로 다른 요청의 결과에 영향을 받지 않는다는 점이다. 즉, 모델 서버는 각 요청을 처리하는 과정에서 그와 관련된 정보를 저장해서 활용하지 않아도 된다.

이렇게 모델 서버는 각 요청에 대한 상태를 저장할 필요가 없기 때문에^{stateless}, 더 많은 요청을 처리하기 위해 여러 개의 모델 서버를 사용할 수 있다. 각 모델 서버는 각각의 요청을 처리하는 과정에서 서로 주고받아야 하는 정보가 없고, 서로의 작업을 방해하거나 병목이 되는 경우도 없다. 모델 서버의 복제본을 만들어서 여러 개를 운영하는 방식으로 더 많은 요청을 처리할 수 있는 것이다. 이러한 구조를 **복제된 서비스**^{replicated services} 또는 **모델 서버 레플리카**^{model server replicas}라고 한다.

그림 4-4 많은 요청을 처리하기 위해 여러 개의 모델 서버로 구성된 구조

이렇게 여러 개의 서버를 두는 방식으로 시스템의 처리량을 높이는 방식을 **수평 스케일링**^{horizontal scaling}이라고 한다. 수평 스케일링이란 동일한 자원을 가지는 여러 개의 레플리카 서버를 띄워서 처리량을 높이는 방식을 말한다. 수평 스케일링 외의 또 다른 스케일링 방식으로는 **수직 스케일링**^{vertical scaling}이 있다. 서버의 연산 자원을 늘리는 방식으로 처리량을 높이는 방식을 말한다.

> **수평 스케일링과 수직 스케일링[1]**
>
> 수직 스케일링을 비유하면 원래 가지고 있던 작은 스포츠카를 처분하고 더 좋은 고성능의 레이싱 카를 들이는 것과 같다. 레이싱 카는 훨씬 빠르고 성능이 좋지만, 그만큼 비싸고 실

---

[1] 옮긴이_ 수평 스케일링은 스케일 아웃(scale out), 수직 스케일링은 스케일 업(scale up)으로 표현하기도 한다.

용적이지 않다. 같은 시간동안 더 멀리 갈 수는 있지만 한 명만 탈 수 있고 평평한 길로만 달려야 한다. 말 그대로 레이싱을 하는 데에만 적합하다.

반면 수평 스케일링은 여러 종류의 차를 여러 개 들이는 것과 같다. 더 정확히는 한 번에 여러 명을 태우기 위해 여러 대의 차를 들이는 것이다. 한 대의 레이싱 카 대신, 훨씬 저렴한 차를 여러 대 두어서 여러 명을 태우기 위한 성능을 확보하는 것이다.

다시 우리의 서빙 시스템으로 돌아와서, 사용자가 업로드한 영상을 처리하는 서버를 생각해보자. 단일 서버가 아닌 여러 개의 레플리카를 두고 각 서버가 요청을 처리하도록 설계할 수 있다. 각각의 레플리카는 이전의 단일 서버와 동일하게 한 번에 하나의 요청을 처리하지만, 서로 독립적으로 요청을 처리하기 때문에 여러 개의 요청이 비동기적으로 처리된다. 즉, 이렇게 모델 서버 레플리카를 활용하면 한 번에 여러 개의 요청을 동시에 처리하면서 전체 시스템의 처리량을 높일 수 있다.

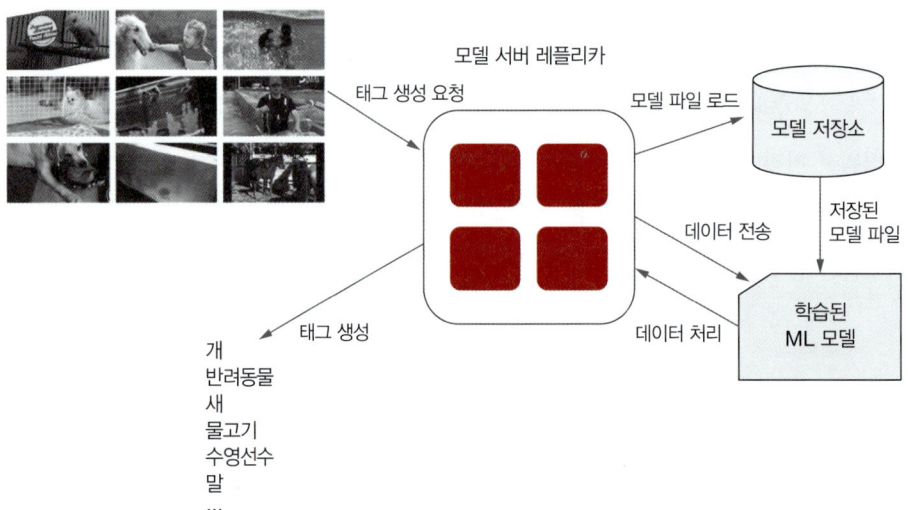

그림 4-5 모델 서버 레플리카를 활용해 처리량을 높인 모델 서빙 시스템 구조

[그림 4-5]와 같이 모델 서버 레플리카 구조를 활용하면 여러 고객이 생성한 많은 요청을 여러 대의 레플리카가 동시에 처리할 수 있다. 하지만 실제로 각 요청을 어떻게 분산해서 처리할 것인지에 대해서는 아직 논의하지 않았다. 각 요청은 어떤 레플리카가 담당해서 처리해야 할까? 즉, 각각의 요청을 어떤 레플리카가 처리할지에 대한 구체적인 로직을 정의해야 한다.

이 문제를 해결하기 위해서는 로드 밸런서$^{load\ balancer}$와 같은 또 다른 레이어가 하나 더 필요하다. 로드 밸런서는 모든 요청을 각각의 레플리카로 분산시켜주는 역할을 한다. [그림 4-6]과 같이 로드 밸런서 서버가 앞단에서 여러 요청을 받으면 이 요청들을 각각의 레플리카로 균일하게 분배해서 나누어 전송하는 것이다.

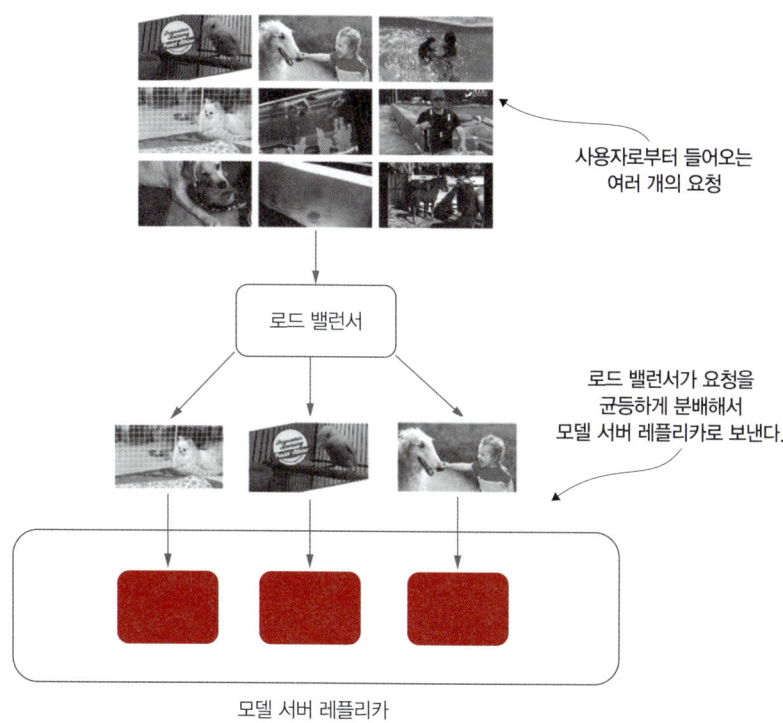

그림 4-6 로드 밸런서가 요청을 분배해서 처리하는 서빙 시스템 구조

로드 밸런서가 요청을 균등하게 분배하는 방법으로는 다양한 알고리즘이 있다. 라운드 로빈

round robin이나 최소 연결 방식least connection method 등[2] 로드 밸런서가 요청을 분배하는 알고리즘에 해당한다.

레플리카 서버 패턴은 모델 서빙 시스템을 효과적으로 확장하는 방법을 제공한다. 이는 트래픽이 많이 발생하는 어떤 시스템에도 적용할 수 있다. 단일 서버가 처리할 수 없는 트래픽이라면 레플리카 서버 패턴을 활용해서 효율적으로 처리할 수 있다. 9.3.2절에서 실제로 적용해볼 것이다.

> **로드 밸런싱에서의 라운드 로빈 방식**
>
> 라운드 로빈은 로드 밸런서가 각 요청을 레플리카 서버에 번갈아가면서 할당하는 간단한 방법이다.
>
> 라운드 로빈 알고리즘을 구현하는 건 간단하다. 로드 밸런서는 레플리카 서버의 앞단에서 모든 요청을 받으며 라운드 로빈 알고리즘으로 분배한다. 로드 밸런서가 라운드 로빈 알고리즘을 실행할 수 없을 정도로 많은 요청이 들어온다면 문제가 될 수 있다. 로드 밸런서를 사용한다면 이 부분 또한 고려해야 한다.

4.2.3 고려 사항

모델 서버 레플리카와 로드 밸런싱을 통해 증가하는 사용자 요청을 처리하고 모델 서빙 시스템을 수평적으로 확장할 수 있다. 이러한 구조를 통해 모델 서빙에 대한 요청을 확장해서 처리할 수 있을 뿐만 아니라, 전체적인 시스템의 가용성 또한 높아진다. 고가용성high availability[3]이란 시스템의 가용 시간uptime과 같은 운영 성능을 특정하게 합의된 수준 이상으로 유지할 수 있다는 것을 의미한다. 일반적으로는 1년과 같은 특정 기간 중 가용할 수 있었던 시간의 비율

---

[2] 옮긴이_ 라운드 로빈(round robin) 은 들어온 요청을 순서대로 분배하는 방식이다. 각 서버가 동등한 스펙을 가지고 있고, 각 요청을 처리하는 연산량이 비교적 일정할 때 적합하다. 최소 연결 방식은 요청이 들어온 시점에 가장 적은 처리를 하고 있는 서버에 분배하는 방식이다. 각 요청을 처리하는 데에 걸리는 시간이나 필요한 연산량이 서로 다르거나 트래픽이 일정하지 않을 때 적합하다.

[3] https://mng.bz/EQBd

로 나타낸다.

예를 들어 어떤 기업은 99.9% 이상의 가용성을 요구할 수 있다. 99.9%의 가용성은 하루에 1.4분(24시간×60분×0.1%) 미만의 다운타임을 보장한다는 것을 의미한다. 9가 세 개 있다는 의미로 쓰리나인$^{three-nines}$이라고 부르기도 한다. 이렇게 서비스를 사용하는 쪽과 제공하는 쪽이 사전에 서로 어느 정도의 가용성을 기대할지에 대해 정의한 것을 **SLA**$^{Service-level\ agreement}$라고 한다.

여러 개의 레플리카로 구성된 모델 서빙 시스템에서는 한 레플리카에 문제가 생겨서 요청을 처리할 수 없는 상태가 되더라도 남은 레플리카가 이를 받아서 처리할 수 있다. 이러한 방식으로 더 안정적인 시스템을 유지하며 사용자 경험을 높일 수 있다.

고려할 사항이 한 가지 더 있다. 모델 서버는 모델의 연산을 진행하기 위해 학습된 모델을 모델 저장소로부터 로드해야 한다. 즉, 서버가 요청을 받을 수 있는 활성화^{alive} 상태가 되려면 준비^{ready}해야 할 사항이 하나 더 있는 것이다. 그렇기 때문에 모델 서버를 빌드하고 배포할 때에는 해당 서버가 모델을 로드하고 네트워크를 연결하는 등 요청을 처리하기 위한 모든 준비가 다 완료되었는지를 체크하기 위한 레디니스 프로브$^{readiness\ probes}$[4]가 중요하다. 레디니스 프로브는 로드 밸런서가 모델 서버로 요청을 넘겨도 되는지에 대한 서버 활성화 여부를 확인하는 것을 말한다. 레디니스 프로브를 통해 모델 서버가 요청을 제대로 처리할 준비가 완료되었는지 확인함으로써 사용자의 요청을 제대로 처리하지 못하거나 실패하는 것을 방지할 수 있다.

레플리카 서버 패턴을 활용해서 서빙 시스템을 수평적으로 확장해서 늘어나는 요청을 효과적으로 처리할 수 있다. 하지만 현실 세계에서는 또 다른 문제가 있을 수 있다. 단순히 요청량이 늘어나는 것뿐만 아니라, 각 요청 하나하나의 크기 또한 늘어날 수 있는 것이다. 요청과 함께 들어오는 데이터나 페이로드^{payload}가 대규모로 커지는 경우다. 이 경우 레플리카 서버는

---

[4] 옮긴이_ 일반적으로 서버의 /health와 같은 라우트에 요청했을 때 성공 응답이 오는지의 여부로 서비스의 활성화 상태를 확인한다. 쿠버네티스 환경의 경우 레디니스 프로브와 관련된 다양한 설정을 제공한다.

대규모 요청을 제대로 처리하지 못할 가능성이 있다. 다음 절에서는 이렇게 단일 요청이 매우 큰 경우 이를 처리하기 위한 방법을 알아본다.

예제

❶ 레플리카 모델 서버는 처리 과정에서 생기는 상태를 저장하는가^{stateful}, 저장하지 않는가^{stateless}?

❷ 모델 서빙 시스템에서 로드 밸런서를 두지 않는다면 어떤 일이 발생하는가?

❸ 단일 모델 서버로 쓰리나인$^{three-nines}$ 수준의 SLA를 달성할 수 있는가?

4.3 서비스 샤딩 패턴: 고해상도 영상을 처리하는 대규모 모델 서빙 다루기

레플리카 서버 패턴은 모델 서빙 시스템을 수평적으로 확장하는 방식으로 증가하는 요청량을 처리할 수 있게 한다. 여러 대의 모델 서버 레플리카와 로드 밸런서로 구성된 시스템으로 고가용성을 보장할 수 있다.

> **NOTE** 각 레플리카는 사전에 정의한 만큼의 한정된 연산 자원을 가진다. 또한 로드 밸런서가 균일하게 분배하는 요청량을 처리할 수 있도록 모든 레플리카의 연산 자원을 동일하게 구성한다.

다음 단계로 사용자가 고해상도의 영상을 유튜브에 업로드한다고 해보자. 모델 서버는 고해상도의 영상 업로드 요청을 받아서 처리한 뒤 태그를 생성해야 한다. 모델 서버가 충분한 디스크를 가지고 있다면 고해상도 영상을 저장할 수는 있다. 하지만 해당 영상을 메모리에 올려 모델이 처리하고 예측값을 생성하기에는 메모리 또는 CPU와 같은 연산 자원이 부족할 수 있다. 머신러닝 모델이 고해상도 영상을 처리하려면 매우 많은 양의 행렬 연산이 필요하기 때문이다.

예를 들어 사용자가 고해상도 영상을 업로드하고 모델 서빙 시스템으로 큰 규모의 요청이 들어왔다고 해보자. 모델 서버는 이 요청을 받아 머신러닝 모델로 입력하는 것까지 성공했다. 하지만 안타깝게도 모델은 메모리 부족으로 그 커다란 데이터를 처리하는 것을 실패한다. 결국 사용자에게 업로드를 실패했다고 알린다. 사용자는 오랫동안 기다렸음에도 불구하고 업로드를 하지 못하는 기분 나쁜 경험을 하게 된다.

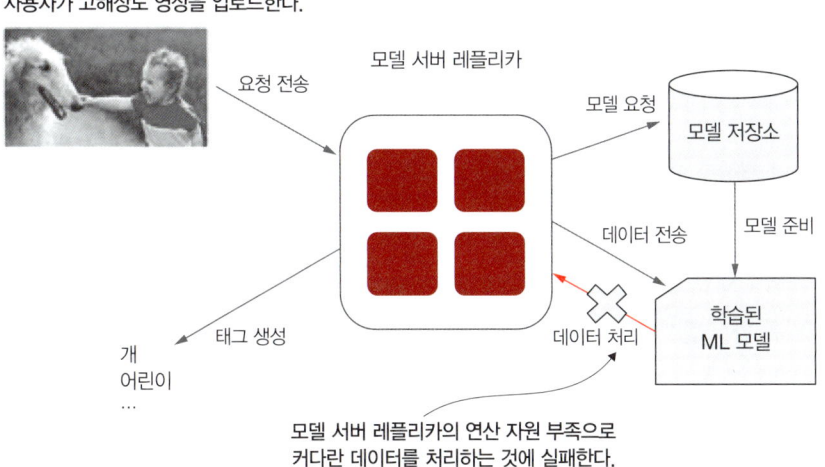

그림 4-7 커다란 요청을 처리하지 못하고 실패하는 케이스

4.3.1 문제

고해상도 영상을 처리하는 것은 비용이 많이 드는 연산이다. 학습된 머신러닝 모델이 고비용 수학적 연산을 포함하는 경우 이러한 대용량 영상 요청은 단일 서버로 처리할 수 없다. 그렇다면 큰 용량의 고해상도 영상을 처리하기 위해서는 어떤 방법을 쓸 수 있을까?

4.3.2 해결책

이렇게 각각의 모델 서버 레플리카에서 처리해야 하는 연산이 커진다면 수직 스케일링$^{vertical\ scaling}$을 통해 해결할 수 있지 않을까? 모든 레플리카의 연산 자원을 늘려서 처리하는 것이다. 이렇게 한다면 로드 밸런서 등 다른 서버에 대해서는 별도 작업을 하지 않아도 된다.

그러나 이 문제는 그렇게 간단히 해결되지 않는다. 큰 규모의 요청이 얼마나 많은지, 앞으로 얼마나 더 늘어날지 알 수 없기 때문이다. 혹은 이러한 상황일 수도 있다. 전체 사용자 중 고해상도 영상을 업로드하는 것은 값비싼 카메라를 가지고 있는 전문 사진가 정도뿐이고, 대부분의 사용자는 일반적인 해상도의 영상을 업로드하는 것이다. 이런 경우 모든 레플리카 서버의 성능을 높이는 것은 매우 큰 자원 낭비가 된다. 다음 절에서 자원 활용성을 모니터링하고 조절하는 방법도 알아보겠지만 지금으로서는 이 방법은 실용적이지 못하다.

3장에서 소개했던 파라미터 서버 패턴을 떠올려보자. [그림 4-8]과 같이 커다란 모델을 여러 파티션으로 쪼개어 저장하고 처리하는 방식이었다. 각 워커는 전체 데이터셋의 일부를 가지고 그 일부에 대한 연산을 수행한 뒤 계산된 그레이디언트를 파라미터 서버로 전송하고 최신 파라미터를 다시 받아 사용한다.

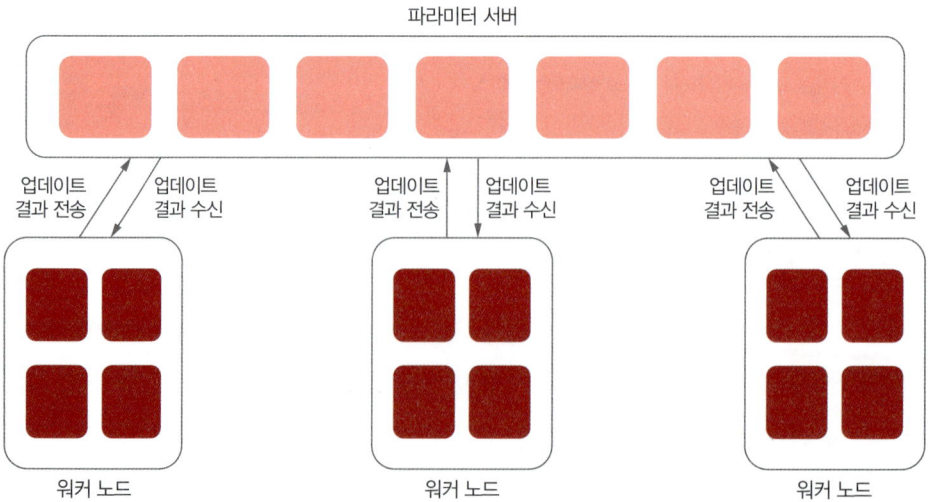

그림 4-8 대규모 모델을 나눈 각 파티션을 서로 다른 파라미터 서버에 저장하여 학습하는 분산 학습 시스템의 구조

대규모 요청을 처리하기 위해 위와 비슷한 구조를 설계할 수 있다. 먼저 고해상도 영상을 여러 조각으로 나눈 후, 각각을 **모델 서버 샤드**$^{model\ server\ shard}$로 전송해 처리한다. 모델 서버 샤드는 각 모델 서버의 조각으로, 커다란 요청의 일부분을 각각 처리한다.

[그림 4-9]는 이러한 방식으로 동작하는 **서비스 샤딩 패턴**$^{sharded\ services\ pattern}$의 구조를 나타낸다. [그림 4-9]처럼 개와 아이가 있는 영상을 두 부분으로 나눠 각 조각을 서로 다른 서버 샤드로 전송해 처리하도록 한다.

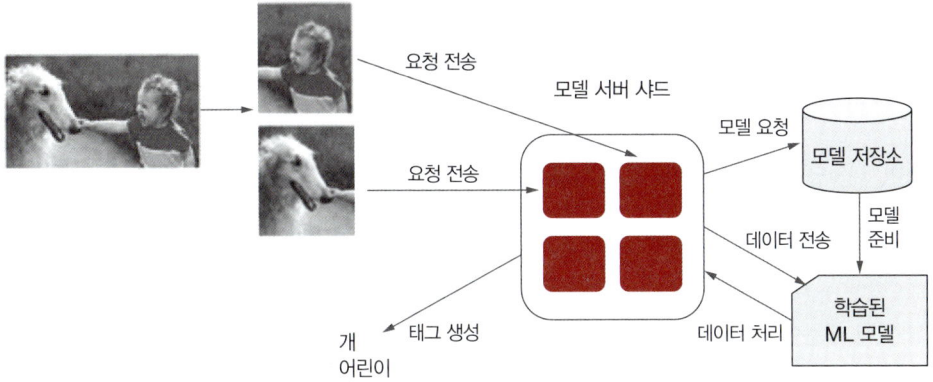

그림 4-9 서비스 샤딩 패턴을 활용해 고해상도 영상을 처리하는 시스템 구조의 예

각 서버 샤드는 나누어진 영상 조각을 받아서 각 영상 조각을 기존과 동일하게 머신러닝 모델에 입력해 해당 영상에 대한 태그를 생성한다. 모든 영상 조각에 대한 모델 연산이 완료되면 각각의 영상 조각에 대해 추론된 태그를 모아서 최종 태그를 생성한다. 위 그림과 같은 예시의 경우 어린이^{kid}와 개^{dog}라는 태그가 각각 생성될 것이다. 최종적으로 고해상도 영상에 대한 태그를 생성할 수 있다.

그렇다면 하나의 요청을 각 서버 샤드로 분배하는 것은 어떻게 할까? 앞서 로드 밸런서를 활용해서 트래픽을 분산한 것과 비슷하게, 샤딩 함수$^{sharding\ function}$를 활용해 요청을 분배할 수 있다. 샤딩 함수는 일반적으로 앞서 소개했던 해싱 함수$^{hashing\ function}$와 나머지 연산^{modulo} (%)을 활용해서 구현한다. 예를 들어 hash(request) % 10 함수를 활용하면 모든 요청을 10개로 균등하게 분배할 수 있다.

> **샤딩에 활용되는 해싱 함수**
>
> 해싱 함수는 임의의 객체를 입력으로 받아 정수로 변환한다. 해당 정수를 특정 숫자로 나눈 나머지를 몇 번 인덱스의 샤드에 넣을지를 결정하는 값으로 사용할 수 있다. 이러한 구현이 성립하기 위해 해싱 함수는 아래와 같은 두 가지 조건을 만족해야 한다.
>
> 1. 같은 입력값에 대한 해싱 결과는 항상 동일해야 한다.
> 2. 해싱 결과는 균일한 분포를 가져야 한다.
>
> 이러한 조건은 분산 환경에서 요청을 여러 샤드로 균일하게 분배하기 위해 중요한 요소다.

서비스 샤딩 패턴은 큰 용량의 요청을 처리하기 위한 효과적인 해결책이다. 2장에서 활용했던 패턴과 비슷하지만 데이터셋을 샤딩하는 대신 요청을 샤딩해서 각 서버 샤드가 처리하도록 한다. 단일 서버는 일정 수준 이상의 크기의 요청을 처리하기에 한정된 연산 자원을 가지고 있기 때문에 이러한 서비스 샤딩 패턴을 활용해서 문제를 해결할 수 있다.

4.3.3 고려 사항

서비스 샤딩 패턴은 분산된 환경에서 대규모 요청을 여러 개의 모델 서버 샤드가 처리하도록 한다. 이러한 패턴은 머신러닝이 아닌 일반적인 서비스에서도 단일 서버에서 처리하기 어려운 요청이 들어오는 경우 활용할 수 있다.

하지만 이전 절에서 확인했던 상태를 저장하지 않는 stateless 레플리카 서버 패턴과 달리, 서비스 샤딩 패턴은 각 서버 간에 상태를 공유해야 하는 경우가 있다. 우리의 케이스에서는 각 서버 샤드에서 계산된 결과를 취합해서 원본 고해상도 영상에 대한 최종 응답을 생성해야 한다.

원래 요청을 작은 요청으로 쪼개는 과정에서 적절히 나누지 않으면 모델의 예측 결과가 정확하게 나오지 않을 수 있다. 예를 들어 원본 영상이 여러 개의 요청으로 나누어질 때 몇 개의 조각은 의미 있는 내용을 담지 못하게 될 수 있다. 이런 상황이 생기면 최종적으로 취합된 결과에서 의미가 없는 결과는 걸러내는 등의 후처리 작업이 필요하다. 레플리카 서버 패턴과 서비스 샤딩 패턴은 모두 모델 서빙 시스템을 많은 요청에 맞게 확장하는 데 유용한 패턴이다. 하지만 이 두 가지 패턴을 사용한다면 가지고 있는 연산 자원을 모두 활용해서 서빙할 뿐, 동적으로 변하는 트래픽에 맞게 유연한 자원을 활용할 수 없다. 다음 절에서는 동적으로 변하는 트래픽에 자원을 유연하게 활용하는 방법에 대해 소개한다.

예제

❶ 수직 스케일링은 대규모 요청을 처리하기에 유용한가?

❷ 모델 서버 샤드는 처리 과정에서 생기는 상태를 저장하는가^{stateful}, 저장하지 않는가^{stateless}?

4.4 이벤트 기반 처리 패턴: 이벤트 기반으로 모델 서빙하기

레플리카 서버 패턴은 대규모 요청을 처리하기에 유용하고, 서비스 샤딩 패턴은 커다란 단일 요청을 나누어 처리하기에 유용하다. 이러한 패턴을 활용하면 큰 규모의 서비스를 하면서 발생할 수 있는 문제 대부분을 해결할 수 있지만, 서비스를 구축하기 전에 어느 정도의 트래픽이 발생할지 알아야 적절한 연산 자원과 모델 서버 레플리카, 모델 서버 샤드를 준비할 수 있다. 트래픽이 얼마나 발생할지 모르는 상황에서 시스템을 구축한다면 자원을 효율적으로 할당할 수 없다.

휴일을 맞이하여 고객을 위한 이벤트를 계획하고 있는 서비스 회사가 있다고 가정해보자. 새롭게 학습된 모델을 활용해 고객이 휴가를 보낼 지역의 숙박 가격을 예측하는 새로운 서비스를 선보일 예정이다. 이 서비스를 제공하기 위해서 우리는 머신러닝 모델 서빙 시스템을 구축해야 한다. 사용자는 화면에서 관심 있는 지역과 머물고 싶은 기간을 입력할 수 있다. 사용자가 지역과 기간을 입력하면 모델 서빙 시스템 쪽으로 요청이 들어온다. 요청에는 사용자가 선택한 지역 정보와 기간이 포함되어 있다. 모델 서버는 요청받은 데이터를 기반으로 해당 기간 동안 지역에 머무르면서 지낼 수 있는 호텔과 각 호텔을 사용하기 위해 지불해야 하는 가격을 예측한다. 전체 파이프라인은 [그림 4-10]과 같다.

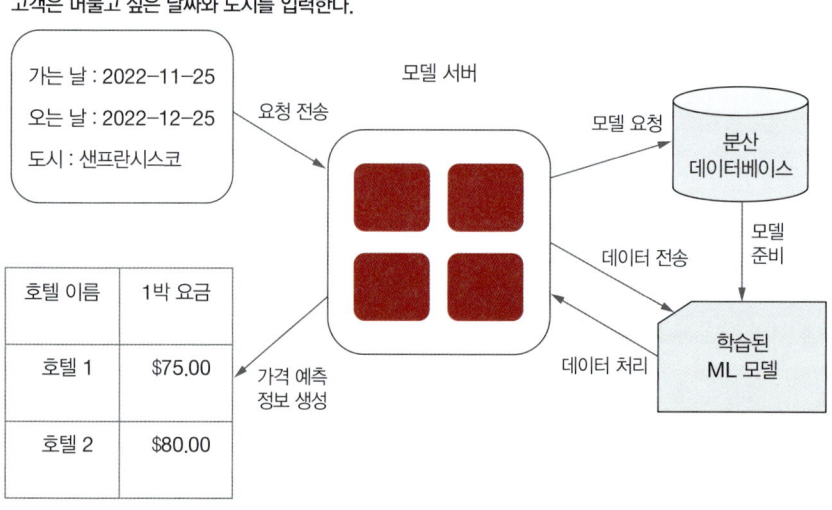

그림 4-10 호텔 가격을 예측하는 모델 서빙 시스템 구조

이 모델 서빙 시스템으로 1년 이상 일부 고객을 대상으로 테스트를 진행했고, 그 과정에서 트래픽 양에 대한 데이터를 어느 정도 수집했다. 그 결과 사람들은 휴가 직전에 호텔을 예약한다는 사실을 알 수 있었다. 휴일 직전에 급격하게 트래픽이 늘었다가 휴일 기간이 끝나면 다시 내려가는 패턴을 보여준다. 이런 경우 일반적인 상황에서는 자원을 충분히 활용하지 못하는 문제가 발생한다.

우리가 지금까지 설계한 모델 서빙 시스템은 연산 자원을 항상 고정된 크기로 사용한다. 이러한 패턴은 최적이 아니다. 트래픽이 낮은 경우 대부분의 자원은 유휴 상태로 낭비되고, 트래픽이 높아지면 한정된 자원으로 많은 요청을 처리해야 한다. [그림 4-11]과 같이 시간에 따라 트래픽 양이 달라지는데도 항상 10CPU와 100GB 메모리로 고정된 자원을 사용한다면 시스템은 언제나 할당된 자원보다 낮은 트래픽을 처리하면서 자원을 낭비하거나, 높은 트래픽을 처리하기 위해 허덕여야 한다.

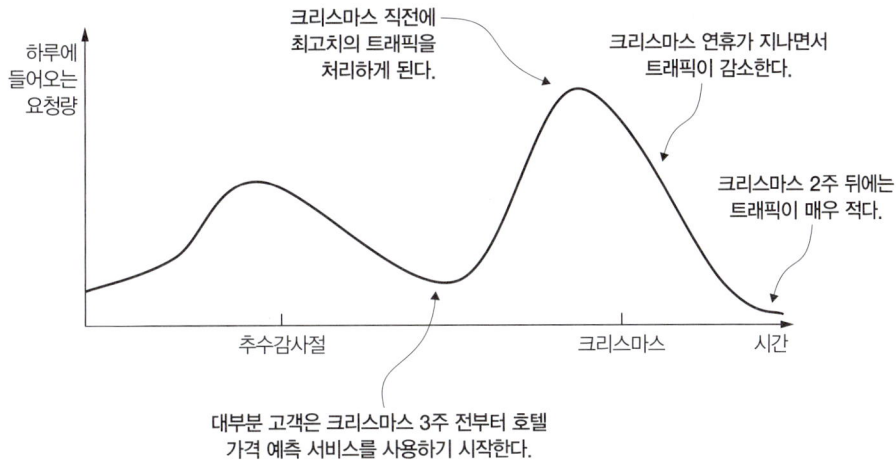

그림 4-11 연산 자원의 양은 고정되어 있지만 시간에 따라 트래픽이 변하는 경우

우리가 트래픽이 어느 정도 발생할지 미리 예측할 수 있다면, 혹은 이에 맞게 자원 할당 계획을 세운다면 어떨까? 아쉽게도 어떤 이벤트는 예측할 수 없는 순간에 찾아오기도 한다. 예를 들어 [그림 4-12]처럼 한 리조트에서 대규모 국제 콘퍼런스를 여는 것과 같은 이벤트는 예측하기 어렵다. [그림 4-12]의 점선에 해당하는 트래픽을 예상하고 해당 시점에 2CPU와 20GB 메모리를 할당한 상황에서 이러한 이벤트가 발생한다면 서빙 시스템은 늘어난 요청을 처리하지 못하고 장애가 발생하게 된다. 고객들 또한 좋지 못한 경험을 하고 서비스를 떠나게 된다. 콘퍼런스 참가자들이 모두 노트북 앞에 앉아 호텔을 예약하기 위해 오랜 시간 동안 로딩 화면을 보고 있는 장면을 상상해보라.

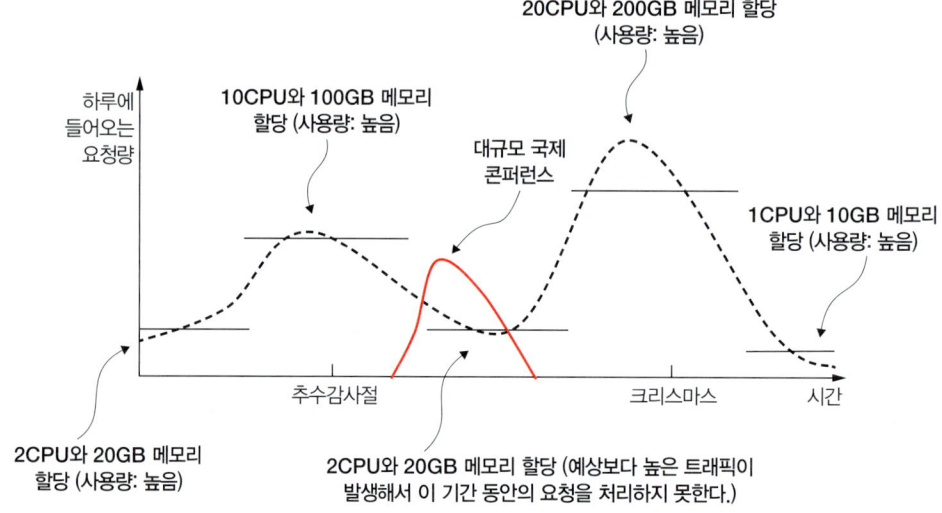

그림 4-12 동적으로 자원을 할당했으나 예상하지 못한 이벤트로 인해 요청을 처리하지 못하는 경우

과거 트래픽 경향을 기준으로 자원을 할당하는 단순한 방법으로는 복잡한 현실 세계의 트래픽을 제대로 다룰 수 없다. 좀 더 나은 방법이 없을까?

이 시나리오의 주요한 특징은 시간에 따라 트래픽이 계속해서 달라지고, 휴일에 가까워지면 트래픽이 늘어나는 경향은 있으나 정확한 예측은 하기 어렵다는 것이다. 이런 상황에서 언제나 안정적으로 서비스를 유지하기 위해서는 언제, 어떤 이유로 트래픽이 늘거나 줄더라도 항상 그보다 많은 양을 처리할 수 있는 충분한 연산 자원을 가지고 있어야 한다.

4.4.1 문제

앞서 고안했던 과거 트래픽에 맞추어 자원 할당량을 늘렸다 줄이는 식으로 처리하는 단순한 해결법으로는 문제를 해결할 수 없었다. 트래픽을 정확히 예측하는 것은 불가능에 가까울 뿐더러 해당 시점에 정확히 얼마만큼의 자원 할당이 최적인지 계산하는 것 또한 쉽지 않다.

항상 충분한 양의 자원을 고정적으로 할당하는 것도 실용적이지 않다. 대부분의 시간 동안에는 유휴 상태로 낭비되는 자원이 막대할 것이다. 연산 자원을 보다 실용적으로 할당하려면 어떻게 해야 할까?

4.4.2 해결책

이 문제를 해결하기 위해서는 CPU, 메모리, 디스크와 같은 모든 연산 자원을 모델 서빙 시스템뿐만 아니라 머신러닝 파이프라인 내에 속한 모든 시스템이 함께 공유해서 사용해야 한다. [그림 4-13]은 전체 연산 자원 풀pool을 머신러닝 파이프라인 내의 개별 시스템이 모두 공유해서 사용하는 구조를 보여준다. 개별 시스템에는 데이터 수집, 모델 학습과 선정, 배포, 서빙 시스템 등이 모두 포함된다. 이러한 공유 자원 시스템은 트래픽이 늘어날 때 모델 서빙 시스템이 더 많은 자원을 사용할 수 있도록 자동으로 스케일링하는 기능을 가진다. 이에 따라 서빙 시스템은 매 순간 필요한 만큼의 자원만 할당 받아서 사용할 수 있다.

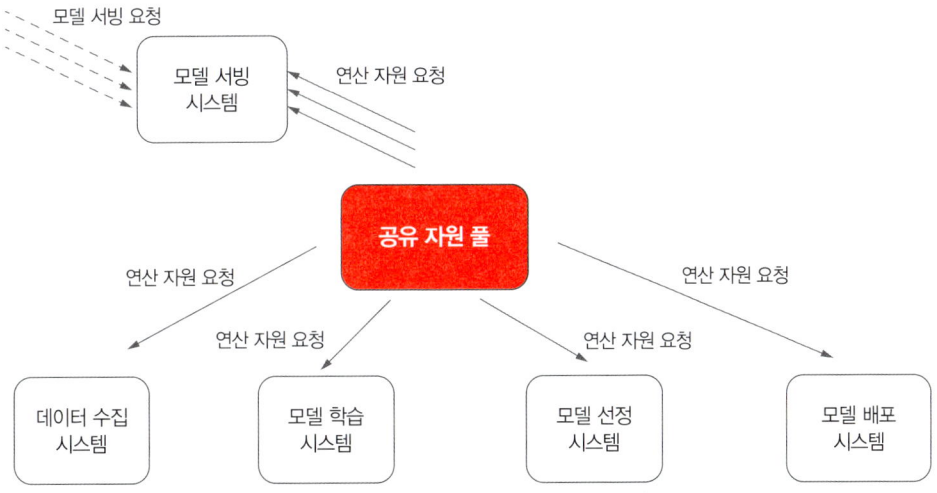

그림 4-13 데이터 수집, 모델 학습과 선정 및 배포 과정에서 공유 자원 풀을 활용하여 자원을 공유하는 머신러닝 파이프라인 구조[5]

---

5 [그림 4-15]의 점선은 요청을 나타내고, 실선은 공유 자원의 이동을 나타낸다.

이번 장에서는 모델 서빙 시스템의 자원에 대해서만 논의했다. 하지만 이렇게 공유 자원 시스템을 사용한다는 것은 서빙 시스템뿐만 아니라 다른 모든 시스템도 필요에 따라 자원을 유연하게 활용할 수 있음을 의미한다. 예를 들어 모델 학습 시스템은 학습을 진행하는 동안 더 많은 CPU를 할당해서 사용할 수 있다. 모델 학습 시스템만 특별히 CPU와 GPU를 함께 사용해야 한다면 필요에 따라 해당 자원만 격리해서 사용하는 것도 가능하다.

사용자가 화면에 진입해 지역과 기간을 입력하면 서빙 시스템으로 요청이 들어온다. 서빙 시스템은 해당 요청을 처리하기 위한 자원이 필요하고, 이를 공유 자원 풀에서 필요한 만큼 할당해서 모델 연산에 활용한다.

예를 들어 [그림 4-14]와 같이 시간에 따라 트래픽이 불규칙적으로 변하는 경우에도 갑자기 트래픽이 늘어났을 때 공유 자원 풀에서 필요한 만큼 자원을 추가로 할당 받아서 사용할 수 있다. 이러한 방식을 통해 자원 활용성을 언제나 최대로 유지하면서도 서비스의 안정성을 높일 수 있다. 공유 자원 풀은 각 시스템의 상태를 모니터링하면서 필요에 따라 자원을 자동으로 스케줄링한다.

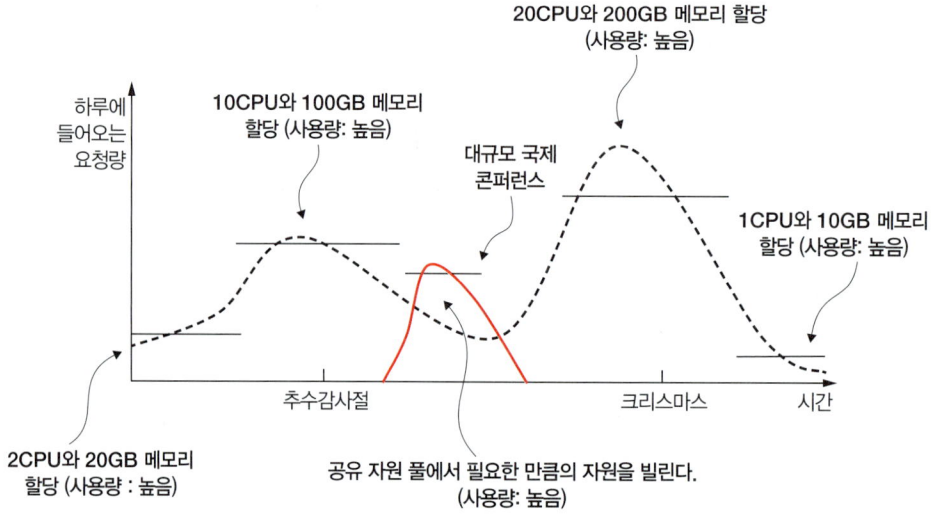

그림 4-14 공유 자원 풀을 활용해 자원을 유연하게 활용하여 예상치 못한 상황에서도 모델을 서빙할 수 있는 예

이렇게 시스템이 요청량에 따라 유연하게 자원 할당량을 조절하는 방식을 **이벤트 기반 처리**event-driven processing라고 한다.

> **이벤트 기반 처리 vs 지속적으로 유지되는 서빙 시스템**
>
> 이벤트 기반 처리는 이전에 알아봤던 서빙 시스템들과는 다르다. 모델 서버 레플리카나 모델 서버 샤드의 경우에는 지속적으로 떠있는long-running 시스템이다. 이러한 시스템은 많은 양의 데이터를 메모리에 유지하거나 무거운 백그라운드 연산 등이 필요한 경우 유용하다.
>
> 하지만 대부분의 상황에서 트래픽이 많지 않고 불규칙적으로 요청을 처리해야 하는 서비스의 경우에는 이벤트 기반 처리 패턴이 더 적합하다. 이벤트 기반 처리는 최근 클라우드 기반의 인프라가 떠오르면서 많이 사용되고 있다. 특히 서비스형 함수function-as-a-service[6]들이 많이 늘어나는 추세다.

호텔 가격 예측 서비스의 경우 고객의 호텔 가격 예측 요청 하나하나가 모두 이벤트event다. 서빙 시스템은 이러한 이벤트를 기반으로 필요한 자원을 공유 자원 풀에서 가져와 사용한다. [그림 4-15]는 이벤트 기반 모델 서빙 시스템을 나타낸다.

---

6 옮긴이_ 대표적으로 AWS의 람다(Lambda) 서비스가 있다.

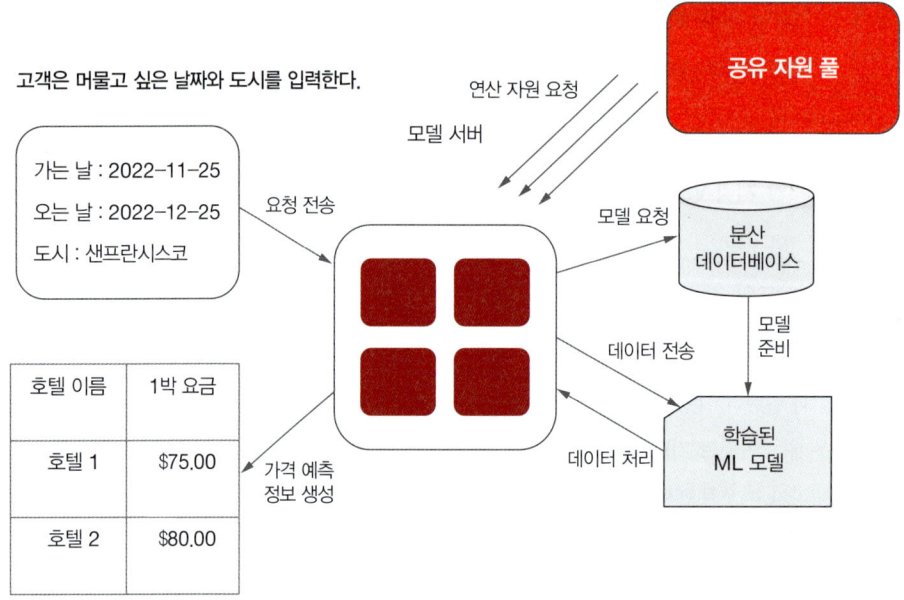

그림 4-15 이벤트 기반으로 호텔 가격을 예측하는 모델 서빙 시스템 구조의 예

이벤트 기반 처리 패턴을 서빙 시스템에 적용함으로써 모델 서빙 시스템은 항상 유휴 상태의 자원 낭비 없이 필요한 만큼의 자원을 효율적으로 사용할 수 있다. 이에 따라 트래픽이 급격하게 증가하는 상황에서도 사용자는 서비스 지연을 거의 느끼지 못할 것이다.

하지만 이렇게 효율적으로 자원을 할당해서 쓸 수 있는 구조 위에서 고려해야 하는 위험이 있다. 모델 서빙 시스템을 향한 DoS 공격$^{\text{denial-of-service attack}}$을 막기 위한 방법을 생각해야 한다. DoS 공격이란 모델 서빙 시스템에서 흔히 볼 수 있는 악의적인 공격 중 하나로, 주로 사용자가 서비스에 접근하는 것을 방해하는 시도를 의미한다. 이러한 공격은 의도치 않은 연산 자원 사용을 야기한다. 이는 매우 많은 양의 자원을 가지고 있는 공유 자원 풀 내의 모든 자원을 전부 소진하는 것에 이르게 할 수 있다.

DoS 공격은 다양한 방식으로 발생한다. 예를 들어 특정 사용자가 매우 짧은 시간 내에 엄청나게 많은 요청을 보낼 수 있다. 혹은 개발자가 모델 서빙 API를 잘못 설정해서 의도치 않은 부하를 일으키는 경우도 발생할 수 있다.

현실 세계의 애플리케이션에서는 이런 일들이 빈번하게 발생한다. 이러한 사고를 방지하기 위해서는 DoS 공격을 막을 수 있는 방어 로직이 필요하다. 가장 대표적인 방법은 **처리량 제한**rate limiting이다. 일정 시간 내에 시스템이 처리할 수 있는 양을 명시적으로 설정해놓고 그보다 많은 요청이 들어온 경우 대기열에 넣어 순차적으로 처리하는 것이다.

[그림 4-16]은 이러한 처리량 제한을 구현한 구조를 나타낸다. 요청이 4개 들어왔지만, 모델 서빙 시스템의 앞단에 처리량 제한을 위한 큐queue 서버를 두고 두 개의 요청만 먼저 서빙 시스템으로 전달하는 것이다. 서빙 시스템이 요청 2개를 모두 처리하고 나면 그 후에 대기열에 남아있던 요청 2개를 다시 전달하여 처리한다.

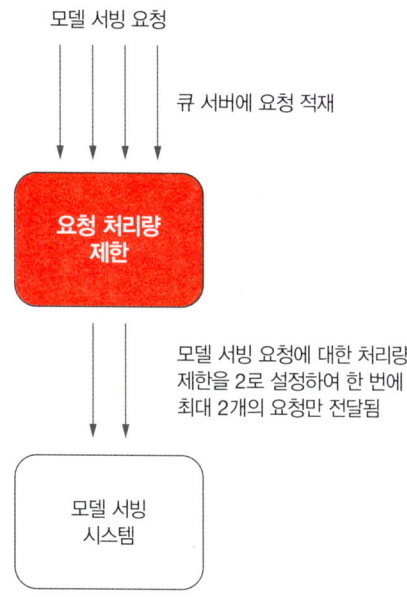

그림 4-16 처리량 제한을 추가하여 제한된 양의 요청을 처리하는 모델 서빙 시스템 구조의 예

모델을 서빙하는 서비스를 사용자에게 공개하는 경우 익명의 사용자에게는 매우 적은 양의 처리량 제한을 두고, 더 많은 처리량을 원할 경우 로그인 등을 통해 고객을 식별할 수 있도록 하는 장치를 두는 것이 좋다. 각 고객이 얼마만큼의 트래픽을 생성하는지 모니터링하고 혹시 발생할지 모를 DoS 공격과 같은 잠재적인 위험 발생 가능성을 줄일 수 있기 때문이다.

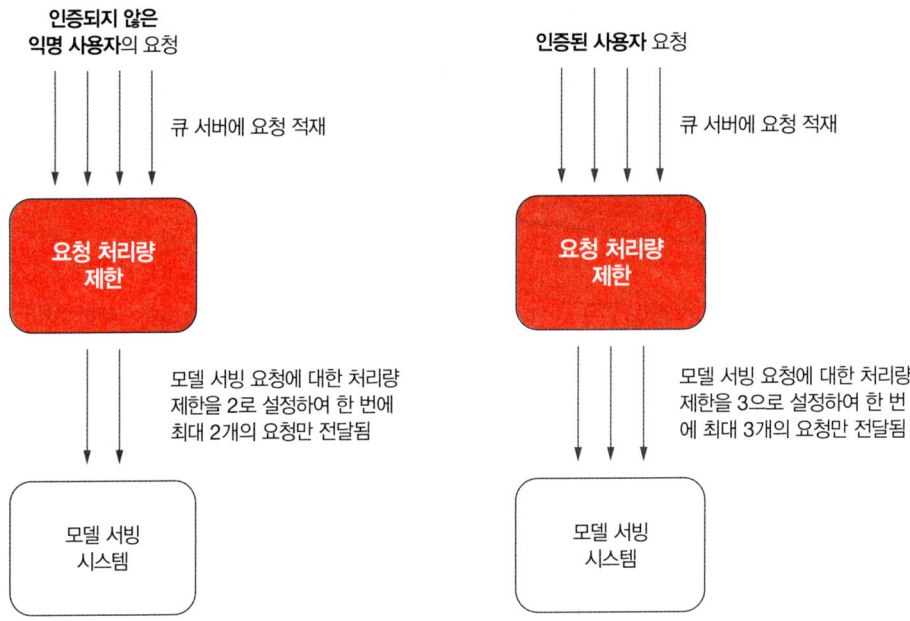

그림 4-17 인증된 사용자와 인증되지 않은 사용자 각각에게 서로 다른 처리량 제한 값을 두는 예

처리량 제한은 트래픽을 제어하고 모델 서빙 시스템을 악의적인 DoS 공격과 같은 시도로부터 방어하는 역할을 한다. 이를 통해 의도하지 않은 연산 자원의 과도한 사용이나 공유 자원 풀의 자원 소진 등을 방지할 수 있다.

4.4.3 고려 사항

이벤트 기반 처리 패턴으로 서빙 시스템을 보다 효율적으로 구성할 수 있다는 것을 확인했지만, 이는 범용적인 해결책은 아니라는 것을 염두에 두어야 한다. 현실 세계의 다양한 요구 조건이나 상황에 따라 최적의 패턴이나 도구가 달라질 수 있다.

주기적으로 동작하도록 스케줄링되어 있는 시스템과 같이 일정한 양의 트래픽이 지속적으로 들어오는 경우라면 이벤트 기반 처리는 불필요하다. 오히려 이런 상황에 이벤트 기반 처리를 하게 된다면 매순간 얼마만큼의 자원이 필요할지 모니터링하기 위한 부하가 불필요하게 발생하게 된다. 매우 높은 정확도가 필요하지 않은 경우 또한 이벤트 기반으로 처리할 필요가 없다. 매일 또는 매주 한 번씩만 예측을 실행하고, 이를 재활용하는 방식으로 사용할 수 있다.

이벤트 기반 처리는 트래픽 패턴이 불규칙적이거나 복잡해서 연산 자원을 적합하게 할당하기 어려운 상황에 적합하다. 이벤트 기반 처리를 활용하면 모델 서빙 시스템은 그때그때 필요한 만큼$^{on\ demand}$의 자원을 요청해서 사용할 수 있다. 사용자 또한 항상 일정한 품질의 서비스를 경험할 수 있다.

개발자 관점에서는 이벤트 기반 처리가 굉장히 직관적이라는 장점이 있다. 다양한 아티팩트^{artifact} 파일을 포함한 서빙 시스템 전체를 배포하는 것에 비해 이벤트 기반 처리를 배포하는 것은 클라우드에서 돌아갈 수 있는 코드만 배포하면 되기 때문에 매우 간단하다.

예를 들어 이전 시나리오와 같은 상황이라면 고객의 요청에 따라 학습된 모델로 처리되는 함수 형태의 코드만 배포하면 된다. 트래픽이 늘어난다면 공유 자원 풀을 활용해 함수를 실행하는 서버가 늘어날 것이다. 모종의 이유로 함수 실행이 실패한다면 새로운 서버를 다시 띄워서 다시 실행한다.

이벤트 기반 처리 패턴은 그 본질이 각 이벤트를 기반으로 실행하는 것이기 때문에 각 요청 간 상태값을 서로 공유하지 않는다^{stateless}. 따라서 시계열 모델과 같이 모델의 연산이 이전에 실행된 예측값에 의존하는 경우에는 이벤트 기반 처리 패턴이 적절하지 않다.

예제

❶ 호텔 가격 예측 시스템을 고정된 연산 자원으로 서빙한다고 가정해보자. 자원 활용성은 어떻겠는가?

❷ 레플리카 서버나 모델 서버 샤드는 지속적으로 떠있는$^{long-running}$ 시스템에 해당하는가?

❸ 이벤트 기반 처리는 연산 과정에서 발생하는 상태를 저장^{stateful}하는가, 저장하지 않는가^{stateless}?

예제 정답

✏️ 4.2

① 상태를 저장하지 않는다.

② 로드 밸런서가 없다면 각 요청을 어떤 모델 서버로 전달해서 처리해야 하는지 알 수 없게 된다. 즉, 각 모델 서버가 랜덤하게 요청을 처리하게 된다면 중복으로 요청을 처리하는 등 충돌이 발생할 수 있다.

③ 단일 서버가 하루 1.4분 미만의 다운타임을 보장할 수 있다면 가능하다.

✏️ 4.3

① 수직 스케일링으로 많은 요청을 처리할 수는 있다. 하지만 전체 관점에서는 자원 활용성이 떨어지게 된다.

② 상태를 저장한다.

✏️ 4.4

① 자원 활용성의 정도는 트래픽의 양에 따라 달라진다.

② 그렇다. 지속적으로 서버를 유지하며 사용자의 요청을 처리하고, 자원 또한 고정된 자원을 지속적으로 점유해서 사용한다.

③ 상태를 저장하지 않는다.

요약

- 모델 서빙이란 학습된 모델에 새로운 데이터를 입력해 예측하거나 추론하는 과정을 의미한다.

- 레플리카 서버 패턴은 늘어나는 요청을 수평 스케일링을 통해 처리하는 방법이다.

- 서비스 샤딩 패턴은 규모가 큰 요청을 나누어 여러 개의 모델 서버 샤드로 분산 처리하는 방법이다.

- 이벤트 기반 처리는 유휴 상태의 자원 낭비 없이 트래픽의 양에 따라 유연하게 자원을 활용해 요청을 처리하는 방법이다.

CHAPTER 05

워크플로 패턴

이 장의 내용

- 머신러닝 시스템의 각 구성 요소를 연결하기 위한 워크플로를 알아본다.
- 복잡한 머신러닝 워크플로를 안정적으로 운영하기 위해 팬인 및 팬아웃 패턴을 활용하는 방법을 알아본다.
- 동기 및 비동기 패턴을 활용해 머신러닝 시스템을 가속화하는 방법을 알아본다.
- 스텝 메모이제이션 패턴을 활용해 성능을 개선하는 방법에 대해 알아본다.

모델 서빙은 모델 학습이 완료된 후 진행되는 중요한 단계다. 전체 머신러닝 워크플로 중 아티팩트를 생성하는 마지막 단계이기도 하며, 여기서 생성된 최종 결과물은 사용자에게 직접 전달된다. 이전 장에서는 사용자가 늘어나면서 요청량과 요청 데이터가 커짐에 따라 분산 서빙 시스템에서 생길 수 있는 문제와 해결 방안에 대해 소개했다. 레플리카 서버를 생성하는 수평 스케일링을 통해 많은 요청을 처리하고, 서비스 샤딩 패턴을 활용해 거대한 요청을 처리하는 방법을 알아보았다. 또한 현실 세계에서 발생할 수 있는 문제와, 이를 이벤트 기반 처리 패턴으로 해결하는 방법에 대해서도 알아보았다.

워크플로는 머신러닝 시스템 내의 다른 구성 요소를 모두 연결하는 필수 요소다. 단순히 데이터 수집, 모델 학습, 모델 서빙 과정을 연결하는 간단한 구현이 될 수도 있다. 하지만 현실 세계에서 발생하는 다양한 시나리오와 요구 사항에 대응하고 성능을 최적화하기 위한 복잡한 구조를 가지는 것도 가능하다. 따라서 각 선택지에 대한 트레이드오프가 무엇인지 고려하고 서비스 요구 사항에 맞는 최적의 구조를 선택해 설계해야 한다.

이번 장에서는 머신러닝 워크플로를 설계할 때 발생할 수 있는 문제를 알아본다. 또한 이러한 문제를 효율적이면서도 확장성 있게 해결하기 위해 확립된 여러 해결 방안과 패턴을 소개한다. 예를 들어 여러 개의 머신러닝 모델을 학습시키기 위한 복잡한 워크플로를 구축하는 방법을 알아본다. 또한 이 과정에서 가장 성능이 좋은 모델을 채택하기 위한 팬인$^{fan-in}$ 및 팬아웃$^{fan-out}$ 패턴을 알아본다. 또한 시간이 오래 걸리는 머신러닝 모델 학습 단계로 인해 다른 작업이 지연되는 것을 방지하기 위해 동기 및 비동기 패턴을 활용하는 방법을 소개한다.

5.1 워크플로란?

워크플로^{workflow}는 머신러닝 시스템 내의 구성 요소를 엔드투엔드$^{end-to-end}$로 연결하는 프로세스다. 워크플로는 이전에 소개했던 데이터 수집, 분산 모델 학습, 모델 서빙 등과 같은 다양한 머신러닝 애플리케이션들의 조합으로 구성된다.

[그림 5-1]은 간단한 머신러닝 워크플로를 나타낸다. 해당 워크플로는 아래와 같은 단계를 포함해 엔드투엔드 머신러닝 시스템을 구성한다.

1. 데이터 수집: YouTube-8M 영상 데이터셋으로 학습 데이터 생성
2. 모델 학습: 태그 생성 모델 학습
3. 모델 서빙: 새로운 영상에 태그를 생성하는 모델 서빙

> **NOTE** 머신러닝 워크플로는 **머신러닝 파이프라인**$^{machine\ learning\ pipeline}$이라고도 많이 불린다. 저자는 두 용어를 동일한 의미로 사용한다. 사용하는 기술을 구체적으로 구분하고자 한다면 두 용어에 차이가 있을 수 있지만, 적어도 이 책에서는 동일한 용어로 사용한다.

머신러닝 워크플로는 각 요소를 어떤 조합으로든 구성할 수 있기 때문에 상황에 따라 서로 다른 형태를 가질 수 있다. 예를 들어 선형적으로 구성된 [그림 5-1]의 워크플로와 달리, [그림 5-2]의 워크플로는 데이터 수집 이후 모델 학습과 서빙이 두 갈래로 나뉘어진 형태를 가진다.

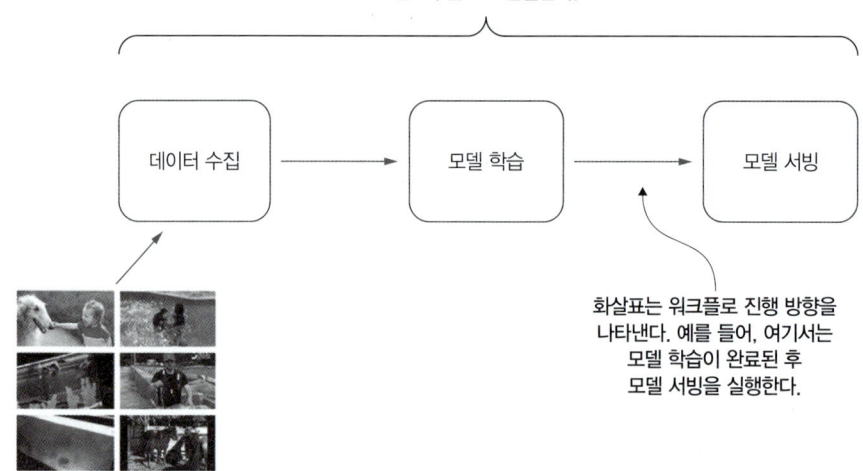

그림 5-1 데이터 수집, 모델 학습과 서빙을 포함한 간단한 머신러닝 워크플로

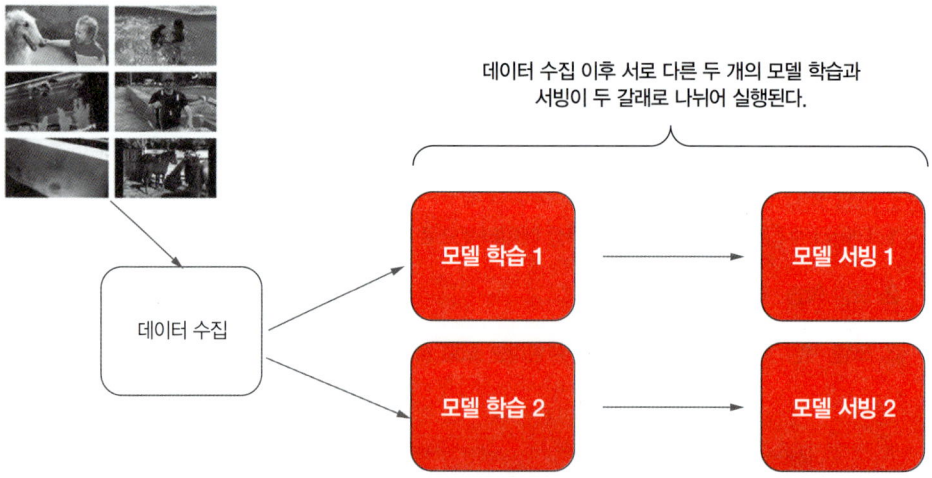

그림 5-2 데이터 수집 이후 모델 학습과 서빙을 각각 두 단계로 실행하는 보다 복잡한 워크플로

[그림 5-1]과 [그림 5-2]는 모두 일반적으로 많이 사용되는 형태이다. 현실 세계에서 머신러닝 워크플로의 복잡도는 상황에 따라 다양하고 복잡도가 증가함에 따라 해당 시스템을 안정적으로 유지하기 위한 난이도 또한 높아진다.

이번 장에서 더 복잡한 워크플로를 살펴보기 전에 먼저 두 가지 개념을 소개한다. **순차 워크플로**sequential workflow와 **DAG**directed acyclic graph이다.

순차 워크플로는 선형적으로 구성된 각 단계를 순차적으로 실행한다. 각 단계의 구성은 때에 따라 달라질 수 있지만, 그 실행은 언제나 순차적이다. [그림 5-3]은 세 단계가 순서대로 실행되는 순차 워크플로를 나타낸다.

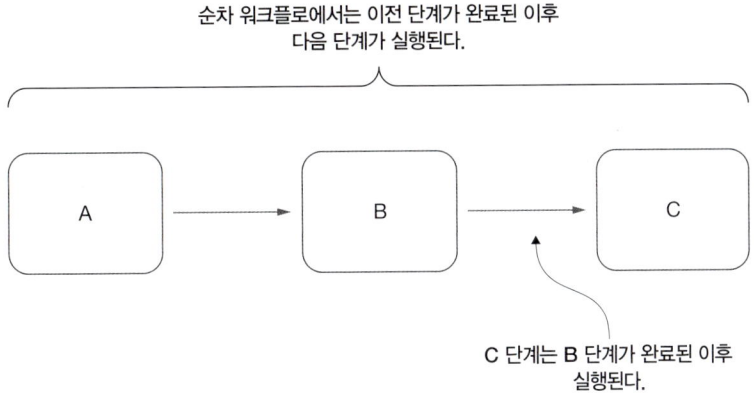

그림 5-3 A, B, C의 순서로 실행되는 순차 워크플로의 예

이러한 워크플로가 모두 순서가 있는 단계로 구성되어 있으면서 닫힌 고리closed loop가 없는 경우 DAG라고 할 수 있다. 예를 들어 [그림 5-3]은 A, B, C 세 단계가 순서대로 구성되어 있으면서 그 실행 순서가 순환하는 닫힌 고리가 아니므로 유효한 DAG에 해당한다. 하지만 [그림 5-4]는 D 단계 이후 A 단계로 이어지며 닫힌 고리를 구성하므로 유효한 DAG가 아니다.

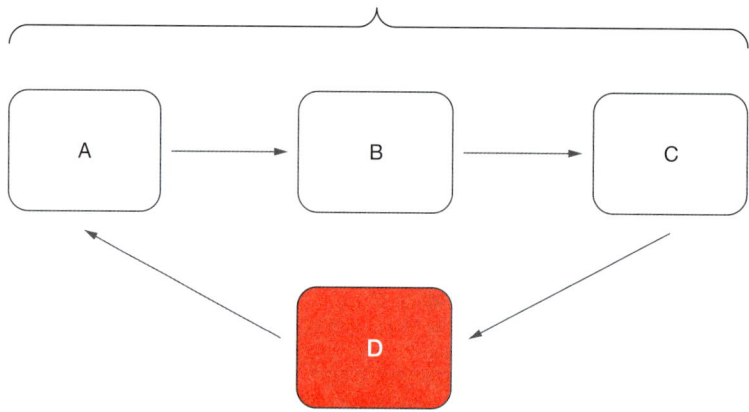

그림 5-4 C 이후 실행되는 D가 다시 A를 가리키면서 순환 고리가 생성되어 유효하지 않은 DAG의 예

[그림 5-5]처럼 D 단계 이후 A 단계로 이어지지 않는다면 해당 워크플로는 유효한 DAG이다. 각 단계가 더 이상 순환 고리를 만들지 않으며 [그림 5-3]처럼 단순히 순차적으로 실행되는 워크플로가 되기 때문이다.

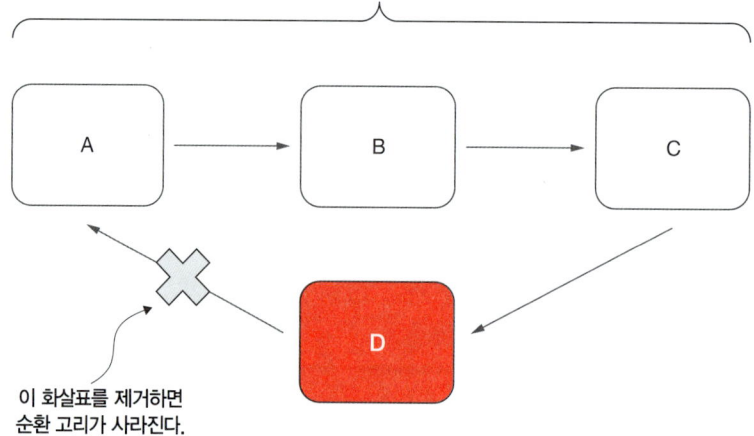

그림 5-5 D가 A를 가리키는 연결을 제거함으로써 순환 고리가 제거되어 올바른 DAG가 된 예

현실 세계의 머신러닝 워크플로는 배치로 실행되는 모델 학습이나 하이퍼파라미터 튜닝 등 다양한 동작을 수행할 수 있어야 한다. 이처럼 다양한 동작은 머신러닝 워크플로를 보다 복잡하게 만든다. 조금 더 복잡한 워크플로를 살펴보고 다양한 시나리오에서 생길 수 있는 워크플로를 구성하기 위해 재사용할 수 있는 구조적인 패턴으로 무엇이 있는지 알아보자.

5.2 팬인 및 팬아웃 패턴: 복잡한 머신러닝 워크플로 체계화

3장에서 YouTube-8M 새로운 영상에 적절한 태그를 붙일 수 있는 모델을 구축하는 방법을 알아보았다. YouTube-8M 데이터셋은 수백만 개의 유튜브 영상으로 구성되며, 각 영상에는 음식, 차, 음악 등 3,800개 이상의 다양한 태그가 생성되어 있다. 4장에서는 학습된 모델을 활용해서 새로운 영상이 업로드된 경우 모델이 알맞은 태그를 생성하기 위한 모델 서빙 시스템을 구축하는 방법을 알아봤다. 현실 세계에서 이러한 모델을 서빙하기 위해 우리는 데이터 수집부터 모델 학습과 서빙하는 각 단계를 연결하고 적절하게 묶어서 재사용하기 쉽게 운영할 수 있어야 한다.

예를 들어 YouTube-8M 데이터셋이 새로운 데이터가 추가된 버전으로 업데이트되었다고 해보자. 새로운 데이터셋으로 모델을 처음부터 완전히 다시 학습시키고 싶다면 어떻게 해야 할까? 각 구성 요소를 컨테이너화해서 연결하고 각 단계를 처음부터 끝까지 재수행하는 것은 어렵지 않다. [그림 5-6]에 나타난 것처럼 새로운 영상이 주기적으로 업데이트될 때마다 전체 워크플로를 재수행하는 것이다. 새로운 데이터로 모델 학습 단계를 실행하고, 최종으로 모델 서빙 단계에서도 새로운 모델을 사용하도록 업데이트한다.

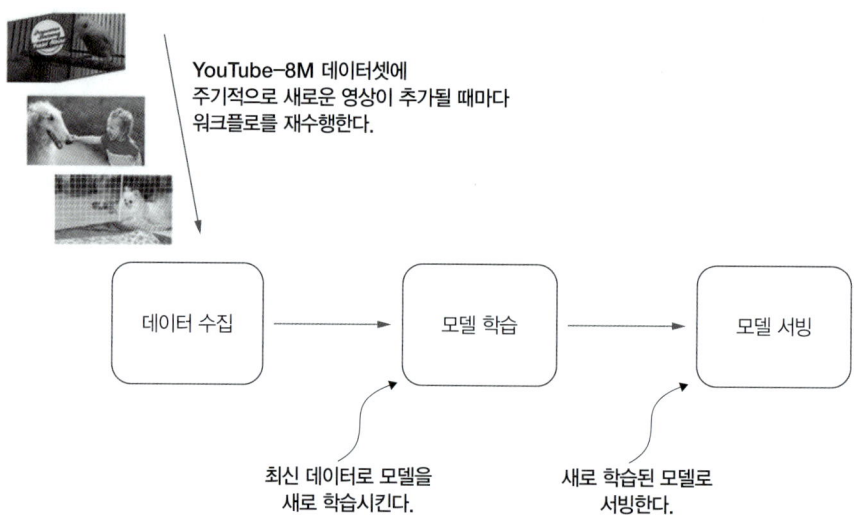

그림 5-6 YouTube-8M 데이터셋에 새로운 영상이 주기적으로 업데이트되는 워크플로의 예시

이제 보다 복잡한 현실 세계의 시나리오를 생각해보자. 이전과는 다른 새로운 모델을 사용하고 싶은 요구 사항이 생겼다. 새롭게 학습시키고자 하는 머신러닝 모델의 구조나 학습을 구현하는 방법에 대해서는 알고 있다고 가정한다. 기존 모델과 새로운 모델이 각각 다른 관점에서 영상을 해석하며 서로 다른 예측 결과를 만들어내므로, 그 두 가지 결과를 모두 활용해서 전체 시스템이 보다 정확한 결과를 만들어내도록 하고 싶다. 이러한 경우 어떻게 구현해야 할까?

5.2.1 문제

원천 데이터셋에서 수집한 학습 데이터를 활용하여 여러 모델을 학습하고 서빙하는 워크플로를 구축하고자 한다. 학습된 모델 중 성능이 가장 우수한 두 개의 모델을 선정하여, 그 결과를 모두 활용해서 사용자에게 최종 예측 결과를 전달한다.

데이터 수집부터 모델 학습, 모델 서빙 단계를 각각 한 번씩 실행하는 워크플로는 비교적 간단하고 직관적이며 구현하기 쉽다. 하지만 위와 같은 시나리오의 경우 모델 학습이 여러 번

실행되어야 하며 모델 서빙 또한 여러 단계로 구성되어야 한다. 이러한 복잡한 워크플로를 보다 쉽게 구현하고, 재사용하고 또 운영하기 위해 정형화하고 일반화하는 방법은 무엇일까?

5.2.2 해결책

먼저 데이터 수집, 모델 학습, 모델 서빙이 각각 한 번씩만 실행되는 워크플로부터 시작해보자. [그림 5-7]은 이러한 베이스라인 워크플로를 나타낸다.

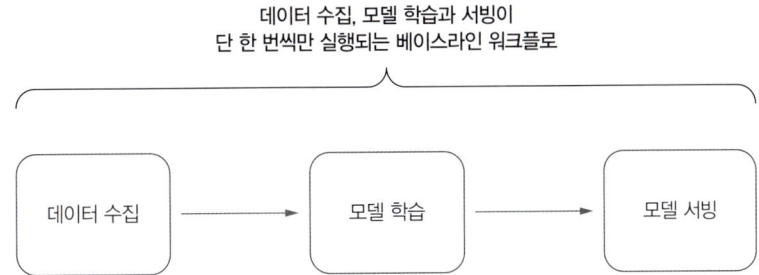

그림 5-7 데이터 수집, 모델 학습 및 서빙만을 포함하며 각 단계가 한 번만 실행되는 베이스라인 워크플로

목표는 가장 성능이 좋은 상위 두 개의 모델을 선정해서 모델 서빙 결과의 품질을 높이는 것이다. 이러한 방식을 왜 사용하는지에 대한 이유를 알아보자. 예를 들어 [그림 5-8]은 두 개의 모델을 사용하는 예시를 나타낸다. 첫 번째 모델은 네 개의 태그를 생성하고 두 번째 모델은 세 개의 태그를 생성했다. 즉, 각 모델은 영상에서 확인되는 태그를 각각 생성했다. 우리는 이 두 가지 결과를 취합해서 최종 결과를 생성할 수 있다. 이렇게 취합된 결과로 한 모델만 사용하는 것보다 많은 태그를 생성하며 더 풍부한 결과를 만들어낼 수 있다.

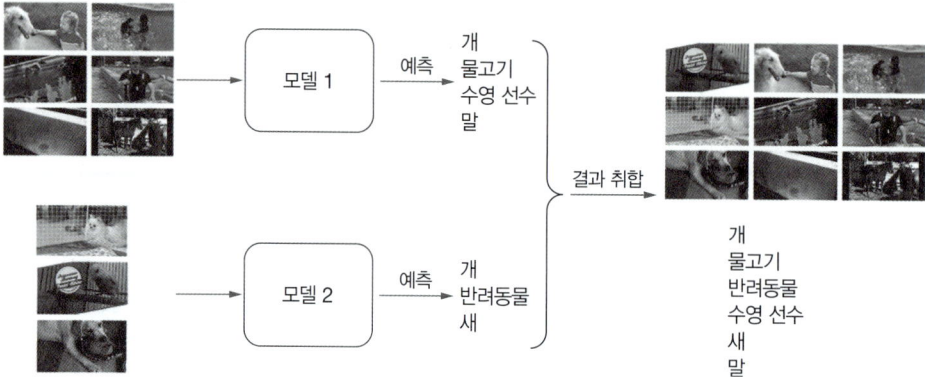

그림 5-8 네 개의 개체에 대한 지식이 있는 모델과 세 개의 개체에 대한 지식이 있는 모델. 총 두 개의 모델을 사용해 결과를 생성하는 예시

무엇을 만들지 알아보았으니 이제 전체 워크플로의 구조를 정리해보자. 우리는 아래와 같은 순서로 동작하는 머신러닝 워크플로를 만들 것이다.

1. 원천 데이터로부터 학습 데이터를 수집한다.
2. 여러 종류의 모델을 학습시킨다. 다양한 하이퍼파라미터 조합으로 학습을 시키거나 서로 다른 아키텍처의 모델을 학습시킬 수 있다.
3. 가장 성능이 좋은 상위 두 개의 모델을 선정한다.
4. 두 모델의 예측 결과를 취합하여 최종적으로 사용자에게 전달할 결과를 생성한다.

이러한 워크플로를 만들기 위해 베이스라인 워크플로에 몇 가지 구성 요소를 추가해보자. 여러 모델을 학습해야 하므로 [그림 5-9]와 같이 서로 다른 모델을 학습하는 단계와 각 학습된 모델을 서빙하는 단계를 추가할 수 있다.

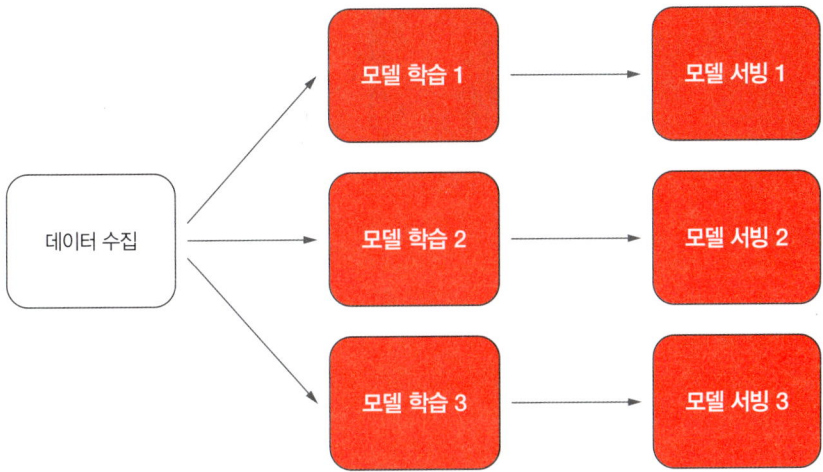

그림 5-9 베이스라인 워크플로보다 다양한 모델을 학습하고 이를 모두 서빙하는 워크플로

베이스라인과 가장 큰 차이는 모델 학습과 서빙 단계가 여러 개로 이루어져 있다는 점이다. 이에 따라 각 단계는 더이상 일대일 대응 관계를 가지지 않는다. 예를 들어 각 모델 학습 단계는 각각 서로 다른 모델 서빙 단계와 연결될 수 있고, 혹은 어떤 학습 단계는 서빙 단계로 이어지지 않을 수도 있다.

[그림 5-10]에서 첫 번째와 두 번째 모델 학습 단계는 모델 서빙으로 이어지지만, 세 번째 모델 학습 단계는 서빙으로 이어지지 않는 경우를 확인할 수 있다. 즉, 첫 번째와 두 번째 모델만 실제로 서빙에 활용되는 것이다.

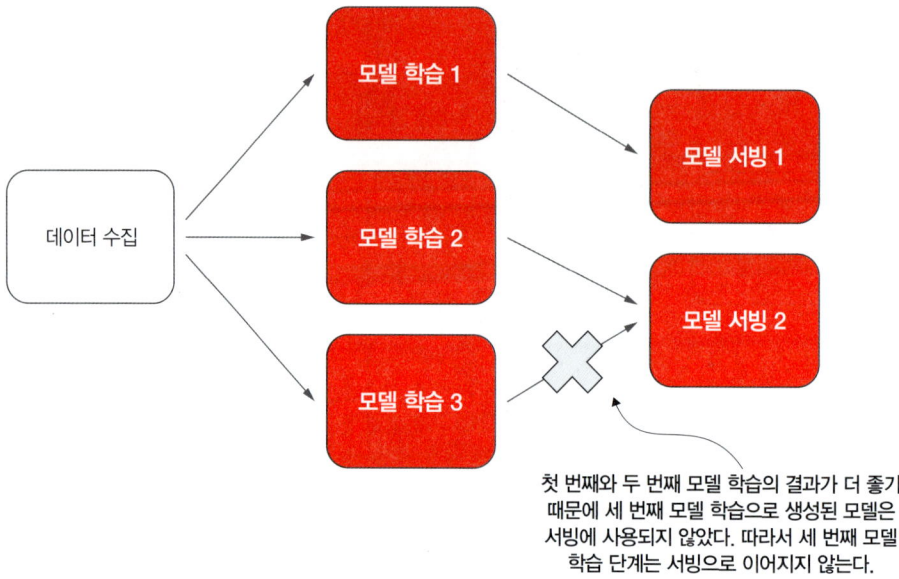

그림 5-10 학습된 모델 중 성능이 좋은 일부만 서빙에 활용하는 경우를 나타낸 워크플로

그렇다면 이렇게 워크플로를 구성할 수 있다. 먼저 데이터 수집이 완료되면 여러 개의 모델 학습 단계를 데이터 수집 단계와 연결한다. 원천 데이터를 정제하고 전처리까지 완료한 학습 데이터를 여러 모델 학습 단계에서 공유하며 사용한다. 모델 학습 이후에는 모델 선정 단계로 이어지며 가장 성능이 좋은 상위 두 개의 모델을 채택한다. 채택된 두 개의 모델은 각각 서로 다른 두 개의 모델 서빙 단계로 연결된다. 두 개의 모델 서빙 단계는 두 모델의 결과를 취합해서 최종적으로 사용자에게 전달할 결과를 생성하는 결과 취합 단계로 연결된다.

[그림 5-11]은 이러한 워크플로의 전체 흐름을 나타낸다. 이 워크플로에서는 세 개의 모델을 학습시켜 각 모델의 정확도를 확인한 뒤 모델 선정 단계에서 정확도가 높은 상위 두 개의 모델을 채택한다. 채택된 두 모델은 모델 서빙 단계에서 서빙에 활용되며 결과 취합 단계에서 두 모델의 예측 결과를 취합해서 최종적인 결과를 생성한다.

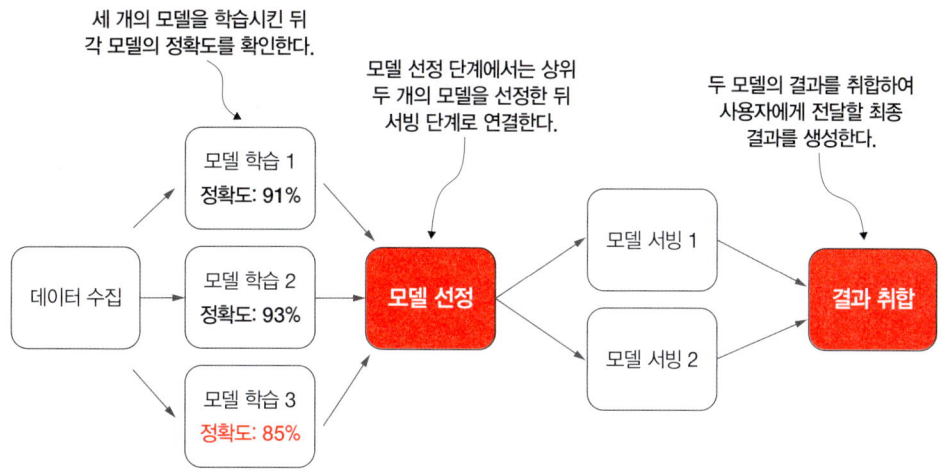

그림 5-11 여러 모델을 학습시킨 뒤 90% 이상의 정확도를 보인 상위 두 모델을 채택해 서빙하는 워크플로

이러한 워크플로에서 두 가지 패턴을 추상화 할 수 있다. 첫 번째는 팬아웃$^{fan-out}$ 패턴이다. 팬아웃은 하나의 단계를 완료한 뒤 여러 개의 단계를 연결해 실행하는 패턴을 의미한다. 앞서 확인한 워크플로의 경우 [그림 5-12]와 같이 데이터 수집 단계 이후 여러 개의 모델을 학습시킨 것이 팬아웃 패턴에 해당한다.

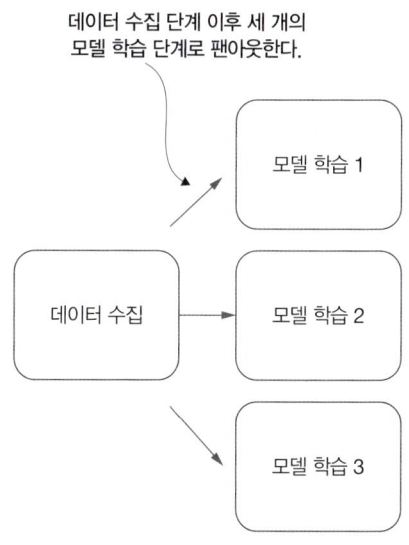

그림 5-12 데이터 수집 이후 여러 모델 학습 단계로 이어지는 팬아웃 패턴의 예

또한 팬인fan-in 패턴도 확인할 수 있다. [그림 5-13]과 같이 두 개의 모델 서빙 단계 이후 두 결과를 취합해서 최종 결과를 생성하는 단계에 해당한다.

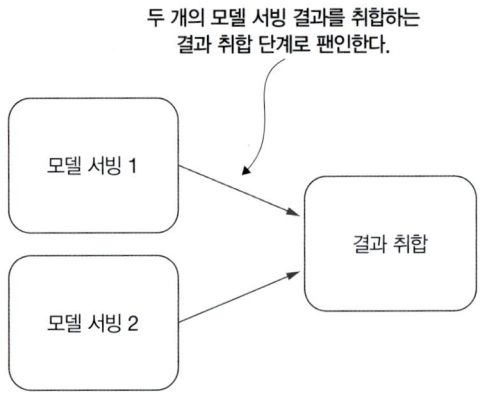

그림 5-13 두 개의 모델을 서빙한 이후 두 결과를 취합하는 팬인 패턴의 예

이렇게 패턴을 정형화함으로써 현실 세계의 요구 사항을 반영하여 복잡한 워크플로를 구조화하고 구축할 수 있다.

여러 개의 모델을 학습시킨 다음 상위 두 개의 모델을 최종 선정하여 영상으로부터 좋은 품질의 태그를 만들어낼 수 있는 워크플로를 구현했다. 이러한 패턴은 현실 세계에서 생기는 다양한 요구 사항과 문제를 해결하기 위한 복잡한 구조의 워크플로를 구현하는 데 강력한 도구가 된다. 하나의 데이터 전처리 단계 이후 여러 개의 모델 학습 단계를 연결함으로써 다양한 모델을 생성할 수 있다. 또한 그렇게 생성된 다양한 모델을 다시 각기 다른 모델 서빙 단계로 연결함으로써 다양한 종류의 예측 결과를 서빙할 수 있다. 9.4.1절에서 이를 직접 적용해본다.

5.2.3 고려 사항

팬인과 팬아웃 패턴을 활용해 보다 복잡한 워크플로를 구현할 수 있으며 이에 따라 더 좋은 성능의 태그 생성 서비스를 운영할 수 있다.

이러한 패턴은 현실 세계에서 실제로 구현해야 하는 훨씬 복잡한 요구 사항을 추상화해서 분산 머신러닝 워크플로를 보다 쉽게 구현할 수 있도록 한다. 그렇다면 어떤 상황에서 팬인 혹은 팬아웃 패턴을 사용하는 것이 적합할까? 일반적으로 아래와 같은 상황에서 사용을 고려해 볼 수 있다.

- 팬인 혹은 팬아웃을 하는 단계가 서로 독립적이며 영향을 주지 않는 단계인 경우
- 각 단계를 순차적으로 처리하느라 시간이 오래 걸리는 경우

여러 단계를 동시에 실행하기 위해서는 각 단계가 실행되는 순서가 서로에게 영향을 미치지 않아야 한다. 병렬로 실행된다는 것은 각 단계가 실행되는 순서가 보장되지 않는다는 것을 의미하기 때문이다. 예를 들어 여러 모델을 앙상블[1]해서 더 나은 성능의 최종 모델을 생성하는 단계가 포함되는 경우 앙상블 단계는 모든 모델의 학습이 끝나야 시작할 수 있다. 따라서 앙상블 단계는 단순히 여러 모델 학습 단계를 팬인하는 방식으로 동작할 수 없다. 앙상블 단계를 시작하기 전에 모든 모델의 학습이 완료되었는지 확인하는 단계 혹은 일정 시간을 대기하는 지연 단계 등이 필요하다. 이러한 경우 전체 워크플로의 수행 시간이 길어질 수 있다.

> **앙상블 모델**
>
> **앙상블 모델**ensemble model은 모델의 예측 결과 성능을 높이기 위해 여러 모델의 예측 결과를 종합한다. 주로 데이터셋에서 서로 다른 관점의 패턴 혹은 관계를 학습한 모델로 구성된다.
>
> 앙상블 모델을 구성하는 모델이 다양할수록 더 나은 성능을 보이는 경향이 있다. 따라서 대부분의 앙상블 기법에서는 모델의 구성을 보다 다양하게 하는 것을 중요하게 여긴다.

팬인 및 팬아웃 패턴은 머신러닝 시스템의 복잡한 요구 사항을 거의 대부분 해결할 수 있다.

---

1 http://mng.bz/N2vn

복잡한 워크플로를 구현하는 것뿐만 아니라 성능도 보장하려면 워크플로의 각 부분 중 어떤 부분을 먼저 실행하거나 혹은 어떤 부분을 병렬적으로 실행해야 하는지 고려해야 한다. 이러한 최적화를 통해 데이터 사이언스팀이 워크플로가 끝나기를 기다리며 낭비하는 시간과 인프라 자원을 사용하는 비용을 줄일 수 있다. 5.3절에서 워크플로에 사용되는 시간과 비용을 줄이기 위한 방법을 소개한다.

> **예제**
>
> ❶ 각 단계가 서로 독립적이지 않다면 팬인 혹은 팬아웃 패턴을 사용할 수 있는가?
>
> ❷ 앙상블 모델을 구현할 때 팬인 패턴을 사용할 수 없는 이유는 무엇인가?

5.3 동기 및 비동기 패턴: 병렬성으로 더 빠르게 처리하기

모델 학습 과정은 모델의 아키텍처나 파라미터 등에 따라 다르지만 대부분 오래 걸리는 단계이다. 한 모델이 너무 크고 복잡해서 많은 연산 자원을 사용하는데도 불구하고 2주가 걸린다고 상상해보자. 다른 모델은 모두 일주일만에 학습이 완료된다. 이런 상황의 경우 팬인 및 팬아웃 패턴을 활용해서 설계했던 모델 선정이나 서빙과 같은 학습 이후의 단계들은 가장 오래 걸리는 모델 학습이 끝나기까지 일주일을 더 기다려야만 작업이 시작될 수 있다. [그림 5-14]는 이와 같이 모델 학습 소요 시간이 각 모델 별로 상이한 경우에 대한 워크플로를 나타낸다.

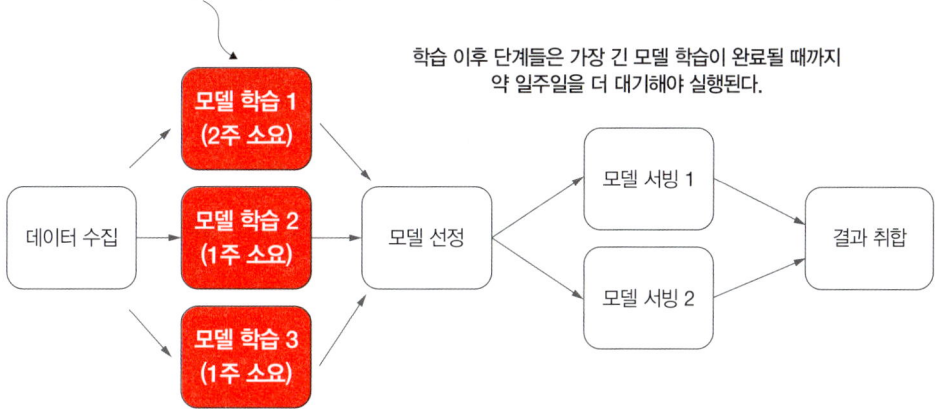

그림 5-14 학습에 소요되는 시간이 각기 다른 세 개의 모델을 학습시키는 워크플로

이런 상황에서는 모델 선정 단계 및 이후의 단계들은 모든 모델 학습이 완료되어야 실행될 수 있다. 그렇게 되면 2주가 걸리는 모델 학습으로 인해 전체 워크플로의 수행 시간이 약 일주일이 길어진다. 일주일 동안 다른 모델들은 한 번을 더 학습할 수 있는데, 그 시간을 한 모델의 학습이 완료될 때까지 대기하느라 낭비하는 것이다.

5.3.1 문제

우리는 서로 다른 모델을 학습시킨 다음 상위 두 개의 모델을 채택해 서빙에 사용하는 워크플로를 구현하고자 한다. 각 모델 학습에 걸리는 시간이 서로 다르기 때문에 학습 이후의 단계가 시작될 수 있는 시점은 모든 모델 학습이 완료되는 시점에 의존한다.

하지만 문제는 한 모델이라도 학습에 소요되는 시간이 매우 길다면 모델 학습 단계의 전체 소요 시간이 그만큼 길어진다는 것이다. 학습 시간이 길어진다면 그만큼 모델 선정 및 이후 단계가 실행되는 시점도 늦어지게 된다. 즉, 전체 워크플로는 가장 오래 걸리는 모델 학습 소요 시간만큼 길어진다. 이런 상황을 방지하고 각 단계에서 소요되는 시간에 영향을 받지 않을 수 있는 방법이 있을까?

5.3.2 해결책

구현하고자 하는 워크플로의 구조는 이전과 다르지 않다. 원천 데이터를 가공해서 학습 데이터로 만들고 모델을 학습시키고 상위 두 개의 모델을 선정한 다음 두 모델의 결과를 취합해서 최종 예측 결과를 만든다.

각 단계가 이후 단계를 시작하는 데 있어 병목이 될 수 있다는 점을 확인했다. 모델 선정과 서빙을 하기 위해서는 학습이 완료되어야 한다. 앞서 논했던 상황의 경우 가장 오래 걸리는 모델 학습이 끝나야만 다음 단계로 넘어갈 수 있었다.

가장 오래 걸리는 모델 학습을 제외하면 어떨까? 그렇게 한다면 나머지 모델 학습들은 비슷한 소요 시간을 가지게 된다. 즉, 가장 오래 걸리는 모델 학습이 계속 실행되는 동안 나머지 모델 학습이 끝난 직후 이후 단계를 실행하는 것이다. [그림 5-15]는 이러한 형태의 워크플로를 나타낸다.

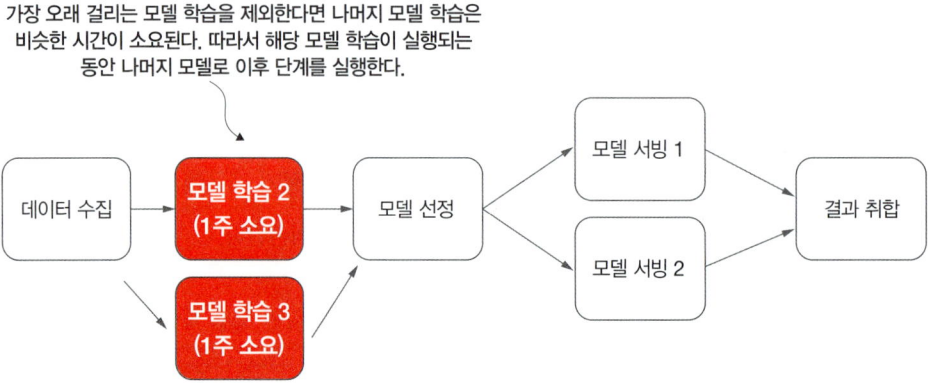

그림 5-15 오래 걸리는 모델을 제외하고 구성된 워크플로

단순히 제외하는 방법으로 오랫동안 기다리며 낭비되는 시간을 없앴다. 하지만 원래 목적을

떠올려보자. 다양한 머신러닝 모델 아키텍처 혹은 하이퍼파라미터 조합을 활용해서 가장 성능이 좋은 모델을 찾기 위한 복잡한 워크플로를 구성하는 것이 목표이지 않았는가? 이렇게 장시간 소요되는 모델 학습을 제외하는 방법은 최선의 해결책이 아닐 뿐더러 영상에서 가장 좋은 태그를 생성하지도 못하게 된다.

그렇다면 시간 지연 없이 이러한 문제를 해결할 수 있는 더 효과적인 방법이 있을까? 일주일이 소요되는 모델 학습 단계에 초점을 맞춰보자. 일부 모델 학습이 일찍 끝난 경우 무엇을 할 수 있을까?

모델 학습이 완료되었다는 것은 학습된 모델을 얻었다는 것을 의미한다. 즉, 서빙에 사용할 수 있는 모델이 하나 생겼다는 것이다. 사용자들에게 해당 모델이 생성한 태그 결과를 전달해도 무리가 없을 것이다. [그림 5-16]은 이러한 전략에 대한 워크플로를 나타낸다.

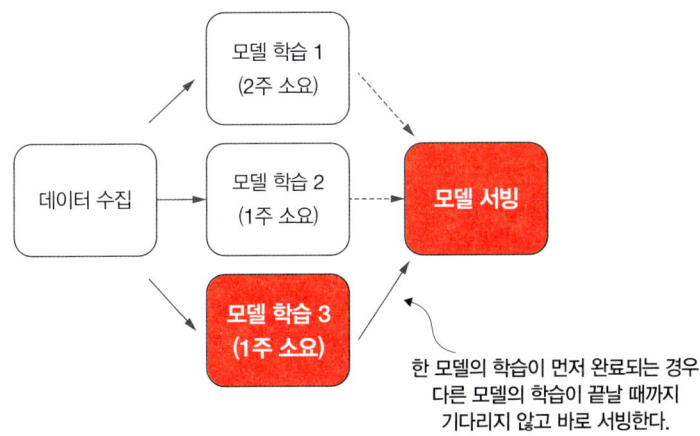

그림 5-16 학습이 빠르게 끝나는 모델을 바로 서빙하도록 구성한 워크플로

두 번째 모델도 학습 완료 시 이것 또한 바로 서빙에 활용한다. 다만 이 경우에는 모델이 하나만 있어 예측 결과를 사용자에게 바로 전달했던 이전 상황과 달리, 모델이 두 개가 되었으므로 두 결과를 취합해서 최종 결과를 생성한다. [그림 5-17]은 두 모델의 결과를 활용해서 최종 결과를 생성하는 형태를 나타낸다.

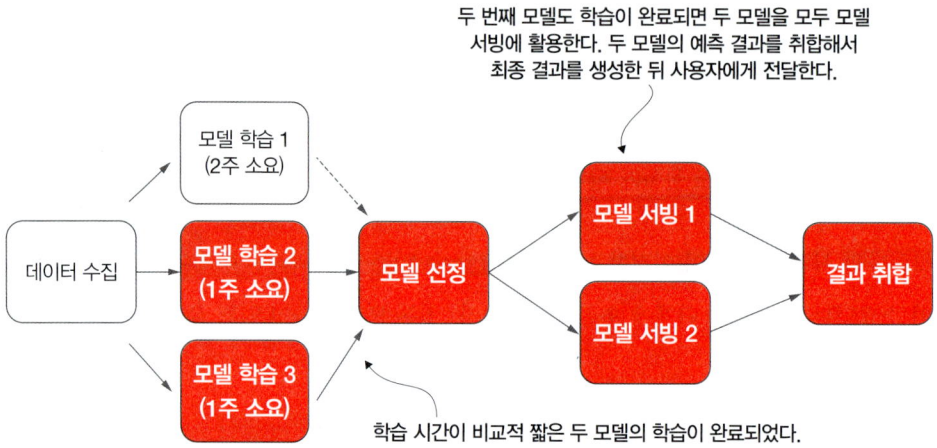

그림 5-17 두 모델의 학습 단계가 완료된 직후 이를 모델 서빙으로 전달하는 워크플로

두 개의 모델 학습이 완료되어 모델 선정과 서빙을 진행하는 동안에도 마지막 한 모델의 학습은 계속 진행 중이라는 점을 잊지 말자. 다른 말로 하면, 각 단계는 비동기적^{asynchronously}으로 실행된다. 각 단계가 서로의 작업 완료 시점에 의존하지 않는다는 뜻이다. 워크플로는 이전 단계의 모든 작업이 완료되지 않더라도 다음 단계를 실행할 수 있다.

순차 실행의 경우 한 번에 하나의 단계만 실행되고 한 단계가 완료되어야 다음 단계를 실행할 수 있다. 즉, 각 단계는 이전 단계가 완료될 때까지 블로킹^{blocking}된다. 예를 들어 데이터 수집 단계의 경우 해당 작업이 완료되어야만 모델 학습을 실행할 수 있다.

비동기 실행과 달리 동기 실행의 경우 이전 단계가 완료됨과 동시에 다음 단계를 실행한다. 예를 들어 데이터 수집 단계가 완료된 직후 여러 개의 모델 학습을 병렬로 실행하는 경우가 이에 해당한다. 각 모델 학습 단계는 서로 다른 모델 학습이 시작되기까지 기다리지 않고 즉시 실행될 수 있다. 이와 같이 비슷한 시간이 소요되는 여러 개의 유사한 작업을 병렬로 실행하는 경우에는 비동기 실행 패턴이 유용하다.

이러한 패턴을 종합적으로 사용함으로써 학습이 오래 걸리는 한 모델로 인해 전체 워크플로의 수행 시간이 길어지는 것을 방지할 수 있다. 빠르게 학습이 완료된 모델은 바로 서빙에 투입해서 사용자 요청에 응답하고, 그와 동시에 학습 시간이 긴 모델은 서비스에 영향을 주지 않으면서 계속 학습을 진행한다.

동기 및 비동기 패턴은 분산 처리 시스템 성능을 최적화하고 연산 자원을 최대로 활용하기에 매우 유용하다. 특히 무거운 작업을 실행하기에 연산 자원이 충분하지 않은 경우 더욱 유용하다. 9.4.1절에서 이러한 패턴을 적용해본다.

5.3.3 고려 사항

동기 및 비동기 패턴을 활용해서 머신러닝 워크플로를 보다 효율적으로 개선할 수 있다. 오래 걸리는 모델 학습과 같이 특정 단계로 인해 다른 단계가 실행되지 못하는 등 불필요한 지연을 제거할 수 있다. 하지만 짧은 시간 내에 완료되는 모델 학습의 경우 그 정확도가 떨어질 수 있다. [그림 5-18]처럼 학습에 오랜 시간이 소요되는 복잡한 모델에 비해 간단한 아키텍처를 가지는 모델은 영상 내에서 구체적인 객체를 인식하지 못할 가능성이 있다.

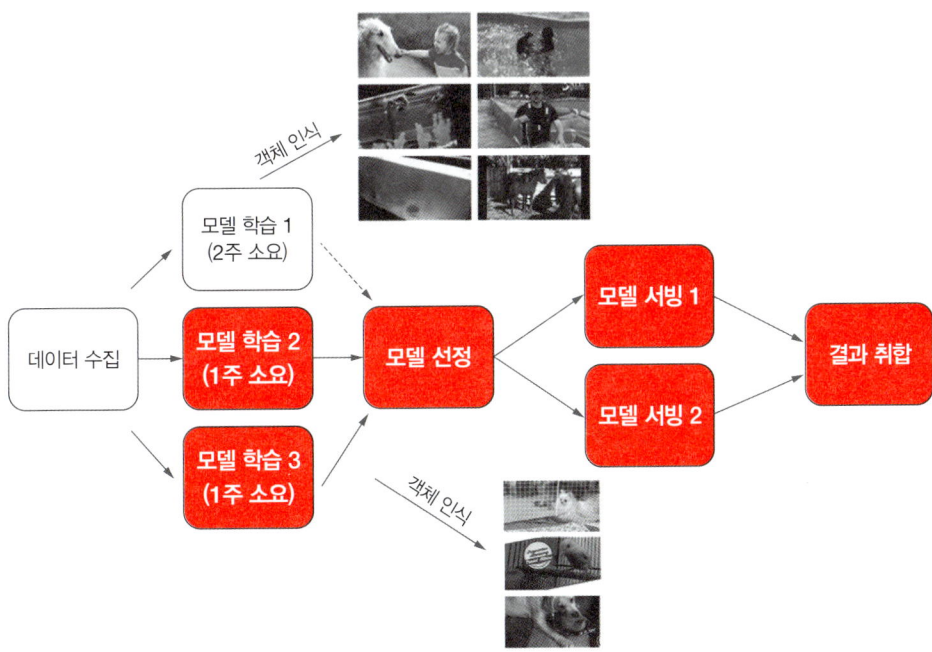

그림 5-18 학습이 짧게 끝나는 모델은 간단한 것만 인식하는 반면 오래 걸리는 모델은 더 많은 것을 인식할 수 있음을 확인할 수 있는 결과

결과적으로 학습이 빨리 끝난 모델을 서비스에 바로 활용하는 것이 항상 최선의 선택은 아닐 수 있다는 점을 잊지 말아야 한다. 빠른 학습 시간으로 성능이 저하될 수 있고, 영상에서 더 적은 객체를 인식하여 최종적으로 사용자 기대에 미치지 못하는 결과를 제공할 수 있다.

현실 세계에서 전체 워크플로를 배포하는 경우 사용자에게 모델의 추론 결과를 빠르게 전달하는 것과 보다 정확한 결과를 전달하는 것 중 무엇이 더 중요한지 고려해야 한다. 사용자에게 결과를 최대한 빠르게 전달하는 것이 목적이라면 사용자가 원하는 정확한 결과를 제공하지 못할 수 있다. 어느 정도의 지연이 허용되는 상황이라면 더 많은 모델 학습이 완료될 때까지 대기하는 편이 낫다. 이를 통해 더 많은 모델 중 성능이 우수한 모델을 선정하여 더 정확한 태그를 생성하고 전달할 수 있다. 어느 정도의 지연까지 허용할 수 있는지는 현실 세계의 애플리케이션에 따라 상이할 수 있다.

동기 및 비동기 실행 패턴은 머신러닝 워크플로의 구조를 체계화하고 연산 자원을 최적화할 수 있다. 데이터 사이언스팀은 워크플로가 완료될 때까지 더 적은 시간을 기다리고 인프라 자원에 사용되는 비용과 낭비되는 유휴 자원 또한 줄어들 것이다. 다음 절에서는 더 많은 연산 자원을 절약하고 워크플로를 한 단계 더 빠르게 만들 수 있는 또 다른 패턴에 대해 알아본다.

예제

❶ 모델 학습 이후의 단계들은 어떤 것을 기준으로 작업이 시작되는가?

❷ 비동기로 실행되는 경우 각 단계는 서로를 블로킹하는가?

❸ 학습이 완료된 모델을 최대한 빠르게 사용하는 경우 어떤 것을 고려해야 하는가?

5.4 스텝 메모이제이션 패턴: 반복되는 작업 생략하기

팬인 및 팬아웃 패턴을 활용해 여러 개의 모델을 학습시키고 그중 가장 성능이 좋은 모델로 서빙하는 복잡한 워크플로를 구현할 수 있다. 이번 장에서 살펴본 워크플로는 전부 단일 데이터 수집 단계를 가진다. 이 단계는 모델 학습 또는 서빙 등 다른 단계에 앞서 워크플로의 첫 번째 단계로 실행된다.

안타깝게도 현실 세계에서 사용하는 데이터셋은 변하지 않는 상태로 유지되지 않는다. 새로 업로드되는 유튜브 영상이 YouTube-8M 데이터셋에 매주 추가되는 상황을 상상해보자. 지금까지 그려왔던 워크플로대로라면 주기적으로 새로운 데이터가 추가되는 경우 전체 워크플로를 처음부터 다시 실행해야 한다. [그림 5-19]와 같이 데이터 수집 단계부터 모델 학습, 서빙 단계까지 전부 재실행이 필요하다.

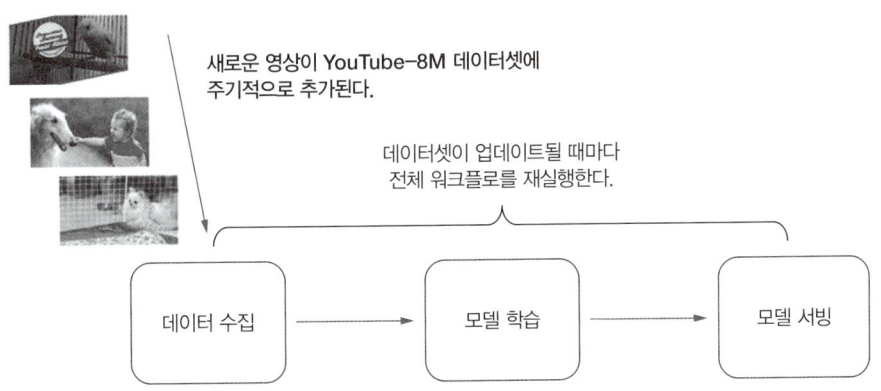

그림 5-19 데이터셋이 업데이트될 때마다 재수행되는 워크플로

반대로 데이터셋은 변하지 않지만 우리가 새로운 모델 아키텍처나 하이퍼파라미터 조합으로 실험해보고 싶을 수도 있다. 머신러닝을 사용하는 실무에서는 매우 흔한 일이다. 간단한 선형 모델을 트리 기반 모델이나 합성곱 신경망과 같이 조금 더 복잡한 모델로 바꾸어 실험해보고 싶을 수 있다. 또는 모델 아키텍처는 유지하되 신경망 모델의 레이어 수나 차원 크기, 혹은 트리 기반 모델의 최대 깊이 등 하이퍼파라미터값을 변경해서 실험해보고 싶은 경우도 있

다. 이런 경우에도 새로운 실험을 위해서는 전체 워크플로를 처음부터 다시 수행해야 한다. 데이터 수집을 다시 실행하는 건 굉장히 시간이 오래 걸리는 작업이다.

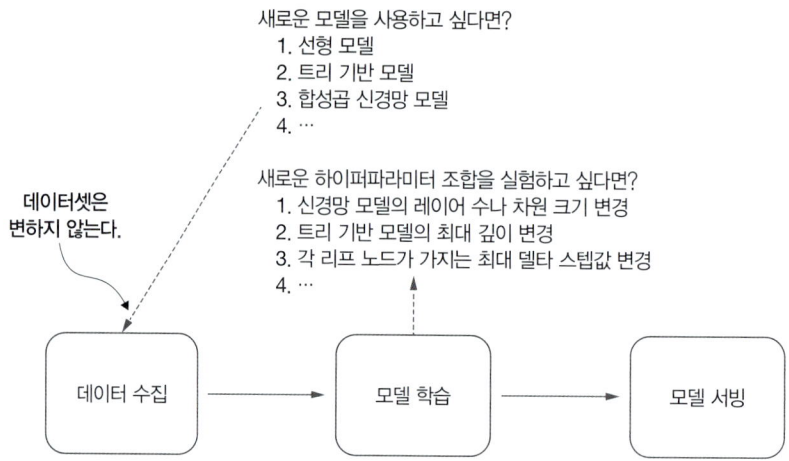

그림 5-20 새로운 모델 또는 하이퍼 파라미터를 활용한 실험을 할 때마다 재수행되는 워크플로

5.4.1 문제

머신러닝 워크플로는 대부분 데이터 수집 단계부터 시작한다. 데이터셋이 주기적으로 업데이트된다면 모델이 새로운 데이터로 학습할 수 있도록 전체 워크플로를 재수행하고 싶을 것이다. 그러기 위해서는 데이터 수집 단계를 매번 다시 실행해야 한다. 또는 데이터셋이 업데이트되지 않더라도 다른 모델로 새로운 실험을 하고 싶은 경우 전체 워크플로를 재수행해야 한다.

하지만 데이터셋이 매우 크다면 데이터 수집 단계 실행에는 매우 오랜 시간이 걸리게 된다. 이러한 상황을 보다 효율적으로 개선할 수 있는 방법이 있을까?

5.4.2 해결책

데이터 수집 단계가 얼마나 오래 걸리든 동일한 데이터에 대한 같은 작업을 매번 다시 실행하고 싶지는 않을 것이다. 이 상황의 근본적인 문제에 대해 생각해보자. 유튜브 영상 데이터셋은 주기적으로 업데이트되며 새로운 데이터가 한 달에 한 번과 같이 일정한 주기로 추가된다.

머신러닝 워크플로 전체를 다시 수행해야 하는 경우는 크게 아래 두 가지가 있다.

- 데이터셋이 업데이트 되는 경우 새로운 데이터로 모델을 학습시키기 위해 워크플로를 재수행한다.
- 같은 데이터셋으로 새로운 모델 아키텍처를 실험하기 위해 워크플로를 재수행한다.

이러한 상황에서 근본적인 문제는 시간이 많이 소요되는 데이터 수집 단계다. 지금까지의 워크플로 구조상으로는 데이터셋이 업데이트가 되었는지 여부와 상관없이 전체 워크플로를 수행하면 데이터 수집 단계도 실행된다.

이상적으로는 데이터셋이 업데이트되지 않았다면 데이터 수집 단계는 생략하는 것이 최선일 것이다. [그림 5-21]과 같이 데이터셋 업데이트 여부를 확인하고 그에 따라 워크플로를 수행하는 것이다.

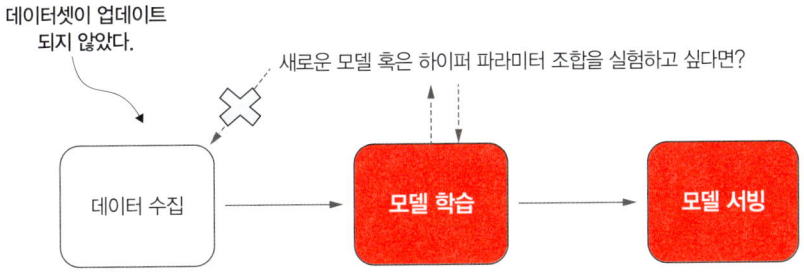

그림 5-21 데이터셋이 업데이트되지 않은 경우 데이터 수집 단계를 생략하는 워크플로

이렇게 데이터셋이 업데이트되었는지 확인할 수 있다면 워크플로를 재수행할 때 데이터 수집 단계부터 시작할지, 혹은 생략할지 선택할 수 있다.

데이터셋이 업데이트되었는지 알 수 있는 방법 중 하나는 캐시를 활용하는 것이다. 지금과 같은 경우 데이터는 한 달에 한 번 일정한 주기로 업데이트되므로 일정 시간 동안 유지되는 캐시에 데이터를 저장하는 타임스탬프와 함께 저장한다. 그리고 워크플로를 수행할 때 데이터 수집 단계는 캐시에 저장된 데이터가 저장된 시간에 따라 동적으로 실행한다. 예를 들어 캐시 사용 여부를 결정하는 시간 조건을 2주로 설정한다면 워크플로를 수행할 때 캐시에 저장된 가장 최근 데이터의 타임스탬프가 2주를 초과했는지 확인한다. 2주가 초과했다면 처음부터 모든 작업을 진행하고 2주를 넘기지 않았다면 데이터 수집 단계를 생략한다. 캐시에 저장된 데이터로 이후 단계 수행 여부를 결정하는 것이다. [그림 5-22]는 위와 같은 흐름에 따라 수행되는 워크플로를 나타낸다. 데이터가 최신 데이터라면 불필요한 데이터 수집 단계를 재실행하지 않고 바로 모델 학습을 진행한다.

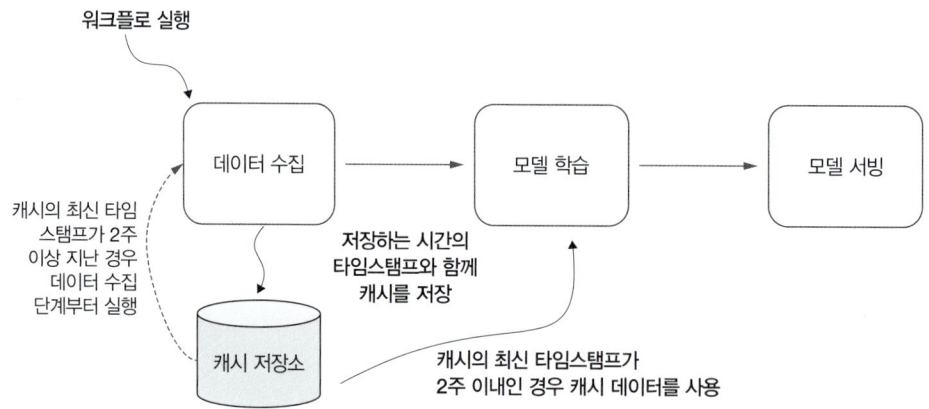

그림 5-22 워크플로가 실행되었을 때 캐시가 2주 이내에 생성되었는지 확인하는 예

캐시의 최신 타임스탬프를 기준으로 데이터 수집 단계 생략 및 모델 학습 시작을 결정하는 시간 기준은 상황에 따라 유연하게 바뀔 수 있다.

혹은 캐시에 데이터를 저장할 때 원본 데이터에 포함된 데이터 개수와 같은 메타데이터를 함께 저장할 수 있다. 이처럼 원본 데이터 및 가공된 데이터와 관련된 정보를 함께 저장하는 캐시를 컨텐츠 기반 캐시 content-based cache 라고 한다. 이렇게 메타데이터를 함께 저장하면 데이터셋의 데이터 레코드 수가 두 배가 되는 것과 같이 형태가 크게 바뀌는 상황을 빠르게 인지할 수 있다. 데이터셋에 큰 변화가 생기는 경우는 대부분 데이터셋이 손상되었거나 오래되어 변질된 경우이므로 데이터 수집 단계를 다시 실행한다. [그림 5-23]에 이와 같은 상황을 나타낸다.

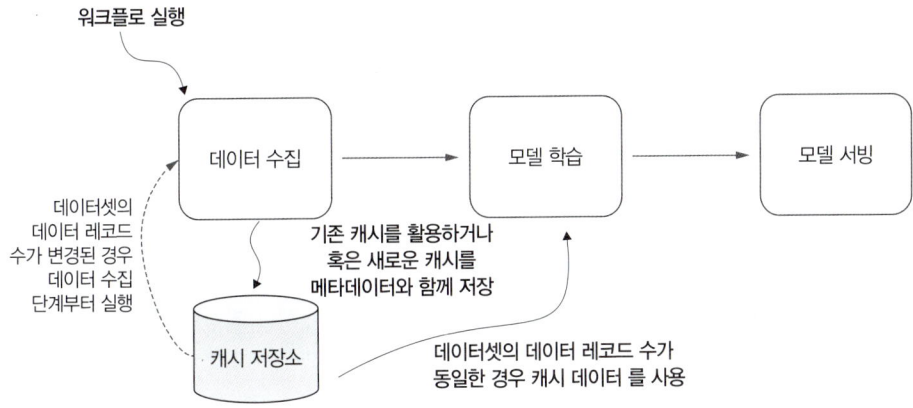

그림 5-23 데이터셋의 데이터 레코드 수를 확인해 데이터 수집 단계 실행 여부를 결정하는 워크플로

이렇게 캐시를 이용해서 특정 단계를 실행할지, 혹은 생략할지 결정하는 패턴을 **스텝 메모이제이션**^{step memoization} 패턴이라고 한다. 스텝 메모이제이션 패턴으로 불필요하게 반복되는 부하를 줄이고 전체 워크플로의 수행 시간을 크게 단축할 수 있다. 9.4.2절에서 이를 실제로 적용해본다.

5.4.3 고려 사항

현실 세계의 머신러닝 애플리케이션은 데이터 수집뿐만 아니라, 다른 단계도 상당한 연산 자원을 요구하고 시간이 오래 걸린다. 예를 들어 모델 학습 단계는 매우 많은 연산 자원을 필요로 하며 경우에 따라 몇 주가 걸리는 경우도 있다. 기존의 모델을 활용해서 워크플로 내 다른 요소를 실험하고 싶다면 비싼 모델 학습 단계를 재실행하는 것은 피하고 싶을 것이다. 스텝 메모이제이션 패턴은 이러한 상황에서 불필요한 단계를 반복하지 않도록 하는 데 유용하다.

컨텐츠 기반 캐시를 구성한다면 어떤 정보를 캐시에 저장할지 잘 고려해야 한다. 예를 들어 모델 학습 결과를 캐시에 저장하면 학습이 완료된 모델 파일과 함께 학습에 사용된 하이퍼파라미터 등을 저장할 수 있다. 이렇게 저장된 정보를 기반으로 워크플로를 재수행할 때 기존 모델을 사용할지 혹은 새로운 모델 학습을 실행할지 결정하게 된다. 또는 정확도^{accuracy}나 평균제곱오차$^{mean-squared\ error}$ 등과 같은 모델 성능 지표를 저장해서 해당 값들이 특정 임곗값보다 높다면 모델 학습 단계를 생략하는 등의 방법을 사용할 수도 있다.

이에 더해서 스텝 메모이제이션 패턴을 사용하는 경우 캐시의 생명 주기를 관리하기 위한 운영 비용이 들어간다는 점도 잊지 말자. 예를 들어 1천 개의 머신러닝 워크플로가 매일 수행되고 각 워크플로마다 평균적으로 100개의 단계가 있으며 각 단계에 메모이제이션을 적용한다면 매일 약 10만 개의 캐시가 생성된다. 이 경우 이 정도의 캐시를 저장할 저장 공간과 관리에 대한 고려가 필요하다.

더 큰 규모의 시스템에서 이러한 패턴을 적용하고자 한다면 오래된 캐시가 쌓이면서 불필요한 디스크 공간을 차지하는 걸 방지하기 위한 방안이 필요하다. 이와 같이 불필요한 데이터를 정리하는 메커니즘을 가비지 콜렉션$^{garbage\ collection}$이라고 한다. 가장 간단한 전략은 캐시가 사용된 시점의 타임스탬프를 저장하고 일정 시간 이상 사용되지 않은 캐시를 주기적으로 정리하는 것이다.

예제

❶ 어떤 타입의 워크플로 단계에 스텝 메모이제이션을 적용하면 그 이점이 극대화되는가?

❷ 워크플로가 수행되었을 때 각 단계를 실행할지 혹은 생략할지 어떻게 알 수 있는가?

❸ 큰 규모의 시스템에서 스텝 메모이제이션을 적용할 때 추가로 필요한 부분은 무엇인가?

예제 정답

5.2

① 사용할 수 없다. 팬인 혹은 팬아웃 단계에서는 각 단계가 어떤 순서로 실행될지 보장할 수 없기 때문이다.

② 앙상블 모델의 학습은 앙상블에 사용되는 각 모델의 학습이 모두 완료되어야 실행될 수 있다. 즉, 앙상블 모델을 학습시키기 위해서는 이전 단계의 모델 학습이 모두 완료될 때까지 기다려야 하기 때문에 팬인 패턴을 사용할 수 없다.

5.3

① 여러 모델을 학습하는 경우 각 모델 학습 단계가 끝나는 데 서로 다른 시간이 걸린다. 그러므로 모델 선정과 서빙 등 모델 학습 이후의 단계들은 이전 단계가 완료되는 시점에 시작한다.

② 비동기로 실행되는 단계는 서로 블로킹하지 않고 독립적으로 실행된다.

③ 여러 모델 중 학습이 완료된 모델을 먼저 서빙하는 것과 모델의 학습이 전부 완료되기를 기다리는 것 중 더 적합한 방향을 선택해야 한다. 이는 사용자에게 조금이라도 빠르게 결과를 전달하는 것이 더 중요한지, 혹은 조금 느리더라도 정확한 결과를 전달하는 것이 중요한지에 따라 달라진다. 사용자에게 모델의 추론 결과를 조금이라도 빨리 전달하는 것이 중요해서 학습이 빠르게 완료된 모델을 먼저 서빙한다면 그 결과는 정확하지 않을 수 있다. 결과 서빙이 조금 늦어져도 괜찮은 상황이라면 더 많은 모델의 학습이 완료될 때까지 기다리는 것이 나을 수 있다. 여러 모델 중 성능이 가장 좋은 모델을 선택해서 더 나은 결과를 서빙할 수 있기 때문이다.

5.4

① 시간이 오래 걸리고 무거운 연산이 필요한 단계에 적합하다.

② 각 단계가 실행된 결과에 대한 정보를 캐시에 저장하고 워크플로를 재수행할 때 이전 결과에 따라 각 단계를 실행할지 혹은 생략할지 결정한다.

③ 저장된 캐시 중 필요 없는 데이터는 자동으로 삭제할 수 있도록 가비지 컬렉션과 같은 메커니즘을 적용해야 한다.

요약

- 워크플로는 머신러닝 시스템에 필요한 모든 요소를 연결해주는 중요한 역할을 한다. 머신러닝 워크플로는 데이터 수집, 모델 학습, 모델 서빙과 같은 단계를 연결하는 구조로 구성된다.

- 팬인과 팬아웃 패턴을 활용해 복잡한 워크플로를 구조적으로 관리할 수 있다.

- 머신러닝 워크플로의 각 단계를 병렬적으로 처리하도록 하는 동기 및 비동기 패턴으로 워크플로의 수행 속도를 빠르게 할 수 있다.

- 스텝 메모이제이션 패턴으로 워크플로에서 불필요하게 반복되는 작업을 생략하여 실행 시간을 단축할 수 있다.

CHAPTER 06

운영 패턴

이 장의 내용

- 배치 스케줄링 혹은 메타데이터 관리를 보다 효율적으로 하기 위한 방법을 알아본다.
- 공정 배분 스케줄링, 우선순위 스케줄링, 갱 스케줄링 등 스케줄링 기법을 활용해서 자원 고갈이나 데드락 상태를 방지하는 방법을 알아본다.
- 메타데이터 패턴을 활용해서 실패 상황을 더 효과적으로 대응하고 고객이 겪는 불편을 최소화하는 방법을 알아본다.

5장에서 머신러닝 워크플로를 구축하면서 겪을 수 있는 문제와 이를 해결하기 위한 실용적인 패턴에 대해 살펴봤다. 워크플로는 머신러닝 시스템의 필수 요소이자 시스템 내의 다른 구성 요소를 모두 엮는 요소이다. 머신러닝 워크플로는 데이터 수집과 모델 학습, 서빙 단계를 단순히 연결한 시스템일 수도 있고, 현실 세계의 다양한 요구 사항을 만족하기 위한 복잡한 시스템일 수도 있다. 현실 세계의 요구 사항을 맞추기 위해서는 부가적인 단계나 성능 최적화가 더 추가되어야 할 수 있다.

시스템 구조를 설계하는 경우 각각의 선택지가 달성할 수 있는 비즈니스 요구 사항과 성능에 대한 트레이드오프를 정확히 이해하는 것이 중요하다. 지금까지 이 분야에서 널리 쓰이는 검증된 몇 가지 패턴을 소개했다. 각 패턴은 단순한 것부터 복잡한 것까지 효율적이고 확장 가능한 머신러닝 워크플로를 구축하는 데 활용될 수 있다. 예를 들어 5.2절에서는 구조가 복잡한 머신러닝 워크플로를 체계적으로 설계하기 위한 팬인 및 팬아웃 패턴을 살펴봤다. 해당 패턴을 활용해 복수 개의 머신러닝 모델을 학습시키고 가장 성능이 좋은 모델을 선정해 품질이 좋은 태그를 제공할 수 있다. 또한 5.3절에서는 많은 시간이 소요되는 모델 학습 단계가 다른 단계를 지연시키지 않고 효율적으로 워크플로를 실행하는 동기 및 비동기 패턴을 알아봤다.

5장에서 살펴봤듯이 현실 세계에서의 분산 머신러닝 워크플로는 굉장히 크고 복잡하기 때문에, 이를 유지보수하고 안정적으로 관리하기 위한 운영성 요소 또한 많이 존재한다. 시스템의 전반적인 효율이나 가시성observability을 높이기 위한 부분도 있고, 모니터링이나 배포와 관련된 작업 등이 있다. 이러한 운영성 요소를 다루기 위해서는 DevOps팀과 데이터 사이언스팀 간의 많은 소통이 필요하다. 예를 들어 DevOps팀은 머신러닝 워크플로에서 발생하는 문제를 디버깅하거나 성능을 최적화하기 위한 머신러닝 관련 도메인 지식을 충분히 알지 못할 수 있다. 또한 데이터 사이언스팀의 구성이나 협업하는 방식에 따라 필요한 작업의 부하가 다를 수 있다. 따라서 DevOps팀이 데이터 사이언스팀으로부터 요청받은 모든 작업을 처리할 수 있는 보편적인 방법은 존재하지 않는다.

하지만 다행히도 엔드투엔드의 워크플로의 실행 속도를 빠르게 하거나 효율적으로 개선하기 위한 운영 패턴이 있다. 이러한 패턴을 활용하면 유지보수를 위한 커뮤니케이션 비용을 효과적으로 줄일 수 있고, 데이터 사이언티스트나 머신러닝 엔지니어가 시스템을 프로덕션 환경에 배포하기 위해 준비하는 과정에서의 협업을 보다 효율적으로 진행할 수 있다.

이번 장에서는 머신러닝 시스템을 운영하는 데 있어서 마주칠 수 있는 문제와 이를 해결하기 위한 보편적인 패턴에 대해 소개한다. 예를 들어 한 클러스터 내의 한정된 자원을 공유하며 발생할 수 있는 자원 고갈이나 데드락deadlock[1] 현상을 방지하기 위한 스케줄링 기법을 알아본다. 또한 실패를 적절하게 처리함으로써 사용자가 겪는 불편을 최소화하기 위한 메타데이터 패턴의 이점에 대해서도 알아볼 예정이다.

---

1 옮긴이_ 데드락은 교착 상태라고도 하며, 두 개 이상의 작업이 서로에게 필요한 자원을 얻지 못해서 상대방의 작업이 끝나기를 무한히 기다리게 되는 상태를 말한다.

6.1 머신러닝 시스템 운영하기

이번 장에서는 머신러닝 워크플로 내의 특정 요소에서 쓰일 수 있는 패턴보다는 두 개 이상의 구성 요소에서 보편적으로 활용될 수 있는 운영 기법에 대해 다룬다. 예를 들어 [그림 6-1]은 데이터 수집 과정 이후 세 개의 모델 학습과 각 모델에 대한 서빙이 이루어지는 워크플로에서 데이터 수집과 모델 학습 과정에서 실패가 발생한 상황을 나타낸다. 워크플로 내의 각 단계는 블랙박스와 같이 추상화되어 있기 때문에 각각의 실패 원인에 대한 구체적인 내용은 알지 못하고, 각 단계의 실패 여부와 그에 의한 전체적인 영향도만 파악할 뿐이다. 결과적으로 이러한 상황에서의 디버깅은 쉽지 않다.

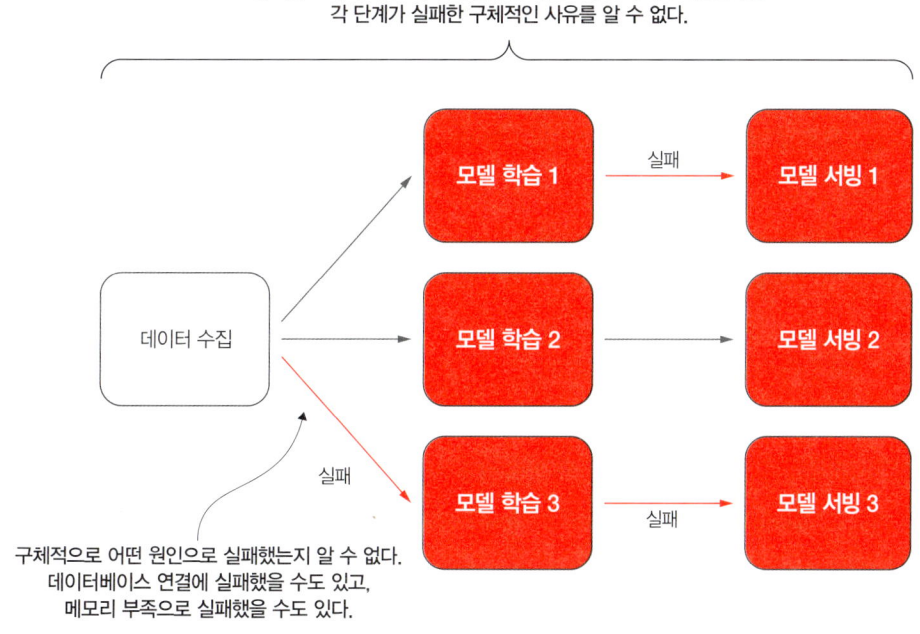

그림 6-1 데이터 수집 이후 실행되는 모델 학습과 서빙 단계 중 세 단계가 실패한 워크플로의 예

이번 장에서 소개할 운영 패턴은 워크플로가 실패한 경우 이에 대한 원인을 빠르게 파악하고 대응할 수 있도록 도와준다. 이러한 가시성을 높이는 것은 시스템의 효율성을 개선하고 이와 비슷한 워크플로를 설계하는 데 도움이 된다.

> **MLOps란?**
>
> 최근 MLOps라는 용어를 사용하는 곳이 많아지고 있다. MLOps는 머신러닝$^{Machine\ Learning}$과 오퍼레이션^{Operations}을 합친 합성어다. MLOps는 주로 머신러닝을 프로덕션 환경에서 운영하고 생명주기를 관리하기 위해 여러 가지 실용적인 기법을 종합한 분야다. 머신러닝뿐만 아니라 DevOps와도 밀접한 관련이 있으며, 머신러닝 모델을 효율적이고 안정적으로 운영 환경에 배포하고 관리하기 위한 영역을 포함한다.
>
> MLOps는 주로 DevOps팀과 데이터 사이언스팀 간의 많은 커뮤니케이션과 협업을 필요로 한다. 운영 환경에서의 머신러닝 성능과 품질을 개선하고, 비즈니스 요구 사항을 만족시키기 위한 다양한 자동화 등을 위한 기술적인 기법이 사용된다. 맥락과 상황에 따라 MLOps 영역의 크기는 매우 크고 광범위하다.

MLOps는 경우에 따라 그 영역이 매우 광범위할 수 있지만, 이 책에서 다루는 MLOps는 책을 쓰는 시점에 검증된 몇 가지 패턴이 포함하는 영역으로 한정한다. 시간이 지나면 이 챕터에서 다루는 내용을 넘어 다양한 분야로 진화한 버전을 접할 수 있을 것이다.

6.2 스케줄링 패턴: 공유 클러스터 자원을 효과적으로 할당하기

기본 스케줄러^{scheduler}를 활용해서 사용자들이 분산 모델 학습 작업을 제출하고 이를 여러 개의 CPU로 처리할 수 있는 분산 환경을 잘 구축해 놓았다고 가정하자. 스케줄러는 각 작업에 필요한 연산 자원을 확인하고 이를 시스템에 요청해서 할당해주는 역할을 맡는다. 여러 사용자가 공유 자원을 보다 쉽고 효율적으로 활용할 수 있도록 모든 자원을 최대로 활용하기 위한 스케줄링을 수행한다. 각 사용자는 공유 자원을 활용하지만 서로 다른 시나리오로 모델 학습을 실행한다. 예를 들어 한 사용자는 금융 거래 중 자금 세탁과 같은 사기 거래를 잡아내기 위한 이상 탐지 모델을 학습시킨다. 또 다른 사용자는 기차나 비행기, 터빈 등과 같은 기계가 정상적으로 동작하는지 추적하기 위한 모니터링 모델을 학습시키고 해당 모델을 활용해 각 기계의 상태에 대한 점수를 추론한다.

첫 시작은 가장 간단한 스케줄러로 시작하자. [그림 6-2]처럼 요청을 받은 순서대로, 먼저 들어온 작업을 먼저 처리하는 방식이다. 예를 들어 세 번째 작업은 두 번째 작업이 먼저 스케줄링된 이후에 스케줄링된다.

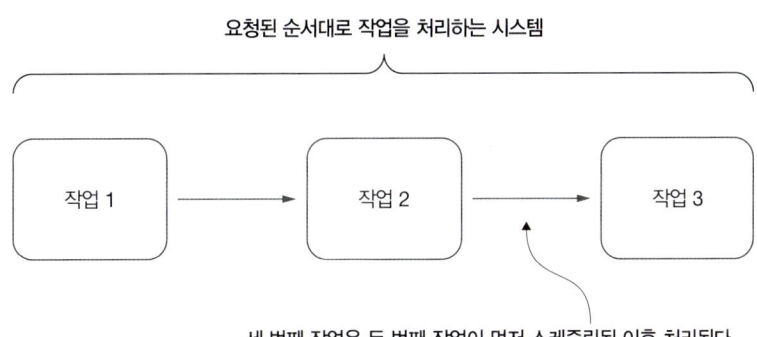

그림 6-2 요청된 순서대로 작업을 처리하는 시스템 구조

이러한 스케줄링 방식을 따르면 나중에 작업을 요청한 사람은 먼저 요청된 작업이 끝날 때까지 기다려야 한다. 하지만 현실에서는 다양한 하이퍼파라미터 조합으로 모델을 다양하게 학습하는 경우가 많다. 이런 상황에서 다양한 모델 학습 작업을 요청하게 되면 사용 가능한 연산 자원을 모두 사용하게 되고, 다른 사용자의 모델 학습은 실행되지 못하고 오랜 시간 대기하게 된다.

이렇게 되면 사용자들은 자원을 두고 경쟁하게 된다. 사용량이 적은 새벽 시간대에 모델 학습을 실행하기 위해 한밤중에 일어나서 모델 학습을 실행해야 할 수도 있다. 팀원들은 이런 상황을 달갑게 여기지 않을 것이다. 만약 한 모델 학습 과정이 많은 연산 자원을 필요로 해서 대부분의 자원을 사용하게 된다면 다른 사용자들은 또다시 오래 기다릴 수밖에 없다.

또한 분산 모델 학습을 위한 스케줄링을 요청하게 되면, 필요한 워커들이 전부 가용 상태가 될 때까지 대기하게 된다. 분산 학습에서의 집합 통신 패턴 연산은 여러 워커에 걸쳐 실행되기 때문이다. 연산 자원 중 일부가 부족하면 분산 학습 작업은 시작하지 못하고, 나머지 연산 자원들을 낭비하게 된다.

6.2.1 문제

사용자들이 모델 학습 작업을 요청할 수 있는 분산 시스템을 설계하고 해당 작업들을 기본 스케줄러를 통해 스케줄링하는 방법을 알아보았다. 기본 스케줄러는 요청 순서대로 작업을 실행하는 선입선출 방식으로 스케줄링을 수행한다. 따라서 여러 사용자가 작업을 많이 요청하면 후순위 작업은 선행 작업이 모두 종료될 때까지 대기해야 하므로 대기 시간이 길어진다. 심지어 분산 모델 학습은 필요한 워커가 전부 가용 상태가 될 때까지 기다려야 하므로 다른 작업이 수행되고 있다면, 분산 모델 학습 작업은 무한정 대기하면서 시작조차 못하는 상황에 이르게 될 수도 있다. 자원을 공유하는 클러스터 환경에서 기본 스케줄러보다 효율적인 방법으로 작업을 스케줄링할 수 있는 방법이 있을까?

6.2.2 해결책

위에서 살펴봤던 시나리오는 여러 사용자가 많은 작업을 동시에 요청할 때 문제가 된다. 먼저 요청한 작업을 먼저 처리하는 선입선출 방식이기 때문에 후순위 작업은 대기 시간이 더욱 길어진다. 이는 여러 사용자가 작업을 제출한 경우에도 마찬가지이다. 서로 다른 사용자를 구분하는 것은 쉽기 때문에, 가장 먼저 생각해볼 수 있는 해결책은 각 사용자에게 할당되는 자원의 양을 제한하는 것이다.

각 사용자를 식별하는 것이 가능하기 때문에, 가장 먼저 생각해볼 수 있는 해결법으로는 각 사용자가 쓸 수 있는 자원의 양을 제한하는 것이다. 예를 들어 A, B, C, D라는 네 명의 사용자가 있다고 가정해보자. A가 전체 CPU 사이클[2] 중 25%를 사용하는 작업을 요청한다면, 해당 작업이 완료되기 전까지는 다른 작업을 추가로 요청할 수 없다. 하지만 다른 사용자는 A

---

[2] https://techterms.com/definition/clockcycle

가 얼마큼의 자원을 사용하고 있는지와 무관하게 각자에게 허용된 자원 내에서 작업을 요청할 수 있다. 예를 들어 B는 CPU 자원을 12.5% 사용하는 작업을 두 개 요청해서 총 25%의 자원을 사용한다. 나머지 사용자도 각각 25%까지 CPU 자원을 사용할 수 있다. [그림 6-3]은 이러한 자원 할당 상태를 나타낸다.

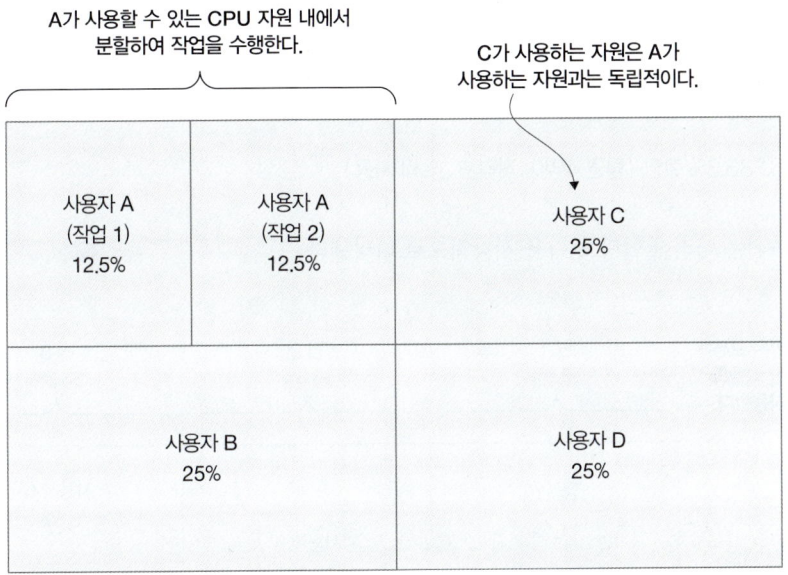

그림 6-3 A, B, C, D 네 명의 사용자에게 할당된 자원

E라는 새로운 사용자가 나타나서 시스템을 공유한다면 스케줄러는 각 사용자가 사용할 수 있는 자원의 양을 재할당해야 한다. 4명에서 5명이 되었으므로 각 사용자는 최대 20%까지 사용할 수 있게 된다. 이렇게 모든 사용자가 동일한 비율로 자원을 사용하는 스케줄링 정책을 **공정 배분 스케줄링**fair-share scheduling이라고 한다. 공정 배분 스케줄링은 각 프로세스가 동일한 자원을 사용하도록 하는 것이 아닌, 각 사용자 혹은 팀 단위로 동일한 양의 자원을 사용하도록 하는 정책이다.

위와 같이 자원을 사용자 단위로 분배하는 방법에 대해 알아보았다. 여러 팀이 있고 각 팀에 서로 다른 수의 팀원들이 자원을 사용한다면 먼저 팀별로 동일한 양의 자원을 할당하고,

각 팀 내의 팀원들 간에도 동일한 비율로 사용자별 자원을 할당하도록 할 수 있다. 먼저 전체 CPU 자원을 각 팀별로 동일하게 할당한다. 예를 들어 3개의 팀이 있다면 각 팀이 33.3%의 자원을 사용하도록 할당하는 것이다. 그 후 팀 내에서 각 사용자가 동일한 비율로 자원을 사용하도록 추가로 할당한다. 각 팀에 3명, 2명, 4명의 사용자가 있다면 다음과 같이 할당할 수 있다.

- 팀 1: 33.3% 할당 (팀원 3명이 각각 11.1%씩 사용)
- 팀 2: 33.3% 할당 (팀원 2명이 각각 16.7%씩 사용)
- 팀 3: 33.3% 할당 (팀원 4명이 각각 8.3%씩 사용)

[그림 6-4]는 이러한 할당 전략을 시각적으로 나타낸다.

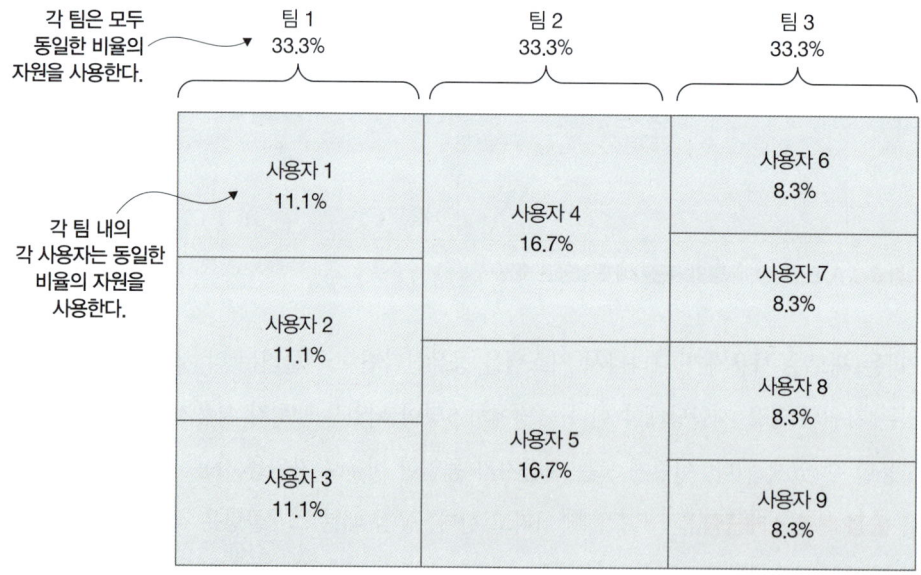

그림 6-4 3개의 팀에 자원을 할당하는 경우

공정 배분 스케줄링은 여러 사용자가 작업을 병렬로 실행한다. 이러한 자원 분배 전략은 여러 기준에 따라 실행된다. 프로세스 단위로 자원을 할당하거나 사용자 단위, 혹은 팀 단위로 자원을 분배할 수 있다. 모든 사용자에게는 사용 가능한 일정량의 자원이 허용되며, 각 자원은 다른 사용자의 영향을 받지 않는다.

하지만 특수한 상황에서는 각 작업의 요청 순서가 중요할 수도 있다. 예를 들어 클러스터의 관리자가 오랫동안 실행되면서 불필요한 자원을 점유하고 있는 좀비 작업을 삭제하는 작업 등 유지보수 작업을 실행한다고 가정해보자. 이러한 유지보수 작업은 신속하게 실행되어야 전체 클러스터의 자원이 빠르게 정상화된다.

클러스터의 관리자가 [그림 6-4]에서의 팀 1 내에 속한 사용자 1이라고 가정하자. 팀 1에는 관리자가 아닌 사용자 2와 사용자 3이 포함되어 있다. 사용자 2는 공정 배분 스케줄링을 통해 할당된 11.1%의 CPU 자원을 사용해서 작업 1을 실행시키려고 한다.

사용자 2는 작업 1을 실행할 연산을 충분히 가지고 있지만, 해당 작업은 사용자 3이 실행시키고 있는 작업 2가 끝나야만 실행될 수 있다. 작업 2에서 생성하는 테이블을 활용해서 작업 1이 실행되어야 하기 때문이다. [그림 6-5]은 이러한 상황을 나타낸다.

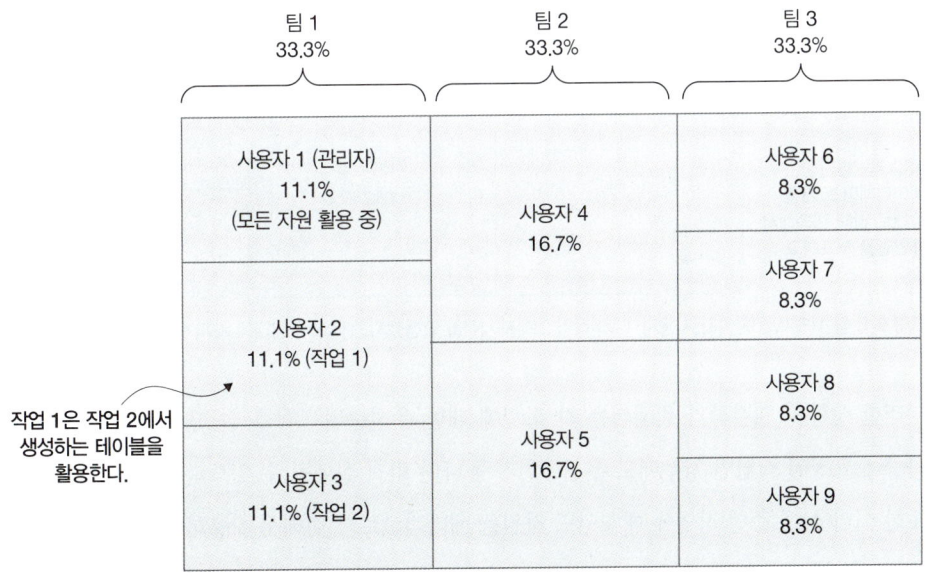

그림 6-5 팀 1 내의 관리자와 각 사용자가 실행하는 작업

이때 작업 2는 데이터베이스 연결이 불안정해 계속 재연결을 시도한다. 정상적으로 종료되지 못하는 작업 2를 정리하기 위해 관리자는 작업 2를 종료할 새로운 작업 3을 실행시키려고 한다.

하지만 관리자에게 할당된 11.1%의 CPU 자원은 다른 작업으로 전부 사용되고 있다. 이 상태에서 관리자가 새로운 작업 3을 요청한다면 이전에 실행되고 있던 작업이 끝날 때까지 기다려야 한다. 최종적으로 작업 3은 실행되지 못하고, 작업 2도 종료되지 못하는 데드락^{deadlock} 상태에 이르게 된다. [그림 6-6]은 이와 같은 상태를 나타낸다.

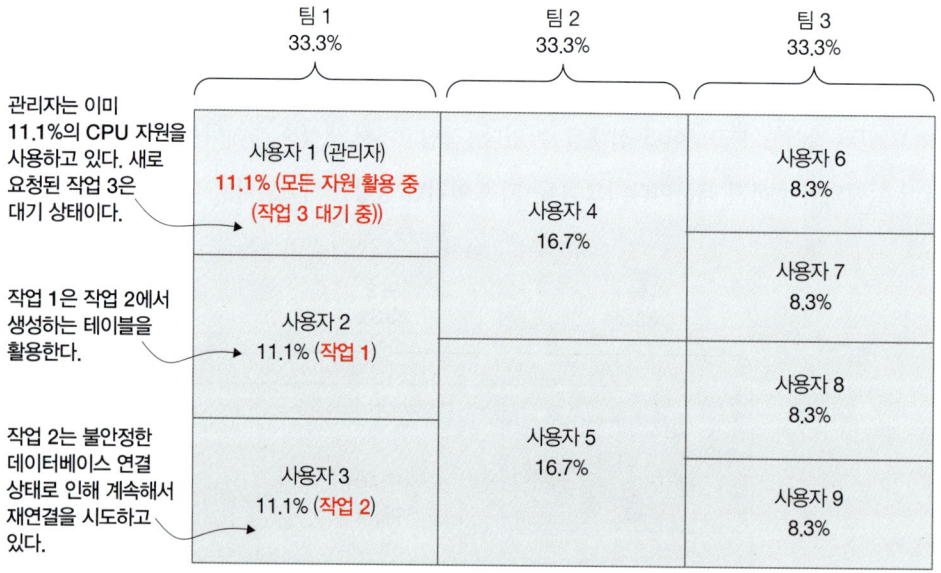

그림 6-6 팀 1에 속한 관리자(사용자 1)가 작업 3의 재시작을 요청했지만 데드락 상태에 빠지게 된 경우

이러한 상황을 해결하기 위해서는 각 작업에 대한 우선순위^{priority}를 설정할 수 있어야 한다. 나중에 요청된 작업인 경우에도 우선순위가 높다면 먼저 실행될 수 있도록 강제하는 것이다. 또한 이미 실행 중인 작업에 대해서도 자원을 배타적으로 선점해서 사용하거나 혹은 아예 배제되도록 하는 설정도 추가할 수 있다. 이렇게 각 작업에 대한 우선순위를 임의로 설정해서 조작할 수 있도록 하는 스케줄링 기법을 **우선순위 스케줄링**$^{priority\ scheduling}$이라고 한다.

예를 들어 A, B, C, D라는 네 개의 작업이 병렬로 요청되었다고 해보자. 각 작업은 사용자에 의해 우선순위가 설정되어 있다. A와 C는 높은 우선순위를 가지고, B는 낮은 우선순위를, D는 중간 우선순위를 가진다. 우선순위 스케줄링에서는 높은 우선순위로 설정된 A와 C가 먼저 실행된다. 그 후 D가 실행된 후, 마지막으로 B가 실행된다. [그림 6-7]은 이와 같이 우선순위 기반으로 스케줄링되는 상태를 나타낸다.

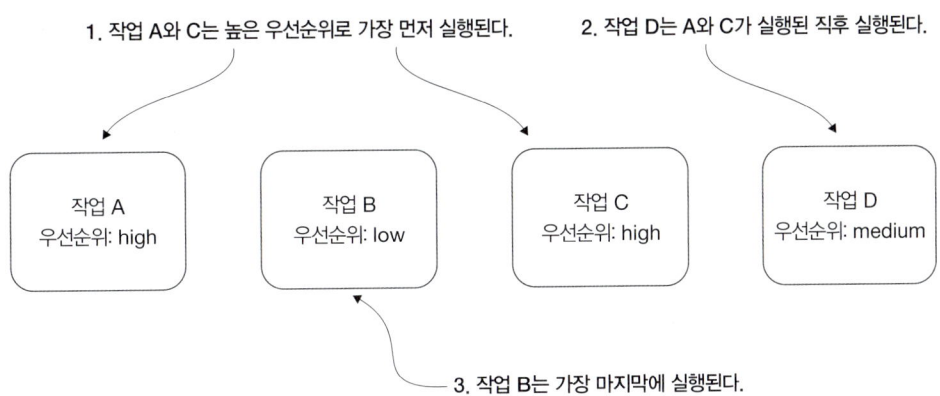

그림 6-7 우선순위 스케줄링을 통해 우선순위 기반으로 정해지는 작업 실행 순서

조금 다른 예시로 다시 살펴보자. 서로 다른 우선순위를 가지는 B, C, D라는 세 개의 작업이 병렬로 요청되어 실행되고 있다. 우선순위에 따라 C와 D를 먼저 실행한 뒤 B가 막 실행되고 있을 때, 새로운 A라는 작업이 높은 우선순위를 가지고 요청되었다. 이 경우 실행 중인 B는 낮은 우선순위를 가져서 잠시 중지되고, A가 먼저 실행된다. [그림 6-8]은 이와 같은 상황에서 A, B, C, D에 대한 실행 순서를 나타낸다. 낮은 우선순위를 가지는 B는 높은 우선순위인 A에 의해 중지되고 자원을 양보한다.

CHAPTER 6 운영 패턴 **173**

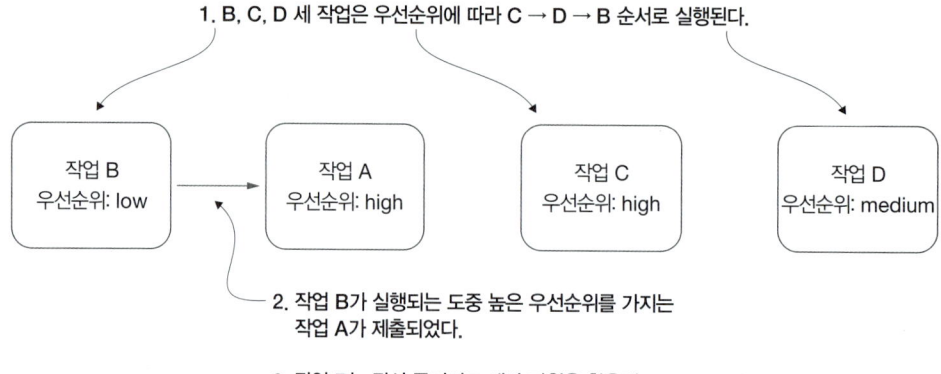

그림 6-8 우선순위가 낮은 작업이 실행 중일 때, 더 높은 우선순위를 가진 새로운 작업이 들어오면 실행 중이던 작업은 중지된다

이러한 우선순위 스케줄링을 활용하면 이전에 확인했던 데드락 상태와 같은 문제를 효과적으로 해결할 수 있다. 각 작업은 요청된 순서에 맞게 실행되는 것이 아닌 우선순위 기반으로 실행되기 때문에, 보다 중요한 작업을 먼저 실행할 수 있다.

하지만 모델 학습과 같은 분산 머신러닝 작업의 경우에는 분산 학습에 필요한 모든 워커가 사용 가능한 상태임이 보장되어야 한다. 그렇지 않다면 사용 가능한 워커는 나머지 워커를 기다리게 되고, 그로 인해 자원이 낭비된다.

[그림 6-9]는 세 개의 프로세스가 올리듀스 연산을 수행하는 것을 나타내는 예시다. 불안정한 네트워크로 인해 두 워커의 연결이 불가능한 상태이다. 결과적으로 프로세스 1과 프로세스 3은 각각 v0과 v2를 정상적으로 전달받지 못하게 되고, 올리듀스 연산 자체도 전체적으로 수행되지 못하며 자원이 낭비된다.

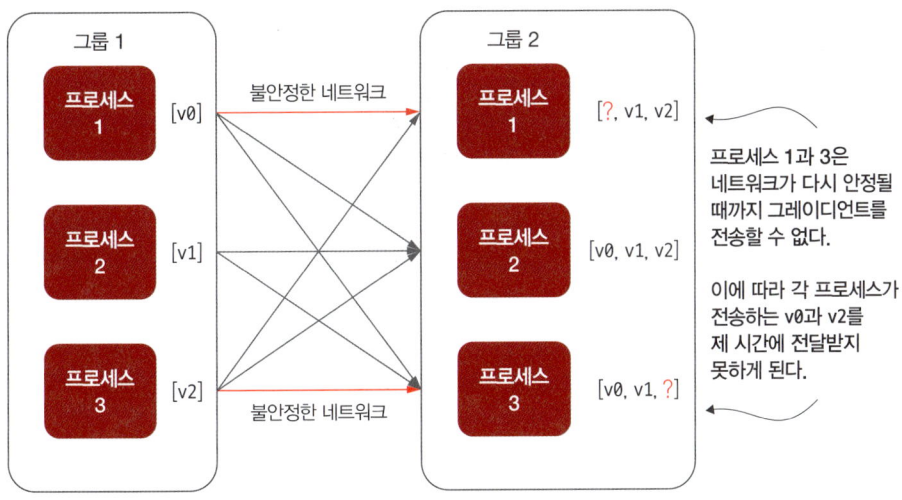

그림 6-9 올리듀스 연산을 사용하는 모델 학습이 불안정한 네트워크로 인해 정체된 경우

갱 스케줄링gang scheduling은 주로 분산 모델 학습과 같은 분산 작업 스케줄링에 활용된다. 이는 두 개 이상의 워커가 사용되는 작업에서 모든 워커가 작업할 준비가 되었는지 확인한다. 즉, 갱 스케줄링은 모든 워커가 사용 가능한 상태이며 통신에 문제가 없는 경우에만 작업을 시작한다.

갱 스케줄링을 사용하지 않으면 워커는 다른 워커와 통신이 불가능한 경우 무한정 대기하게 된다. 각 워커가 서로 통신해야 하는 워커를 기다린다면 대기하는 상태의 워커가 점유한 자원은 낭비되고, 전체 분산 모델 학습 작업은 정상적으로 실행되지 못하게 된다.

집합 통신을 기반으로 하는 분산 모델 학습은 각 워커가 그레이디언트를 주고받아서 모델을 업데이트할 수 있도록 모든 워커가 통신 가능한 상태여야 한다. 아직 이러한 상황을 유연하게 대응할 수 있는 스케줄링을 제공하는 머신러닝 프레임워크는 많지 않다. 이와 관련해서는 다음 절에서 살펴본다.

[그림 6-10]에는 모든 워커가 연산 결과를 전달받지 못해서 모든 그레이디언트가 물음표로 표시되어 있다. 이는 연산에 필요한 모든 프로세스가 통신이 가능한 상태가 아니기 때문에 작업을 시작하지 않고 네트워크가 안정이 될 때까지 스케줄링을 실행하지 않는 갱 스케줄링의 동작 방식을 나타낸다.

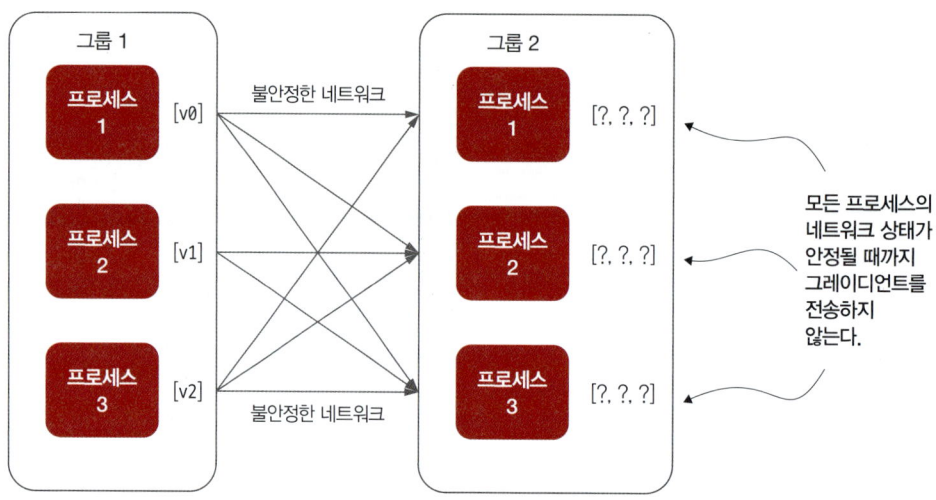

그림 6-10 모든 워커가 실행 가능한 상태가 될 때까지 대기하는 갱 스케줄링

갱 스케줄링은 모든 워커가 준비 상태가 될 때까지 작업을 스케줄링하지 않는 것을 보장한다. 따라서 어떤 프로세스도 자원을 점유하며 대기 상태에 빠지지 않고, 자원 낭비를 방지할수 있다. 네트워크가 다시 안정화되면 [그림 6-11]과 같이 각 프로세스는 서로에게 그레이디언트를 전달하고, 올리듀스 연산이 성공적으로 실행된다.

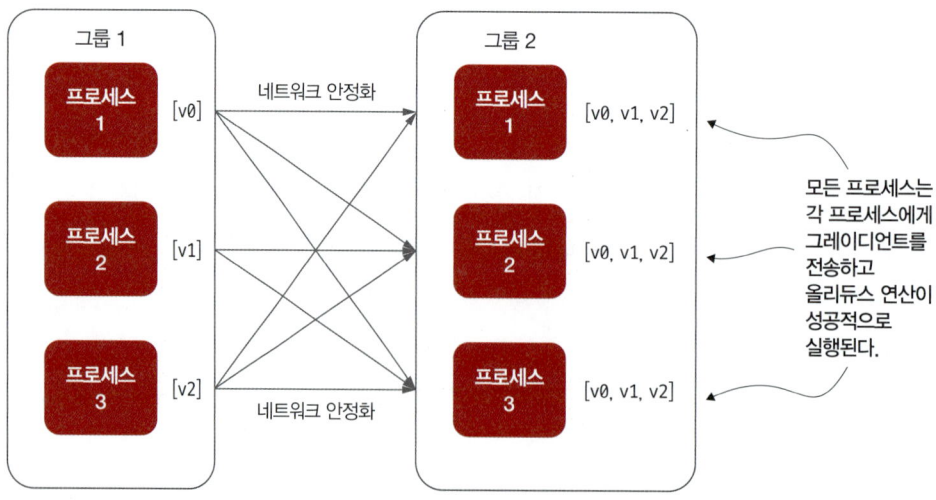

그림 6-11 네트워크가 안정화된 이후 성공적으로 올리듀스 연산을 수행한 경우

> **NOTE** 갱 스케줄링에도 다양한 종류와 알고리즘이 있다. 이에 대해 더 자세히 다루면 이 책의 범위를 넘어서기 때문에 이 책에서는 상세히 소개하지 않는다. 하지만 책의 마지막 부분에서 우리는 분산 학습의 갱 스케줄링을 제공하는 오픈 소스 프레임워크를 사용할 예정이다.

다양한 스케줄링 패턴을 활용해 많은 사용자가 사용하는 시스템에서 발생할 수 있는 여러 가지 문제를 해결하는 방법에 대해 알아봤다. 몇 가지 상황만을 가정해서 이야기했지만, 이러한 예시 상황들은 연산 자원을 다루는 많은 시스템에서 볼 수 있는 패턴에 해당한다. 지금까지 알아본 것들 외에도 다양한 스케줄링 기법이 더 효율적인 자원 활용을 위해 운영체제 수준의 낮은 레벨에서부터 사용되고 있다.

6.2.3 고려 사항

이전 절에서 공정 배분 스케줄링이 어떻게 여러 명의 사용자가 분산 학습을 병렬로 실행할 수 있도록 자원을 분배하는지 알아보았다. 공정 배분 스케줄링은 다양한 단위에서의 자원 할당을 지원한다. 프로세스 수준에서의 할당이 될 수도 있고, 사용자 혹은 팀 단위에서의 자원 할당이 될 수도 있다. 우선순위 스케줄링은 작업들이 요청된 순서대로 실행되는 상황에서 발생할 수 있는 문제를 해결한다. 나중에 요청된 작업인 경우에도 우선순위가 높다면 먼저 실행되도록, 각 작업의 우선순위에 따라 실행 순서를 결정한다.

우선순위 스케줄링의 경우 악의적인 사용자가 본인의 작업을 전부 높은 우선순위로 설정해서 실행시킬 수 있다는 문제가 있다. 이 경우 우선순위가 낮은 다른 작업들은 우선순위가 높은 작업이 전부 완료될 때까지 실행하지 못하고 대기하게 된다. 이러한 문제를 해결하기 위해서는 관리자가 개별 사용자가 제출할 수 있는 작업의 개수를 제한하거나 우선순위를 설정할 수 있는 방식에 제약을 두어야 한다.

갱 스케줄링은 작업 실행에 필요한 워커나 프로세스가 전부 실행 가능한 상태여야만 스케줄링을 수행한다. 이러한 갱 스케줄링은 특히 워커 간 통신이 많은 분산 모델 학습과 같은 작업에서 불필요한 자원을 낭비하지 않도록 함으로써 유용하게 동작한다.

몇몇 머신러닝 프레임워크는 사용 가능한 워커의 수가 몇이든 상관없이 분산 모델 학습을 시작하는 유연한 스케줄링을 지원한다. 이런 상황에서는 필요한 모든 워커가 준비되기 전까지 스케줄링을 하지 않는 갱 스케줄링은 적합하지 않다. 대신 더욱 유연하게 스케줄링으로 학습을 더 빨리 시작함으로써 같은 시간 동안 더 많은 학습이 진행될 수 있도록 한다.

모델 학습 중 사용할 수 있는 워커의 수는 상황에 따라 변할 수 있다. 이 경우 각 워커별로 실행되는 미니배치의 총 합에 해당하는 배치 사이즈가 변하면서 모델 학습의 정확도나 성능이 달라질 수 있다. 이러한 현상을 피하기 위해서는 추가적인 모델 학습 전략이 필요하다. 예를 들어 여러 에포크에 걸쳐 학습률learning rate을 일정하게 변경하는 학습률 스케줄러learning rate scheduler를 사용한다던지, 혹은 워커의 수에 따라 배치 사이즈를 동적으로 변경하는 것이 필요할 수 있다. 이러한 알고리즘을 활용해서 연산 자원을 효율화하면서 동시에 학습 성능을 높이고, 그에 따라 사용자 경험을 개선할 수 있다.

현실에서 분산 모델 학습을 실행할 때 갱 스케줄링과 같은 스케줄링 패턴을 활용하면 연산 자원 낭비를 방지하는 데 큰 도움이 된다. 하지만 갱 스케줄링으로 작업을 수행하는 중 한 프로세스에서 실패가 발생하면 예상치 못한 결과에 이르게 될 수 있다. 이러한 종류의 실패는 원인을 파악하고 해결하기 쉽지 않은 경우가 대부분이다. 다음 절에서는 실패나 오류를 더 쉽고 빠르게 파악하고 처리하기 위한 패턴을 소개한다.

예제

❶ 공정 배분 스케줄링은 사용자 단위로만 적용될 수 있는가?

❷ 갱 스케줄링은 모든 분산 모델 학습 작업에 유용한가?

6.3 메타데이터 패턴: 실패를 적절히 처리하는 방법

데이터 수집, 모델 학습과 서빙이 단 한 번씩만 실행되는 간단한 머신러닝 워크플로를 설계한다면 문제는 간단할 것이다. 각 단계를 순차적으로 한 번씩 실행하고 완료하면 된다. 각 단계에서 실패가 발생한다면 그 부분을 확인하면 된다. 예를 들어 데이터 수집 단계에서 생성된 데이터를 활용해 모델 학습을 실행했으나, 실패했다고 가정해보자. 데이터베이스 연결을 실패한 것이다. 이 경우 단순히 모델 학습 단계를 재실행하고, 이후 단계를 계속해서 실행하면 된다. [그림 6-12]은 이와 같은 상황을 나타낸다.

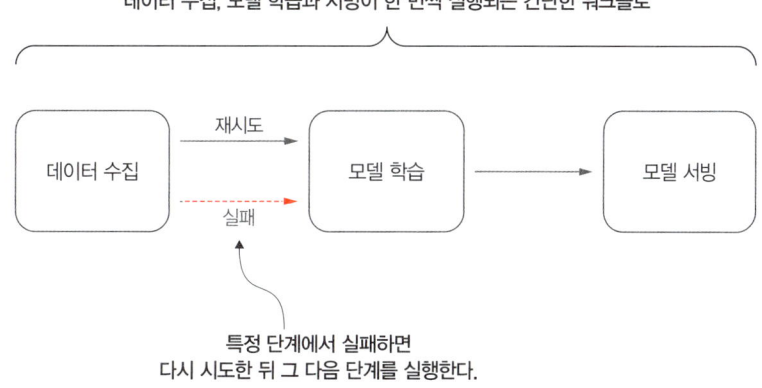

그림 6-12 실패한 경우 해당 부분을 재시도한 뒤 실행할 수 있는 베이스라인 워크플로

하지만 워크플로가 더 복잡해진다면 이러한 실패를 처리하는 것도 간단하지 않은 문제가 된다. 예를 들어 5장에서 다루었던 워크플로를 다시 떠올려보자. 해당 워크플로는 세 개의 모델을 학습시켜서 서로 다른 성능의 모델을 만들어낸다. 모델 선정 단계에서는 90% 이상의 정확도를 가지는 상위 두 개의 모델을 선택해 서빙에 활용한다. 그 후 두 모델의 결과를 취합해서 고객에 전달할 최종 결과를 만들어낸다.

이 상황에서 [그림 6-13]과 같이 두 번째와 세 번째 모델 학습 단계가 실패했다고 가정해보자. 모델 학습을 실행하기 위한 워커가 전부 이미 다른 작업에 할당되어 있어 실행되지 못한 것이다. 두 모델 학습이 성공적으로 잘 실행되었다면 해당 모델 학습 결과는 이후 모델 선정 단계에서 활용되었을 것이다.

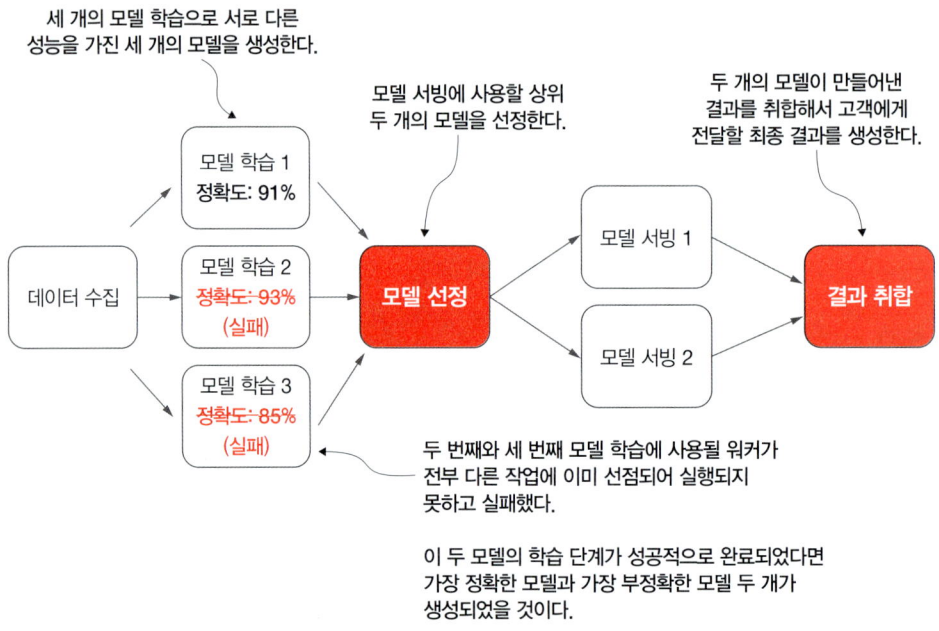

그림 6-13 서로 다른 성능의 모델을 학습하는 과정에서 두 개의 모델 학습이 실패한 머신러닝 워크플로[3]

이러한 상황이라면, 모델 선정 단계와 모델 서빙 단계를 모두 재실행해야 한다고 생각할 수 있다. 하지만 이 상황이 현실이라면 모델 학습 단계에서 이미 많은 시간을 낭비했기 때문에 모든 것을 처음부터 다시 실행함으로써 더 많은 시간을 낭비하고 싶지 않을 것이다. 고객이 최종 결과를 확인하기까지 더 많은 시간이 걸리기 때문이다. 이 문제를 어떻게 잘 해결할 수 있을까?

6.3.1 문제

5장에서 다룬 여러 모델을 학습시키고 성능이 좋은 모델을 선정해서 서빙에 활용하는 복잡

---

[3] 모델 선정 단계에서는 90% 이상의 정확도를 보이는 상위 두 개의 모델을 선정한다. 학습 과정에서 실패한 모델의 정확도에는 취소선을 그었다. 선정된 두 모델의 결과를 취합하여 고객에게 전달한다.

한 머신러닝 워크플로의 경우, 현실 세계의 요구 사항을 만족시키면서 실패를 처리하는 것은 간단하지 않다. 예를 들어 세 개의 모델 중 두 개의 학습이 실패했다면 많은 시간이 소요되는 모델 학습을 처음부터 다시 하고 싶지 않을 것이다. 고객이 겪는 불편을 최소화하면서 이러한 문제를 잘 해결할 수 있는 방법은 무엇일까?

6.3.2 해결책

머신러닝 워크플로에서 실패가 발생하면 가장 먼저 원인을 파악해야 한다. 이는 네트워크 유실 문제나 연산 자원의 부족 때문일 수 있다. 정확한 실패 원인을 파악하는 것은 실패한 지점을 어떻게 다시 실행하는 것이 좋을지 결정하는 데 도움을 준다. 실패가 어떤 자원의 부족으로 인해 발생한 것이라면 연산 자원을 추가로 할당하거나 효율화 함으로써 문제를 해결할 수 있다. [그림 6-14]는 영구적인 실패와 일시적인 실패 원인을 구분해서 나타낸다. 영구적인 실패가 발생한 상황에서 지속적으로 재시도하는 것은 문제를 해결하지 못한다.

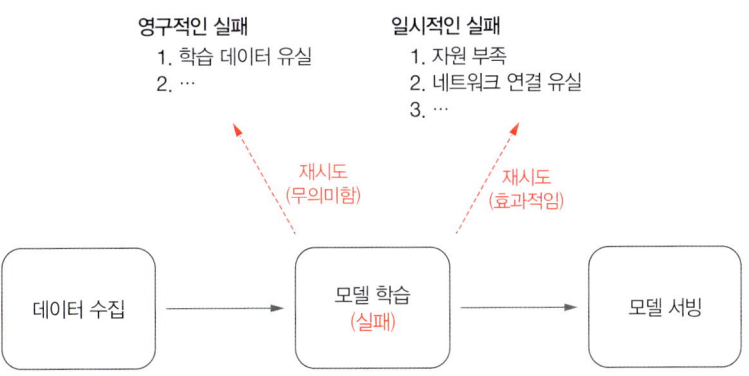

그림 6-14 영구적인 실패와 일시적인 실패의 차이

예를 들어, 이전에 보았던 것과 같은 상황이라면 모델 학습 이전 단계인 데이터 수집 단계의 결과가 올바르게 준비되어 있는지와 같이 모델 학습 단계에서 필요한 것들을 먼저 확인해야 한다. 학습에 필요한 데이터가 데이터베이스에 잘 저장되어 있다면 모델 학습 단계만 재실행

해도 된다. 하지만 데이터가 메모리에 저장되어 있다가 모델 학습 단계에서 유실되었다면 모델 학습 단계만 시작해서는 안 되고 데이터 수집 단계부터 다시 실행해야 한다. [그림 6-15]는 이러한 영구적인 실패가 발생한 경우 데이터 수집 단계부터 재실행해야 하는 상황을 나타낸다.

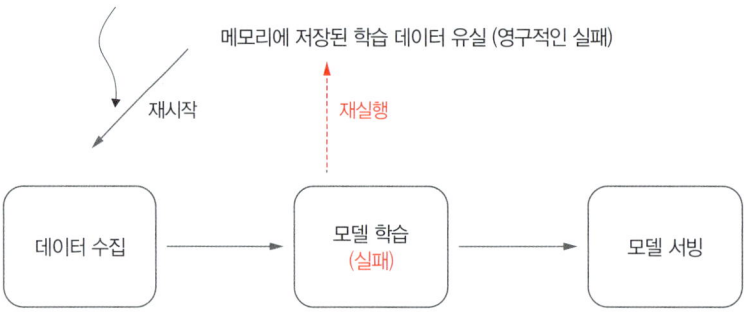

그림 6-15 영구적인 실패가 발생하여 처음부터 재실행이 필요한 경우

모델 학습 단계가 작업을 수행할 워커가 없거나 메모리 부족과 같은 문제로 실패한 경우에는 해당 작업을 재실행하기 위한 충분한 자원이 있는지 확인이 필요하다.

하지만 이렇게 학습과 관련된 메타데이터 정보를 의도적으로 기록하거나 저장하지 않으면, 각 단계에서 실패가 발생했을 때 원인을 파악하고 분석할 수 있는 정보가 부족할 것이다. 예를 들어 모델 학습 중에는 개별 데이터를 사용 가능한지 기록하거나, 혹은 메모리나 CPU 사용량에 대해 기록해서 자원이 부족한지 확인할 수 있을 것이다.

[그림 6-16]은 모델 학습 단계가 실패한 상황을 나타낸다. 하지만 이번에는 메모리 사용량과 학습 데이터의 사용 가능 여부에 대한 메타데이터를 5분에 한 번씩 저장했다. 이에 따라 모델 학습을 시작한지 25분째에 메모리 사용량이 23MB에서 200MB로 급증했다는 것을 확인할 수 있다. 이 경우 모델 학습에 사용할 메모리 자원을 늘려서 재실행하면 모델 학습을 성공적으로 수행할 수 있을 것이라는 추론이 가능하다.

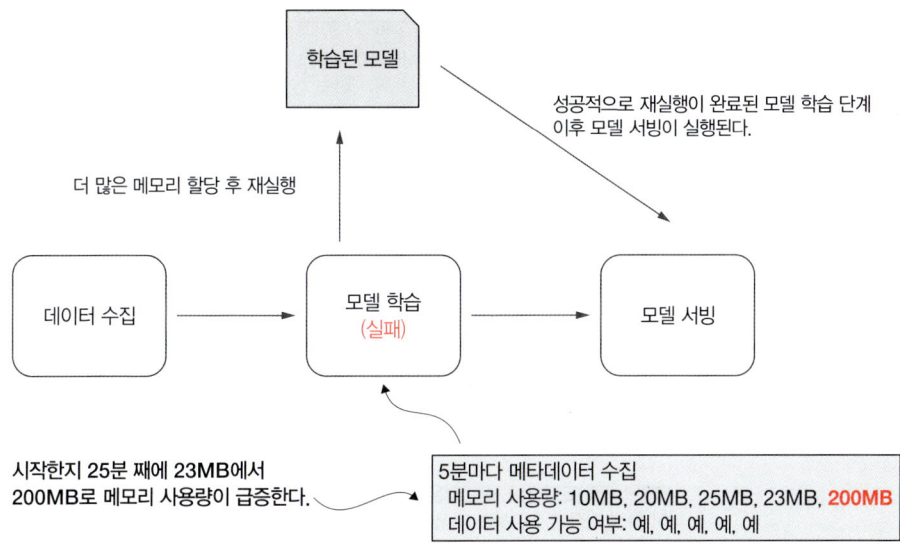

그림 6-16 메타데이터를 활용해 메모리 사용량을 확인하고 모델 학습을 재실행하는 경우

[그림 6-13]과 같이 복잡한 워크플로의 경우에는 충분한 연산 자원이나 올바른 학습 데이터 등 모델 학습에 필요한 요건이 모두 준비되어 있다는 것을 알지라도 실패 상황을 어떻게 처리하는 것이 가장 좋을지 고민해 볼 지점이 있다. 많은 시간을 들여 모델 학습을 실행하던 중 예상치 못한 실패가 발생하고 이전에 수행되던 작업을 모두 잃었다고 가정하자. 이 경우 모델을 처음부터 다시 학습시키고 싶지는 않을 것이다. 실패한 부분을 재수행하는 시간을 줄여서 고객에게 더 빠르게 결과를 전달할 수 있는 방법이 있을까?

모델 학습 단계에서 모델의 정확도나 성능을 함께 기록하면서 모델의 학습을 어떻게 재실행할지 판단해볼 수 있다. 시간에 따라 변하는 모델의 정확도는 모델 학습이 효과적으로 잘 되고 있는지를 나타낸다.

[그림 6-17]은 모델의 정확도가 시간이 지남에 따라 비슷하게 유지되거나, 혹은 심지어 내려가는 상황을 나타낸다. 이 경우 모델은 이미 특정 지점에 수렴했기 때문에 학습을 더 진행시키더라도 모델의 성능은 개선되지 않는다. 즉 두 개의 모델 학습이 실패했지만, 세 번째 모델은 처음부터 재학습을 시킬 필요가 없는 것이다.

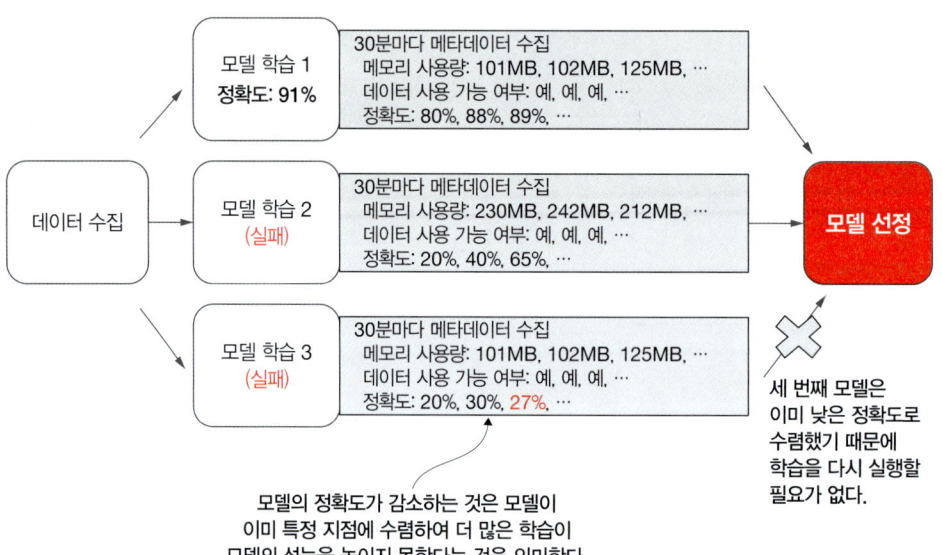

그림 6-17 모델의 정확도가 감소하는 학습이 실패한 경우

이 외에 또 기록하면 좋을 법한 메타데이터로는 학습의 진행률 등이 있다. 예를 들어 학습이 진행된 에포크나 배치의 수 등을 기록하면 전체 중 몇 퍼센트의 학습이 진행되었는지 확인할 수 있다. [그림 6-18]은 세 번째 모델 학습이 30분에 약 1% 정도의 속도로 매우 느리게 진행되고 있다는 것을 확인할 수 있다. 이는 연산 자원이 부족해서일 수도 있고, 혹은 모델이 너무 커서 학습 시간이 오래 걸리는 것일 수도 있다. 해당 모델은 제한된 시간 내에 충분한 성능을 내지 못할 것이다. 그렇다면 오래 걸리는 해당 모델의 학습을 더 진행하지 않고 여기에 할당되었던 연산 자원은 좋은 성능을 더 빠르게 낼 것이라 기대되는 다른 모델의 학습에 할당해서 보다 효율적으로 학습을 실행시킬 수 있다.

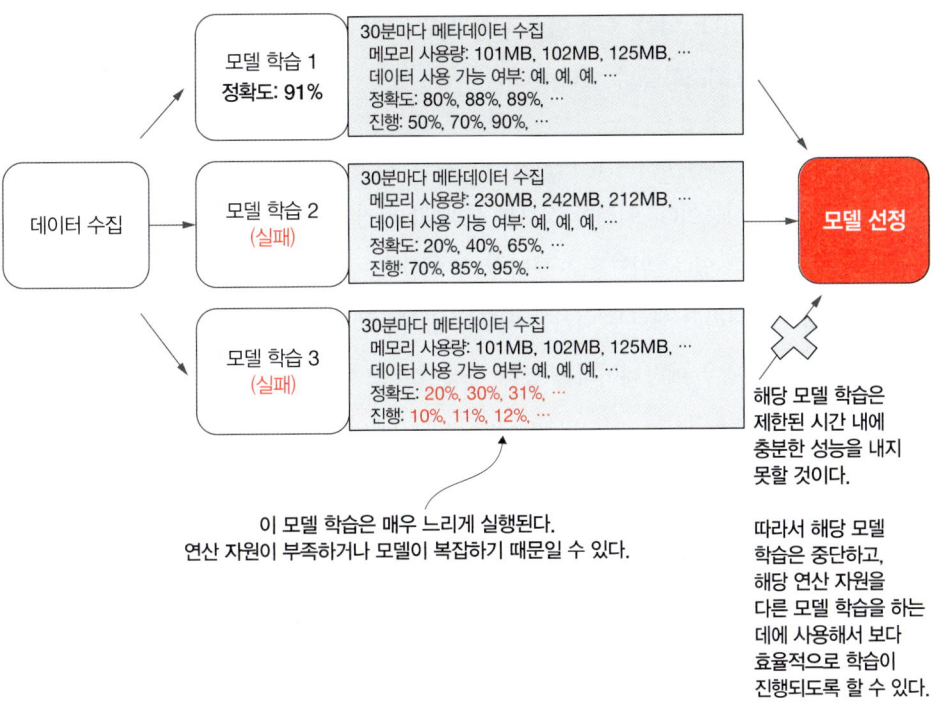

그림 6-18 오래 걸리는 모델 학습을 제외하고 해당 자원을 효율적으로 할당하는 경우

메타데이터를 저장하는 것은 머신러닝 워크플로에서 발생하는 실패를 보다 잘 이해하고 좋은 인사이트를 얻는 데 도움이 된다. 각 단계가 실패한 경우 연산 자원을 낭비하지 않으면서 적절하게 처리하기 위한 방법을 찾아 고객의 불편을 최소화할 수 있다. 이러한 메타데이터 패턴은 머신러닝 파이프라인의 가시성을 높이는 데 큰 도움이 된다. 학습 파이프라인을 주기적으로 실행하는 경우에는 메타데이터를 검색하거나 필터링해서 분석에 활용할 수 있다. 예를 들어 과거에 학습을 진행했던 기록을 활용하면 어떤 모델이 성능이 뛰어나고 어떤 데이터셋이 모델의 성능을 높이는 데 도움이 되는지 등을 가려내는 데 도움이 된다.

6.3.3 고려 사항

메타데이터 패턴을 활용해 머신러닝 워크플로의 각 단계에 대한 가시성을 높이고 더 많은 인

사이트를 얻을 수 있다. 이를 통해 어떤 실패가 발생하더라도 최선의 방안을 모색함으로써 고객이 겪는 불편을 최소화할 수 있다.

주로 많이 기록하는 메타데이터 중 하나는 대역폭^{bandwidth}이나 처리량^{throughput}, 지연 시간^{latency}과 같은 네트워크 성능이다. 이러한 정보를 통해 각 워커가 학습에 필요한 네트워크에 문제가 없는지 확인할 수 있다. 워크플로 실행 중 유연한 스케줄링이 가능하다면 네트워크에 문제가 있는 워커를 내리고 새로운 워커를 띄우는 방식으로 학습을 효율화할 수 있다. 예를 들어 [그림 6-19]의 경우 메타데이터를 통해 가장 오른쪽 워커에 네트워크 문제가 있는 것을 확인할 수 있다. 해당 워커는 다른 워커에 비해 약 10배의 지연 시간을 겪고 있다. 이상적으로는 해당 워커를 내리고 새로운 워커를 띄워서 학습을 재개해야 한다.

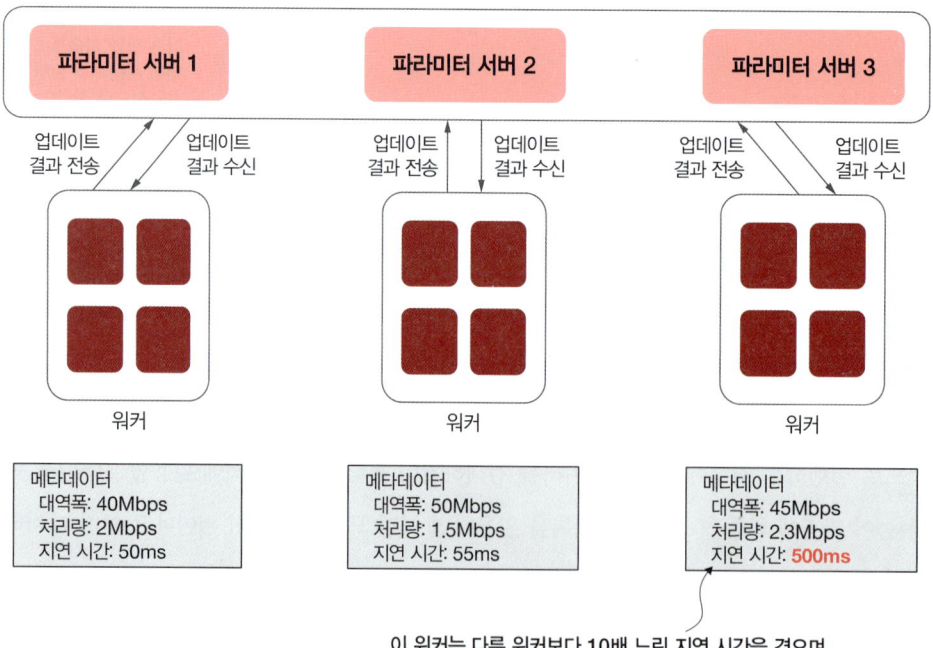

그림 6-19 파라미터 서버 기반으로 실행되는 모델 학습 중 오른쪽 워커가 매우 높은 지연을 겪은 예[4]

---

4 이로 인해 모델 학습 과정 전체가 지연된다.

메타데이터 패턴의 또 다른 이점 중 하나는 머신러닝 워크플로 내 각 단계의 관계를 확인할 수 있다는 것이다. 예를 들어, 최근 모델 관리 도구들은 메타데이터를 활용해 학습된 모델들의 계통을 정리하고 모델의 학습 결과에 영향을 준 단계나 요소를 시각화하는 기능을 제공한다.

예제

❶ 학습 데이터의 부재로 인해 모델 학습이 실패한 경우, 무엇을 해야 하는가?

❷ 개별 워커나 파라미터 서버에 대한 상태를 확인하고 싶은 경우 어떤 메타데이터를 수집할 수 있는가?

예제 정답

✏️ 6.2

① 아니다. 공정 배분 스케줄링은 프로세스나 사용자, 팀 단위로 적용될 수 있다.

② 아니다. 몇몇 머신러닝 프레임워크는 분산 모델 학습을 준비된 워커의 수와 관계없이 실행시킬 수 있는 유연한 스케줄링을 지원한다. 이 경우, 갱 스케줄링은 적합하지 않다.

✏️ 6.3

① 데이터 유실은 영구적인 실패이기 때문에 재실행을 하게 되면 계속해서 실패할 것이다. 데이터 수집 단계부터 재실행해야 한다.

② 다양한 네트워크 관련 지표를 수집할 수 있다. 대역폭이나 처리량, 지연 시간 등이 이에 해당한다. 이러한 정보는 각 워커가 네트워크 관련 문제가 없는지 파악하는 데 도움이 된다.

📑 요약

- 머신러닝 시스템을 운영하기 위한 영역으로 작업 스케줄링이나 메타데이터 관리 등과 같은 요소가 있다.

- 공정 배분 스케줄링이나 우선순위 스케줄링, 갱 스케줄링과 같은 스케줄링 기법으로 자원 고갈이나 데드락 상태를 피할 수 있다.

- 메타데이터를 기록하고 저장함으로써 머신러닝 워크플로에 대한 가시성을 높이고 실패를 처리하기 위한 적절한 방안을 수행하여 고객의 불편을 최소화할 수 있다.

PART

03

분산 머신러닝 시스템 구축

PART 03

분산 머신러닝 시스템 구축

07장 실습 프로젝트 둘러보기

08장 실습 관련 기술 둘러보기

09장 실습 프로젝트

지금까지의 과정을 마친 것을 축하한다. 실제 머신러닝 시스템에서 자주 사용되는 다양한 패턴을 익히고, 각 시스템에 적용할 패턴을 결정할 때의 장단점도 이해했을 것이다.

이 책의 마지막 부분에서는 앞서 배운 내용을 적용해 종합적인 머신러닝 시스템을 구축한다. 이 프로젝트를 통해 이전에 학습한 많은 패턴을 직접 구현해볼 수 있다. 또한 대규모 문제를 해결하는 방법과 개인용 컴퓨터에서 개발한 내용을 대규모 분산 클러스터로 확장하는 방법을 배운다.

7장에서는 프로젝트의 배경과 시스템 구성 요소를 살펴본다. 각 구성 요소의 도전 과제를 확인하고 이를 해결하기 위해 적용할 패턴들을 소개한다. 8장에서는 텐서플로, 쿠버네티스, 쿠브플로, 아르고 워크플로 등 네 가지 기술의 기본 개념을 다룬다. 최종 프로젝트 구현을 준비하기 위해 각 기술을 직접 체험해본다.

책의 마지막 장에서는 7장에서 설계한 아키텍처를 바탕으로 종합적인 머신러닝 시스템을 구현한다. 각 구성 요소를 완전히 구현하면서 앞서 논의한 패턴들을 적용하고, 8장에서 학습한 기술들을 활용해 분산 머신러닝 워크플로우의 다양한 구성 요소를 구축한다.

CHAPTER 07 실습 프로젝트 둘러보기

이 장의 내용

- 전반적인 시스템의 설계와 구조를 알아본다.
- 여러 에포크를 걸쳐 학습하기 위한 데이터 수집 단계를 최적화한다.
- 부하를 최소화하기 위한 분산 모델 학습 전략을 알아본다.
- 고성능 모델 서빙을 위한 모델 서버 레플리카를 추가하는 방법을 알아본다.
- 머신러닝 시스템의 전체 워크플로를 가속화하는 방법을 알아본다.

1장에서 분산 머신러닝 시스템을 구축하고 배포하는 데 필요한 적절한 패턴을 선택하고 적용하는 방법을 다뤘다. 이를 통해 머신러닝 작업을 관리하고 자동화하는 방법을 살펴보았으며, 2장에서는 데이터 수집 과정에 활용할 수 있는 실용적인 패턴들을 소개했다. 데이터 수집은 일반적으로 분산 머신러닝 시스템의 첫 단계로, 수집되는 모든 데이터를 모니터링하고 모델 학습에 필요한 전처리를 수행하는 중요한 과정이다.

3장에서는 분산 학습의 구성 요소를 다루면서 발생하는 여러 문제를 살펴보았다. 이와 함께 실제 시스템에 적용할 수 있는 몇 가지 패턴도 소개했다. 분산 머신러닝 시스템에서 무엇보다 가장 중요한 부분은 분산 학습 시스템이며, 이는 일반적인 분산 시스템과 구별되는 특징이다. 4장에서는 분산 서빙 시스템의 문제를 다루고 널리 사용되는 패턴을 소개했다. 수평적 확장을 위해 레플리카 서버 패턴을, 대규모 모델 서빙 요청 처리를 위해 샤딩 패턴을 활용할 수 있다. 또한 모델 서빙 시스템을 평가하고 실제 상황에서 이벤트 기반 처리 패턴이 어떨 때 유용한지 판단하는 기준을 알아보았다.

5장에서는 머신러닝 워크플로에 대해 알아보았다. 이는 머신러닝 시스템의 핵심 요소로, 시스템 내의 다른 모든 구성 요소를 연결하는 역할을 한다. 6장에서는 시스템 운영과 관련된 패턴을 살펴보았다. 이러한 방식을 활용하면 엔지니어링팀이 데이터 사이언티스트나 머신러닝 실무자들과 협업할 때 전체 워크플로를 크게 가속화하고 유지보수 및 소통에 드는 비용을 줄일 수 있다. 특히 실제 운영 단계에 들어가기 전 이러한 방식을 적용하면 더욱 효과적이다.

이 책의 남은 장에서는 앞서 배운 내용을 적용하여 종합적인 머신러닝 시스템을 구축할 것이다. 이를 통해 이전에 논의했던 여러 패턴을 직접 구현해본다. 개인 컴퓨터에서 개발한 것을 대규모 분산 클러스터로 확장하는 방법과 더 큰 규모의 문제를 해결하는 방법을 알아본다. 이번 장에서는 프로젝트 배경과 시스템 구성 요소를 살펴본 후, 각 구성 요소와 관련된 과제들을 검토하고 이를 해결하기 위해 적용할 수 있는 패턴에 관해 논의한다.

이번 장에서는 구현의 세부 사항을 다루지 않지만, 이후 장에서 분산 머신러닝 워크플로의 구성 요소를 만들기 위해 많이 쓰이고 있는 프레임워크와 최신 기술을 사용할 것이다. 특히 텐서플로, 쿠버네티스, 쿠브플로, 도커, 아르고 워크플로 등을 주요 도구로 활용한다.

7.1 프로젝트 개요

이 프로젝트에서는 이미지 분류 시스템을 구축한다. 이 시스템은 데이터 소스에서 다운로드한 원본 이미지를 입력받아 필요한 데이터 정제 과정을 거친다. 그 후 분산 환경인 쿠버네티스 클러스터에서 머신러닝 모델을 구축하고, 학습된 모델을 사용자가 활용할 수 있도록 모델 서빙 시스템에 배포한다. 또한 효율적이고 재사용 가능한 엔드투엔드 워크플로를 설계한다.

7.1.1 프로젝트 배경

지금까지 배운 내용을 토대로 종합적인 머신러닝 시스템을 구축해보자. 이 시스템은 Fashion-MNIST 데이터셋을 다운로드하는 데이터 수집 부분과 이미지 분류 모델을 학습하고 최적화하는 모델 학습 부분으로 구성된다. 최종 모델 학습이 완료되면, 학습된 모델을 사용해 예측을 수행하는 고성능 모델 서빙 시스템을 구축할 것이다.

앞서 언급했듯, 분산 머신러닝 워크플로의 각 구성 요소를 만들기 위해 여러 프레임워크와 기술을 활용할 것이다. 예를 들어 Fashion-MNIST 데이터셋으로 분류 모델을 만들고 예측을 수행하는 데 파이썬 기반의 텐서플로를 사용한다. 쿠버네티스 클러스터에서 분산 머신러닝 모델 학습을 실행하는 부분에서는 쿠브플로를 활용한다. 또한 아르고 워크플로를 이용해 분산 머신러닝 시스템의 주요 구성 요소를 포함하는 머신러닝 파이프라인을 구축한다. 다음 장에서 이러한 기술 각각에 대해 소개하며, 9장에서 프로젝트를 실제로 구현하기 전에 독자들이 직접 경험해보기 위한 예제를 소개한다.

7.1.2 시스템 구성 요소

[그림 7-1]은 우리가 구축할 시스템의 아키텍처를 나타낸다. 먼저 2장에서 논의한 패턴을 활용하여 데이터를 수집하고 캐시에 저장하는 데이터 수집 시스템을 구성한다. 그 다음 서로 다른 모델을 학습하는 단계를 총 세 개로 구축한다. 이 과정에서는 3장에서 다룬 집합 통신 패턴을 적용한다. 모델 학습 단계를 마치면 가장 좋은 성능을 보이는 모델을 선별하는 모델 선정 단계를 구축한다. 최종 선택된 최적의 모델은 두 개의 모델 서빙 시스템에서 사용된다. 모델 서빙 단계의 마지막으로 예측 결과를 종합해 최종 결과를 사용자에게 전달한다. 이 모든 단계는 언제 어디서나 실행 가능하고 재현 가능하도록 워크플로의 일부로 구현할 것이다.

[그림 7-1]에 나타난 아키텍처를 바탕으로 시스템을 구축하고 각 구성 요소의 세부 사항을 살펴볼 것이다. 또한 이러한 구성 요소를 만들 때 발생하는 문제들을 해결하기 위해 사용할

수 있는 패턴에 관해 논의할 것이다.

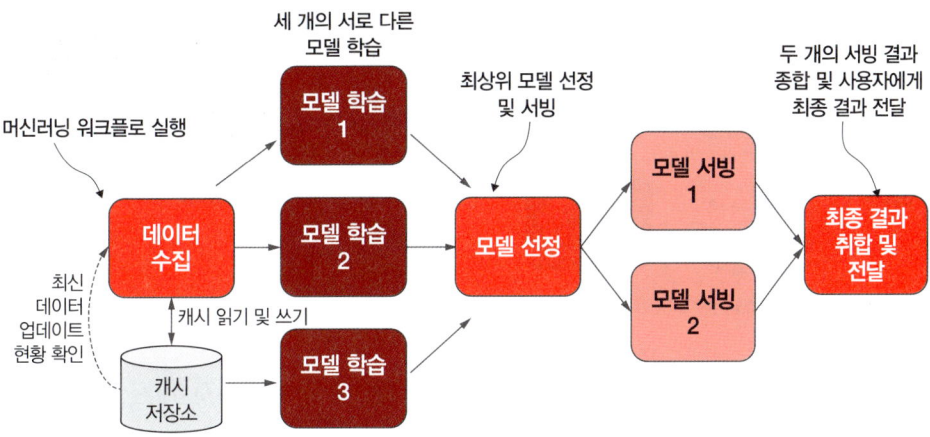

그림 7-1 엔드투엔드로 구성할 머신러닝 시스템의 전체 구조

7.2 데이터 수집 단계

이 프로젝트에서는 2.2절에서 소개한 Fashion-MNIST 데이터셋을 활용해 [그림 7-2]에 나타난 데이터 수집 구성 요소를 구축한다. 이 데이터셋은 6만 개의 학습 데이터셋과 1만 개의 테스트셋으로 구성되어 있다. 각 예제는 28×28 크기의 흑백 이미지로, Zalando의 의류 상품 이미지를 나타내며 총 10개의 클래스 중 하나에 해당한다. Fashion-MNIST 데이터셋은 머신러닝 알고리즘의 성능을 평가하기 위해 기존 MNIST 데이터셋을 대체할 수 있도록 설계되었다. 이미지 크기와 훈련 및 테스트 데이터 분할 구조는 원래의 MNIST와 동일하다는 점을 기억하자.

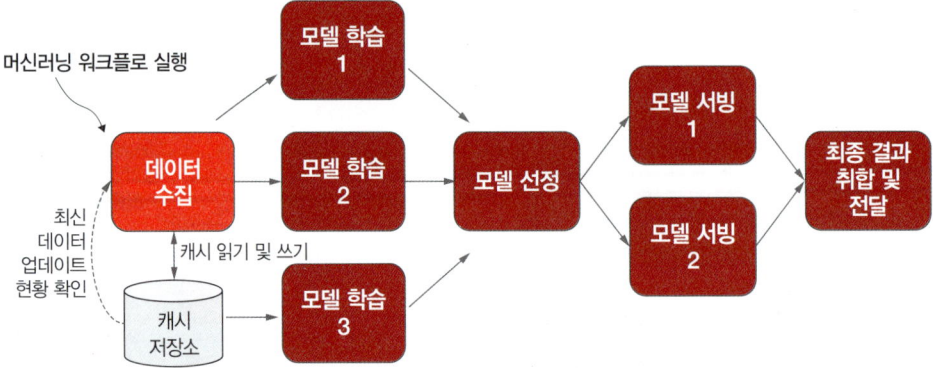

그림 7-2 머신러닝 시스템 중 데이터 수집 단계

[그림 7-3]은 Fashion-MNIST의 10개 클래스(티셔츠, 바지, 스웨터, 드레스, 코트, 샌들, 셔츠, 운동화, 가방, 부츠)를 보여주며, 각 클래스는 3행으로 표시되어 있다. [그림 7-4]는 학습 데이터 중 몇 개의 이미지와 그에 해당하는 텍스트 라벨을 조금 더 자세히 나타낸다. 압축된 Fashion-MNIST 데이터셋은 디스크 공간을 약 30MB만 차지할 뿐이다. 따라서 전체 데이터셋을 메모리에 손쉽게 올릴 수 있다.

그림 7-3 Fashion-MNIST 데이터셋 샘플

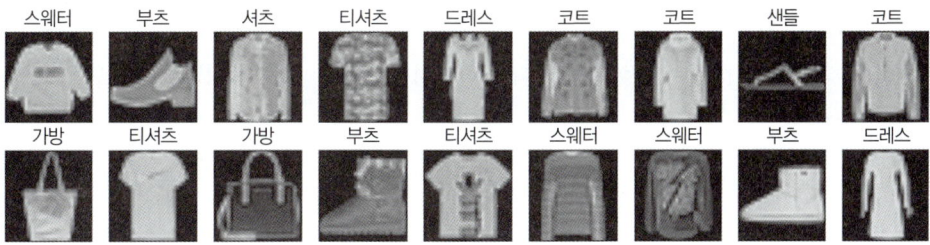

그림 7-4 확대된 Fashion-MNIST 이미지 샘플

7.2.1 문제

Fashion-MNIST 데이터셋의 크기는 크지 않지만, 모델에 입력하기 전 전처리 연산이 필요하다. 이는 변환이나 정제 작업이 필요한 데이터에서 흔히 볼 수 있는 작업이다. 이미지의 크기 조정, 정규화, 흑백 전환 등의 작업이 필요할 수 있으며, 합성곱 연산과 같은 복잡한 수학적 연산도 필요할 수 있다. 이러한 작업은 추가적인 메모리 공간을 필요로 한다. 따라서 전체 데이터셋을 메모리에 로드한 후 활용 가능한 연산 자원이 있는지 여부는 분산 클러스터의 규모에 따라 달라진다.

또한 이 데이터셋으로 학습하는 모델은 여러 에포크에 걸쳐 학습되어야 한다. 전체 훈련 데이터셋으로 한 에포크를 학습하는 데 3시간이 걸린다고 가정하면, 두 에포크를 학습하는 경우 [그림 7-5]에 나타난 것처럼 모델 학습에 필요한 시간은 두 배가 된다.

그림 7-5 여러 에포크에 걸쳐 학습하는 모델 학습 과정

실제 머신러닝 시스템에서는 대부분 훨씬 더 많은 에포크가 필요하다. 이때 각 에포크를 순차적으로 학습하는 것은 비효율적이다. 다음 절에서는 이러한 비효율성을 해결할 수 있는 방법을 살펴본다.

7.2.2 해결책

머신러닝 알고리즘의 수학적 연산에서 발생하는 첫 번째 난관은 메모리 공간이 많이 필요하다는 점이다. 연산 자원이 충분하지 않을 수 있기 때문에 전체 Fashion-MNIST 데이터셋을 한 번에 메모리에 로드하는 것은 바람직하지 않다. 데이터셋에 수행하려는 수학적 연산이 전체가 아닌 일부분에 적용하는 것이 가능하다고 가정해보자. 이 경우 2장에서 소개한 배치 처리 패턴을 활용할 수 있다. 이 패턴은 전체 데이터셋에서 일부 데이터를 묶어 배치를 만들고, 이를 순차적으로 머신러닝 모델 학습에 사용한다.

배치 처리 패턴을 적용하려면 우선 데이터셋을 작은 부분 집합이나 미니배치로 나누어야 한다. 이후 각 미니배치의 예시 이미지를 로드하고 이에 대해 복잡한 수학적 연산을 수행한다. 모델 학습을 반복할 때마다 하나의 미니배치만 사용한다. 예를 들어, 20개의 이미지로 구성된 첫 번째 미니배치에 대해 합성곱 등의 무거운 수학적 연산을 수행한 후, 변환된 이미지를 머신러닝 모델에 전달하여 학습을 진행한다. 이러한 과정을 나머지 미니배치에 대해 동일하게 반복하며 모델 학습을 진행한다.

데이터셋을 여러 미니배치로 나누면 전체 데이터셋에 대해 복잡한 수학 연산을 수행할 때 발생할 수 있는 메모리 부족 문제를 피할 수 있다. 이는 Fashion-MNIST 데이터셋에 대해 정확한 분류 모델을 구축하는 데 필수적이다. 이러한 접근 방식으로 미니배치 크기를 조절하면 더 큰 데이터셋도 처리할 수 있다.

배치 처리 패턴을 사용하면 모델 학습을 위해 데이터셋을 처리할 때 메모리 부족 문제를 걱정하지 않아도 된다. 전체 데이터셋을 한 번에 메모리에 로드할 필요 없이 순차적으로 배치 단위로 소비할 수 있기 때문이다. 예를 들어 1,000개의 데이터로 구성된 데이터셋이 있다면, 먼저 500개의 데이터로 배치를 만들어 모델을 학습시킨 후 나머지 데이터에 대해 이 과정을 반복할 수 있다. [그림 7-6]은 원본 데이터셋을 두 개의 배치로 나누어 순차적으로 처리하는 과정을 보여준다. 첫 번째 배치는 t0 시점에 모델 학습에 사용되고, 두 번째 배치는 t1 시점에 사용된다.

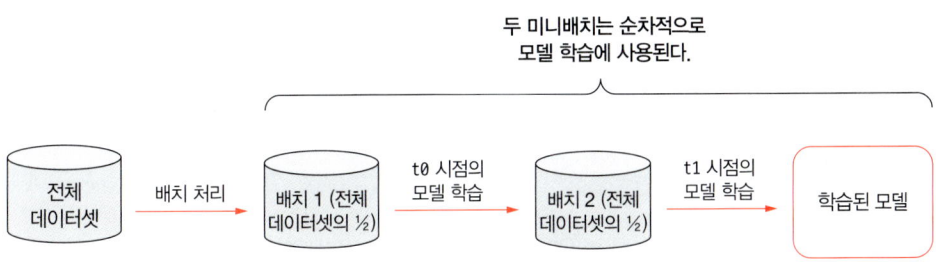

그림 7-6 전체 데이터셋 중 1/2로 분할된 미니 배치를 순차적으로 학습하는 모델 학습 과정

7.2.1절에서 언급한 두 번째 문제를 살펴보자. 원본 데이터셋을 여러 에포크에 걸쳐 반복하는 머신러닝 모델을 학습할 때 시간 낭비를 줄이려고 한다. 2장에서 다룬 캐싱 패턴을 활용해 이러한 문제를 해결할 수 있다. 캐싱 패턴을 사용하면 동일한 데이터셋으로 여러 에포크를 반복하는 모델 학습 과정에서 데이터셋에 접근하는 속도를 크게 향상시킬 수 있다.

첫 번째 에포크에서는 모델이 전체 학습 데이터셋을 처음 접근하기 때문에 특별한 조치를 취할 수 없다. 그러나 이 과정에서 활용한 데이터를 캐시에 저장하면 두 번째 에포크부터는 필요할 때 훨씬 빠르게 접근할 수 있다.

모델 학습에 사용하는 단일 서버에 충분한 메모리와 디스크 공간이 있다고 가정하자. 머신러닝 모델이 전체 데이터셋의 각 학습 예제를 처리할 때마다 이를 재활용하지 않고 메모리에 보관할 수 있다. 예를 들어 [그림 7-7]에서 첫 번째 에포크의 모델 학습이 끝나면 해당 에포크에 사용된 두 배치 모두를 캐시로 저장할 수 있다.

이후 두 번째 에포크부터는 원천 데이터에서 반복적으로 읽는 대신 저장된 메모리 내 캐시를 모델에 직접 공급하여 학습을 진행할 수 있다. 다음 절에서는 프로젝트에서 구축할 모델 학습의 각 구성 요소에 대해 논의해보자.

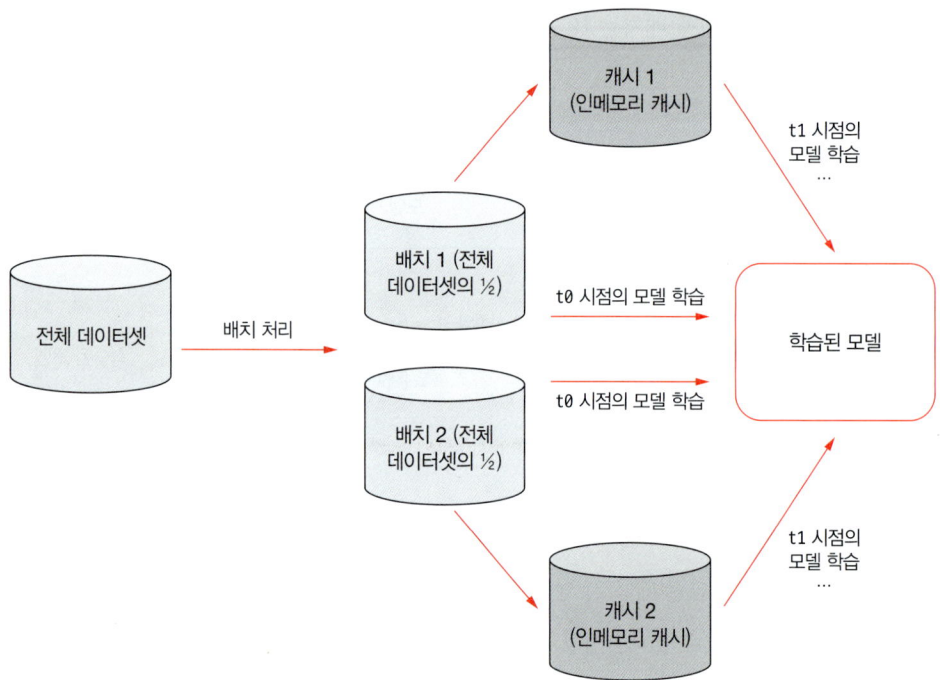

그림 7-7 t0, t1 등의 시점에 캐시를 활용하여 불필요한 디스크 접근 없이 더 빠르게 학습하는 모델 학습 과정

예제

❶ 캐시는 어디에 저장하는가?

❷ Fashion-MNIST 데이터셋이 커진다면 배치 처리 패턴을 사용할 수 있는가?

7.3 모델 학습 단계

앞 절에서 우리는 구축 중인 시스템의 데이터 수집 단계에서 대규모 데이터셋을 처리하고 시스템 효율성을 높이기 위한 캐싱 및 배치 처리 패턴의 활용에 대해 논의했다. 이제 모델 학습 단계를 살펴보자. [그림 7-8]은 전체 아키텍처에서 모델 학습 구성 요소를 나타낸 도식이다.

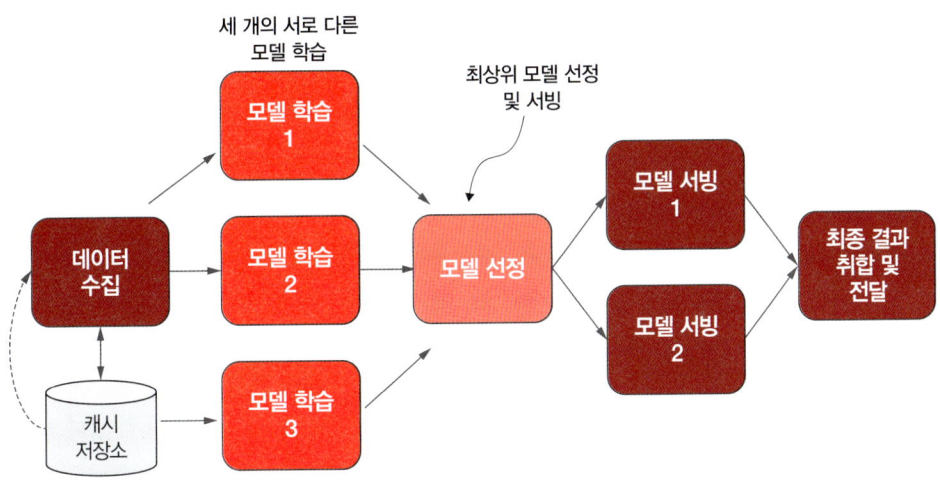

그림 7-8 머신러닝 시스템 중 모델 학습 단계

이 그림에는 세 가지 모델 학습 단계와 그 뒤를 잇는 모델 선정 단계가 표현되어 있다. 이 학습 단계에서는 더 좋은 최종 성능을 위해 서로 경쟁하는 세 가지 다른 모델을 학습한다. 이후 모델 선정 단계에서는 최고의 성능을 보이는 모델을 선별하며, 이 모델은 이후 단계에서 사용된다.

다음 절에서는 [그림 7-8]의 모델 학습 구성 요소를 더 자세히 살펴보고, 이 구성 요소를 구현할 때 발생할 수 있는 잠재적 문제에 대해 논의한다.

7.3.1 문제

3장에서 파라미터 서버 패턴과 집합 통신 패턴을 소개했다. 파라미터 서버 패턴은 모델이 너무 커서 단일 서버에 들어가지 않을 때 유용하다. 예를 들어 3.2절의 800만 개의 유튜브 영상에서 주제를 태깅하는 모델이 이에 해당한다. 집합 통신 패턴은 중간 규모의 모델 학습 과정을 가속화 할 수 있으며, 특히 통신 부하가 클 때 더욱 유용하다. 그렇다면 우리의 모델 학습 단계에서는 어떤 패턴을 선택해야 할까?

7.3.2 해결책

파라미터 서버를 활용하면 단일 서버에 담기 힘든 대규모 머신러닝 모델을 효과적으로 구축할 수 있다. 모델 크기가 단일 서버의 용량을 초과하더라도 파라미터 서버를 통해 효율적인 학습이 가능하다. [그림 7-9]는 다수의 파라미터 서버를 사용하는 파라미터 서버 패턴의 아키텍처 다이어그램이다. 각 워커 노드는 데이터셋의 일부를 처리하고 신경망의 각 층에 필요한 계산을 수행한 뒤, 계산된 그레이디언트를 파라미터 서버 중 하나에 저장된 모델 파티션에 전송하여 업데이트한다.

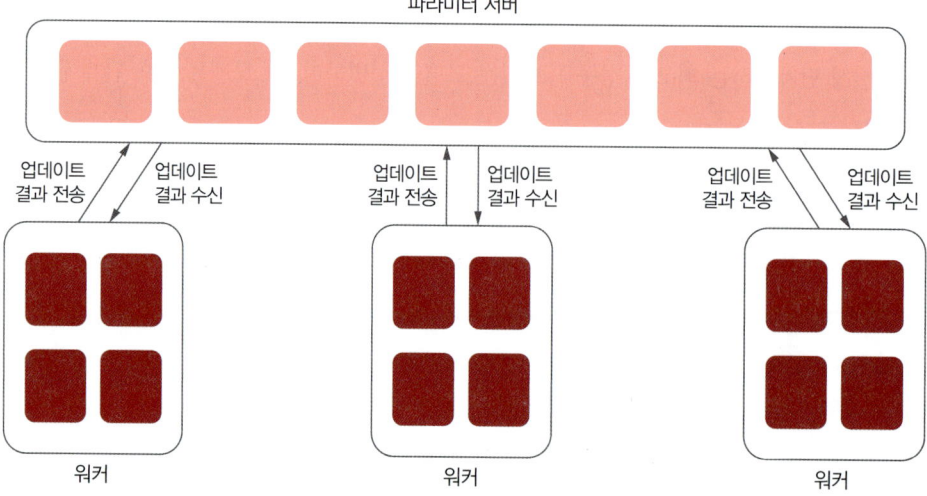

그림 7-9 여러 개의 파라미터 서버로 구성된 머신러닝 학습 구조

이 경우 모든 워커는 비동기적으로 계산을 수행하기 때문에 각 워커 노드가 그레이디언트 계산에 사용하는 모델 파티션이 최신 상태가 아닐 수 있다. 예를 들어 두 워커가 동일한 파라미터 서버로 그레이디언트를 전송한다면 서로 블로킹하게 되고, 이로 인해 계산된 그레이디언트를 제 때 수집하기 어렵게 되므로 이러한 문제를 해결하기 위한 전략이 필요하다. 여러 파라미터 서버로 구성된 실제 분산 학습 시스템에서는 여러 워커가 동시에 그레이디언트를 전송하므로 다수의 워커가 통신할 때 발생하는 병목 문제가 발생하기에 이러한 문제를 해결해야 한다.

워커와 파라미터 서버 수의 비율을 결정할 때 또 다른 문제가 발생할 수 있다. 예를 들어 많은 워커가 동시에 같은 파라미터 서버로 그레이디언트를 전송한다면 결국 워커나 파라미터 서버 간의 통신이 병목이 된다.

원래의 주제인 Fashion-MNIST 분류 모델로 돌아가보자. 우리가 구축 중인 모델은 대규모 추천 시스템 모델만큼 크지 않아서 충분한 연산 자원이 있는 단일 서버에서도 쉽게 처리할 수 있다. 압축 형태로 30MB에 불과하므로 집합 통신 모델이 이 시스템에 가장 적절하다.

따라서 이 경우에는 파라미터 서버 없이 각 워커 노드는 [그림 7-10]과 같이 전체 모델 파라미터 세트의 사본을 저장하도록 하는 것이 적절하다. 3장에서 언급했듯이, 각 워커는 일부 데이터를 처리하고 해당 노드의 로컬 디스크에 저장된 모델 파라미터를 갱신하는 데 필요한 그레이디언트를 계산하도록 하면 된다. 또한 모든 워커 노드가 그레이디언트 계산을 완료하면 이를 모든 워커가 통합하고, 합쳐진 그레이디언트를 바탕으로 각 워커의 전체 모델 파라미터 세트를 갱신한다. 즉, 각 워커는 항상 동일한 버전의 모델의 사본을 가지도록 한다.

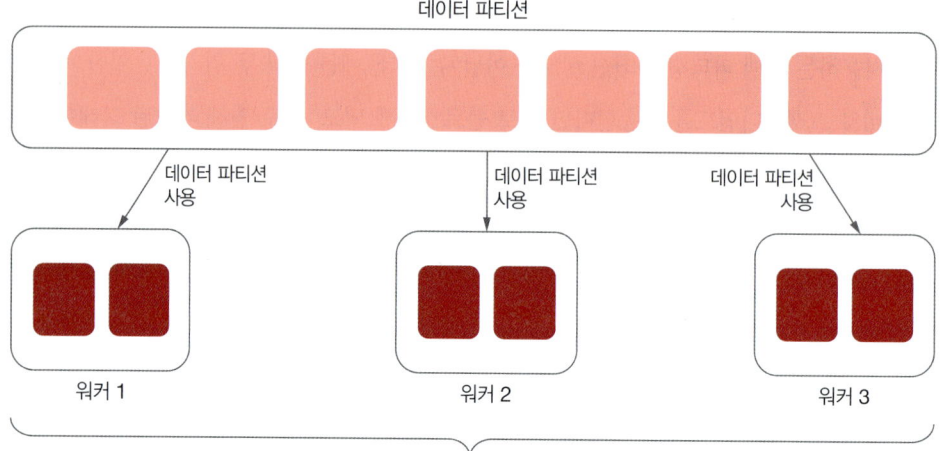

그림 7-10 전체 모델 파라미터를 저장하고 데이터 파티션을 활용해 그레이디언트를 계산하는 여러 개의 워커로 구성된 분산 학습 시스템

[그림 7-8]에서 확인했듯 각 모델이 학습하는 단계에는 집합 통신 패턴을 활용한다. 네트워크 인프라를 활용해 여러 워커 간 그레이디언트를 주고받는 올-리듀스 연산을 수행하는 것이다. 이러한 집합 통신 패턴을 활용하면 분산 환경에서 중간 규모의 머신러닝 모델을 여러 개 학습할 수 있다. 모델 학습이 완료되면 이후 모델 서빙에 사용할 최고 성능의 모델을 선별한다. 이 단계의 세부적인 구현은 9장에서 다룰 것이다. 다음 절에서는 시스템의 모델 서빙 단계를 살펴보자.

예제

❶ 우리 프로젝트에서 파라미터 서버 패턴이 적합하지 않은 이유는 무엇인가?

❷ 집합 통신 패턴에서 각 워커는 서로 다른 모델의 일부를 저장하는가?

7.4 모델 서빙 단계

데이터 수집과 모델 학습 단계에 대해 논의했으니, 이제 사용자에게 결과를 전달하기 위해 필수적인 모델 서빙 단계를 살펴보자. [그림 7-11]은 전체 아키텍처 중 학습 서빙 요소를 나타낸다. 이 부분을 구축하고자 할 때 발생할 수 있는 잠재적 문제와 그 해결책을 알아보자.

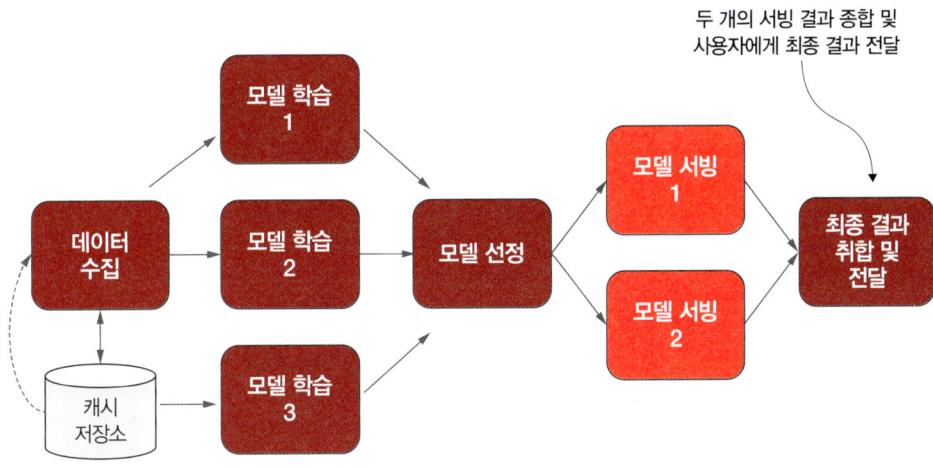

그림 7-11 머신러닝 시스템 모델 서빙 단계

7.4.1 문제

모델 서빙은 사용자가 업로드한 원본 이미지를 받아 모델 서버로 전송한 뒤 학습된 모델로 추론을 수행하는 단계이다. 이러한 모델 서빙 요청들은 큐에 쌓여 처리를 기다린다.

모델 서빙 시스템이 단일 서버라면 제한된 수의 요청만 처리할 수 있다. 현실 세계에서 요청 수가 증가한다면 사용자는 모델 서빙 결과를 받기까지 오래 기다려야 하므로 사용자 경험이 저하된다. 즉, 모든 요청이 모델 서빙 시스템의 처리를 기다리지만 계산 자원은 이 단일 서버로 한정된다. 그렇다면 어떻게 더 효율적인 모델 서빙 시스템을 구축할 수 있을까?

7.4.2 해결책

이전 절에서 다룬 내용은 4장에서 논의한 레플리카 서버 패턴에 완벽히 부합되는 사례다. 모델 서빙 시스템은 사용자가 업로드한 이미지를 받아 모델 서버로 요청을 보내면 단일 서버가 아닌 여러 모델 서버 레플리카가 비동기적으로 모델 서빙 요청을 처리하도록 할 수 있다. 각 레플리카 서버는 각 요청을 사전에 학습된 분류 모델로 학습했던 Fashion-MNIST 데이터셋에는 없는 새로운 이미지를 분류한다.

레플리카 서버 패턴을 활용하면 단일 서버 모델 서빙 시스템에 레플리카를 추가해서 쉽게 확장할 수 있다. [그림 7-12]는 이러한 새로운 아키텍처를 보여준다. 각 레플리카가 개별 모델 서빙 요청을 독립적으로 처리할 수 있으므로 전체 시스템은 동시에 많은 요청을 처리할 수 있다.

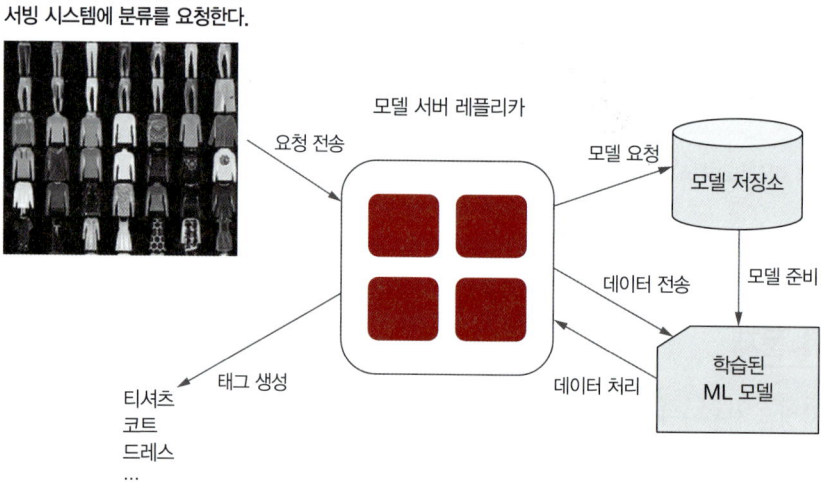

그림 7-12 레플리카 서버 패턴을 활용한 모델 서빙 구조

모델 서버 레플리카를 도입하면 여러 사용자의 모델 서빙 요청을 동시에 처리할 수 있다. 다만, 이 경우 어떤 요청을 어느 레플리카가 처리할지, 사용자의 요청과 레플리카를 매핑할 수 있는 매핑 관계를 명확히 정의해야 한다.

또한 레플리카 간 요청을 분산하려면 로드 밸런서 계층을 추가해야 한다. 로드 밸런서는 사용자로부터 여러 모델 서빙 요청을 받아 모델 서버 레플리카에 고르게 분배하고, 각 레플리카 서버는 모델을 활용해 새로운 데이터에 대한 추론을 하는 등 개별 요청을 처리한다. [그림 7-13]은 이 과정을 나타낸다.

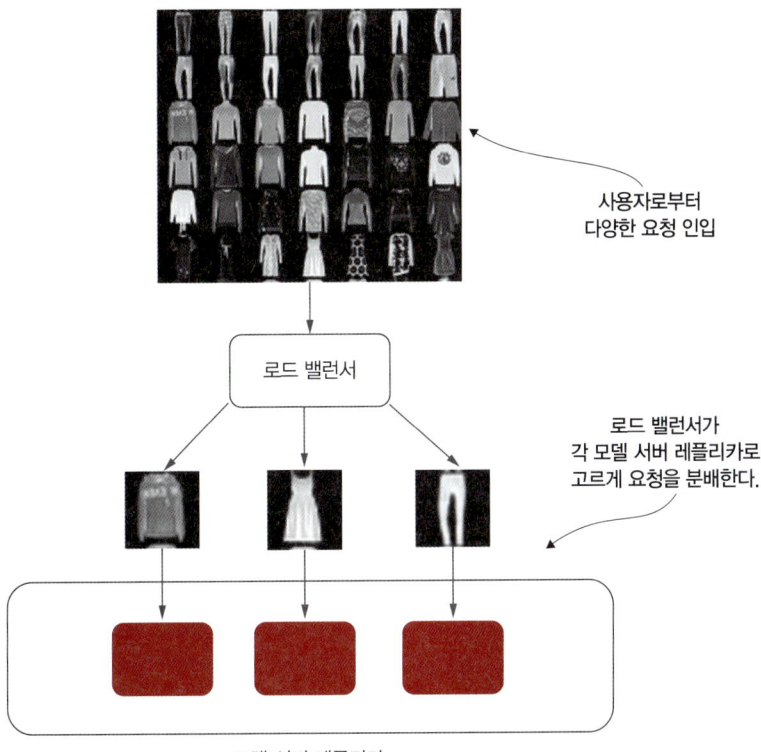

그림 7-13 로드 밸런서가 사용자 요청을 분배하는 과정

로드 밸런서는 다양한 알고리즘을 사용해 어떤 요청을 어느 레플리카로 보낼지 결정한다. 라운드 로빈, 최소 연결 방식, 또는 해싱 등이 대표적인 로드 밸런싱 알고리즘이다.

[그림 7-11]의 기존 아키텍처에서 모델 서빙은 서로 다른 모델을 사용하는 두 단계로 구성된다. 각 단계는 여러 레플리카로 이루어진 모델 서빙 서비스로, 다양한 모델에 대한 서빙 트래픽을 처리한다.

> **예제**

❶ 모델 서빙 시스템에서 로드 밸런서가 없다면 어떤 일이 일어나는가?

7.5 전체 워크플로 구조

지금까지 개별 구성 요소를 살펴보았으니, 이 모든 요소를 확장성과 효율성을 갖춘 종합적인 워크플로로 구성하는 방법을 알아보자. 또한 5장에서 다룬 몇 가지 패턴을 워크플로에 함께 접목시킬 것이다. [그림 7-14]는 우리가 구축하고자 하는 전체 워크플로를 나타낸다.

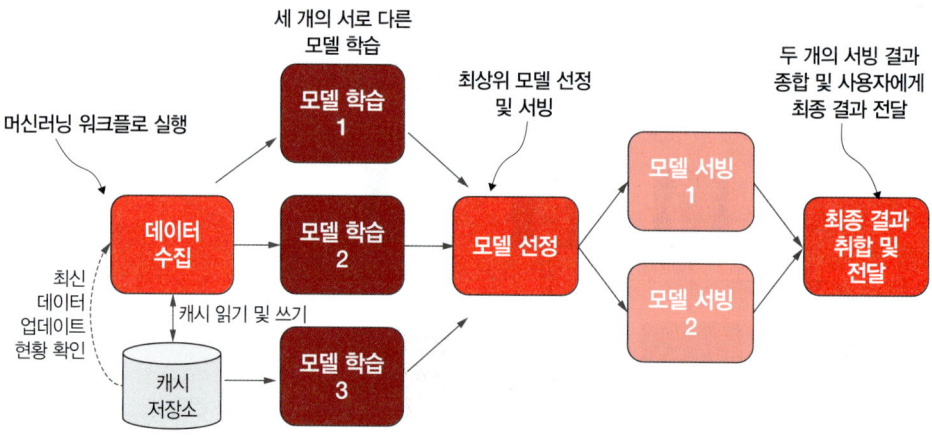

그림 7-14 엔드투엔드로 구성할 머신러닝 시스템의 전체 구조

이제 개별 구성 요소에 집중하기보다는 모든 요소를 하나의 연속된 과정으로 연결하는 머신러닝 시스템 전체를 살펴보자.

7.5.1 문제

Fashion-MNIST 데이터셋은 정적이며 시간에 따라 변하지 않는다. 하지만 더 현실적인 시스템을 설계하기 위해 이 데이터셋을 정기적으로 수동 업데이트한다고 가정해보자. 업데이트가 발생할 때마다 새로운 데이터를 포함한 머신러닝 모델을 학습하기 위해 전체 머신러닝 워크플로를 다시 실행해야 할 수 있다. 즉, 변경 사항이 있을 때마다 데이터 수집 단계를 실행해야 한다. 한편 데이터셋은 그대로인 상태에서 새로운 머신러닝 모델을 실험하고자 하는 경우에도 데이터 수집 단계를 포함한 전체 워크플로를 실행해야 한다. 데이터 수집 단계는 특히 대규모 데이터셋의 경우 매우 시간이 많이 걸린다. 이 워크플로를 더 효율적으로 만들 방법은 없을까?

두 번째로, 우리는 여러 모델을 학습하고 그중 최고의 모델을 선택하여 모델 서빙에 사용하는 머신러닝 워크플로를 구축하고자 한다. 이 최고 모델은 두 모델의 성능을 모두 활용하여 최종 결과물을 생성한다. 기존 머신러닝 워크플로는 각 모델 학습 단계의 완료 시간이 다르기 때문에 모델 선정이나 모델 서빙과 같은 후속 단계의 시작이 이전 단계의 완료에 좌우된다. 하지만 이렇게 순차적으로 실행하는 방식은 상당한 시간이 걸리고 이후의 단계를 지연시킨다. 예를 들어, 한 모델 학습 단계가 다른 단계보다 훨씬 오래 걸린다고 가정해보자. 이 경우 모델 선정 단계는 이 오래 걸리는 학습 단계가 완료된 후에야 시작할 수 있다. 결과적으로 이 특정 단계로 인해 전체 워크플로가 지연된다. 개별 단계의 소요 시간에 영향을 받지 않고 이 워크플로를 가속화할 방법은 없을까?

7.5.2 해결책

첫 번째 문제는 5장에서 다룬 스텝 메모이제이션 패턴으로 해결할 수 있다. 이 패턴은 시스템이 특정 단계를 실행할지 건너뛸지 결정하는 데 도움을 준다. 스텝 메모이제이션을 활용하면 워크플로에서 불필요한 작업을 식별하고 재실행 없이 건너뛸 수 있어 전체 프로세스의 실행 속도를 크게 높일 수 있다.

[그림 7-15]는 데이터셋의 갱신 여부에 따라 데이터 수집 단계만 실행하는 간단한 워크플로를 보여준다. 즉, 새로운 데이터가 갱신되지 않았다면 이미 수집한 데이터를 다시 가져올 필요가 없다.

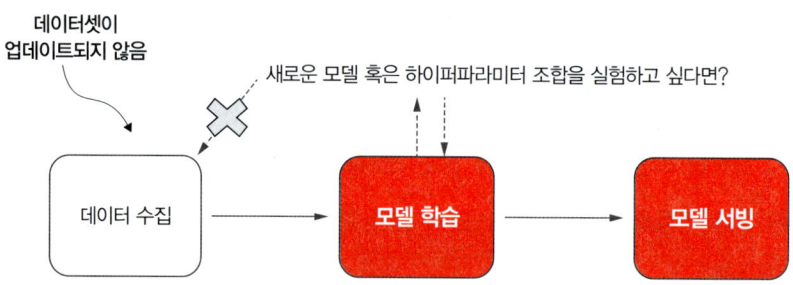

그림 7-15 데이터셋이 업데이트되지 않은 경우 데이터 수집 단계를 생략하는 워크플로

데이터셋 갱신 여부를 판단하는 방법은 다양하다. [그림 7-16]과 같이 미리 정의된 전략을 사용하면 머신러닝 워크플로를 조건부로 재구성하고 데이터 수집 단계의 재실행 여부를 제어할 수 있다.

데이터셋 갱신 여부를 확인하는 한 방법으로 캐시를 활용할 수 있다. Fashion-MNIST 데이터셋이 매주 혹은 매월 1회와 같이 정기적으로 갱신되는 경우 시간 기반 캐시를 만들고 수집 및 정제된 데이터셋의 마지막 갱신 시간으로 캐시의 저장을 제어할 수 있다.

[그림 7-16]에서 볼 수 있듯이, 워크플로의 데이터 수집 단계는 마지막 갱신 시간이 특정 기간 내에 있는지에 따라 동적으로 구성되고 실행된다. 예를 들어, 캐시의 사용 여부를 결정할 시간 조건을 2주로 설정한다면 지난 2주 이내에 갱신된 데이터는 아직 사용할 수 있는 것으로 간주한다. 이 경우 데이터 수집 단계를 건너뛰고, 이어지는 모델 학습 단계에서는 캐시에 저장된 기존 데이터셋을 사용한다. 이러한 시간 기준을 사용해 캐시의 최대 허용 기간을 조절할 수 있다. 이는 데이터셋을 처음부터 다시 수집하는 대신 모델 학습에 직접 사용할 수 있다고 판단하는 기준이 된다.

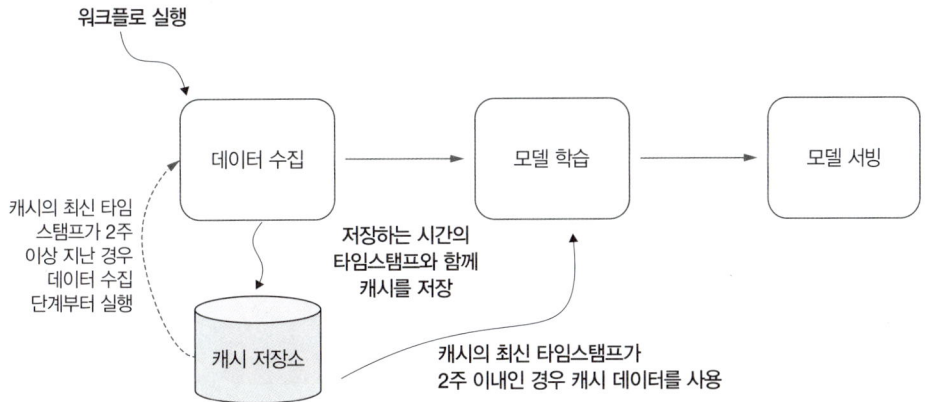

그림 7-16 워크플로가 실행되었을 때 캐시가 2주 이내에 생성되었는지 확인하여 데이터 수집 단계를 동적으로 실행하는 워크플로

이제 두 번째 문제를 살펴보자. 워크플로를 순차적으로 실행하는 것은 후속 단계의 시작을 막기 때문에 비효율적이다. 5장에서 소개한 동기 및 비동기 패턴이 이 문제를 해결할 수 있다.

예를 들어 [그림 7-17]의 모델 학습 2와 같은 짧은 시간 내에 수행될 수 있는 작업이 완료된다면 학습된 모델 하나를 먼저 얻게 된다. 이 모델은 나머지 학습 단계가 끝나기를 기다릴 필요 없이 바로 모델 서빙 시스템에 사용할 수 있다. 그 결과로 모델 하나의 학습이 완료되는 즉시 사용자는 모델 서빙 요청에 대한 이미지 분류 결과를 볼 수 있다. [그림 7-17]의 모델 학습 단계 3에 해당하는 두 번째 모델 학습 단계가 끝나면 두 개의 학습된 모델이 모델 서빙으로 전송된다. 이로써 사용자는 두 모델에서 얻은 통합 결과를 확인할 수 있다.

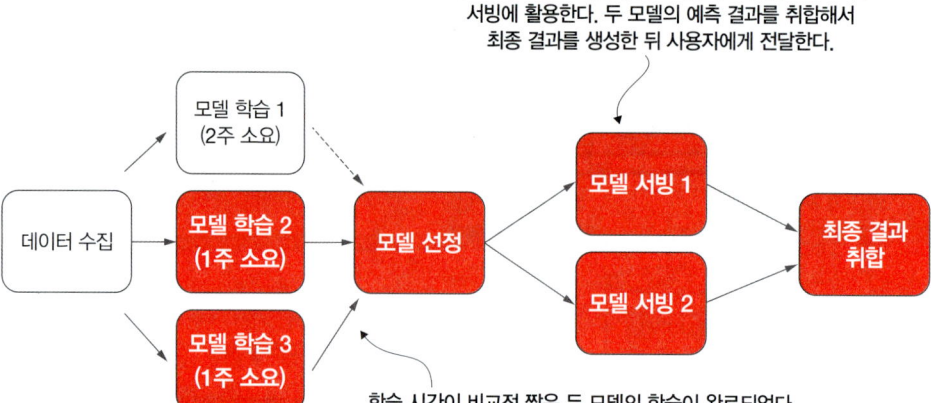

그림 7-17 두 모델의 학습이 완료된 이후 두 모델의 결과를 모두 사용하도록 구성한 워크플로

이로써 모델 선정과 서빙에 기존 학습된 모델을 계속 사용하면서도 오래 걸리는 모델 학습 단계를 병행할 수 있다. 즉, 각 과정은 서로의 완료를 기다리지 않고 비동기적으로 실행된다. 워크플로는 이전 단계가 끝나기 전에도 다음 단계로 진행할 수 있다. 오래 걸리는 모델 학습 단계가 전체 워크플로를 더 이상 지연시키지 않는다. 대신 모델 서빙 시스템에서는 짧은 학습으로 얻은 모델을 계속 활용할 수 있어 사용자의 모델 서빙 요청에 대한 처리를 즉시 시작할 수 있다.

예제

❶ 스텝 메모이제이션은 워크플로의 어떤 단계에서 도움이 될 수 있는가?

❷ 어떤 요소로 워크플로의 각 단계가 실행되어야 할지 혹은 생략해도 될지 제어할 수 있는가?

예제 정답

✏️ 7.2

① 인메모리에 저장

② 그렇다.

✏️ 7.3

① 워커와 파라미터 서버 간 블로킹이 발생하기 때문이다.

② 아니다. 각 워커는 전체 모델의 사본을 저장한다.

✏️ 7.4

① 사용자의 요청을 각 레플리카 서버로 균일하게 분배할 수 없다.

✏️ 7.5

① 데이터 수집 단계

② 각 단계에 대한 메타데이터를 캐시로 관리함으로써 제어할 수 있다.

요약

- 데이터 수집 단계에서 캐싱 패턴을 사용하여 여러 에포크에 걸쳐 데이터를 처리하는 속도를 높일 수 있다.

- 모델 학습 단계에서는 집단 통신 패턴을 적용해 워커와 파라미터 서버 간 통신 부하를 줄일 수 있다.

- 모델 서빙 단계에서는 레플리카 서버 패턴을 활용해 각 모델 서버 레플리카가 독립적으로 개별 모델 서빙 요청을 처리함으로써 동시에 많은 요청을 처리할 수 있다.

- 모든 컴포넌트를 워크플로로 연결하는 경우 캐싱을 사용함으로써 데이터 수집과 같은 시간이 많이 소요되는 단계를 효과적으로 생략할 수 있다.

CHAPTER 08

실습 관련 기술 둘러보기

이 장의 내용
- 텐서플로를 활용해 모델을 만드는 방법을 익힌다.
- 쿠버네티스의 주요 활용 방법을 알아본다.
- 쿠브플로를 활용한 분산 머신러닝 워크플로 실행 방법을 알아본다.
- 아르고 워크플로를 활용해 컨테이너 기반의 워크플로를 배포하는 방법을 알아본다.

이전 장에서는 프로젝트의 배경과 시스템 구성 요소를 살펴보며 각 요소의 구현 전략을 이해했다. 또한 각 구성 요소와 관련된 문제를 논의하고 이를 해결하기 위해 적용할 패턴에 대해 설명했다. 앞서 언급했듯 9장에서는 프로젝트의 구체적인 구현 내용을 다룰 예정이다. 앞으로 활용할 다양한 기술을 모두 프로젝트 진행 과정 중 설명하기는 어렵기에, 이번 장에서는 텐서플로, 쿠버네티스, 쿠브플로, 아르고 워크플로까지 네 가지 핵심 기술의 기본 개념을 학습하고 실습해 볼 것이다.

이 네 가지 기술은 각기 다른 목적을 가지고 있지만, 모두 9장의 최종 프로젝트 구현에 사용된다. **텐서플로**^{tensorflow}는 데이터 처리, 모델 구축 및 평가에 활용된다. **쿠버네티스**^{kubernetes}는 핵심 분산 인프라로 사용된다. 그 위에서 **쿠브플로**^{kubeflow}는 쿠버네티스 클러스터에 분산 모델 학습 작업을 수행하는 데 사용되며, **아르고 워크플로**$^{Argo\ Workflow}$는 머신러닝 워크플로를 구성하고 실행하는 데 활용된다.

8.1 텐서플로: 머신러닝 프레임워크

텐서플로는 통합적인 머신러닝 플랫폼이다. 이미지 분류, 추천 시스템, 자연어 처리 등 다양한 분야에서 학계와 산업계에 널리 도입되어 있다. 텐서플로는 다양한 시스템과의 광범위한 호환성을 가지고 있으며, 다양한 하드웨어에 배포할 수 있고 여러 프로그래밍 언어를 지원한다.

텐서플로는 거대한 생태계를 갖추고 있다. 이 생태계의 주요 프로젝트는 다음과 같다.

- Tensorflow.js는 자바스크립트용 머신러닝 라이브러리로, 브라우저나 Node.js에서 직접 머신러닝을 구현할 수 있도록 한다.
- 텐서플로 라이트$^{Tensorflow\ Lite}$는 모바일, 마이크로 컨트롤러 등 엣지 디바이스에 모델을 배포하기 위한 모바일 라이브러리다.
- TFX$^{Tensorflow\ Extended}$[1]는 실제 환경에서 머신러닝 파이프라인을 배포하기 위한 통합 플랫폼이다.
- 텐서플로 서빙$^{Tensorflow\ Serving}$은 실제 환경에 최적화된 유연하고 고성능의 머신러닝 모델 서빙 시스템이다.
- 텐서플로 허브$^{Tensorflow\ Hub}$는 미세 조정이 가능하고 어디서든 배포할 수 있는 사전 학습된 머신러닝 모델 저장소이다. BERT나 Faster R-CNN 같은 학습된 모델을 몇 줄의 코드만으로 재사용할 수 있다.

텐서플로의 깃허브 저장소[2]에서 더 많은 정보를 확인할 수 있다. 우리는 모델 서빙 구성 요소에 텐서플로 서빙을 사용할 것이다. 다음 절에서는 MNIST 데이터셋을 활용해 로컬 환경에서 머신러닝 모델을 학습하는 텐서플로의 기본 예제를 살펴보자.

---

1 옮긴이_ https://www.tensorflow.org/tfx/tutorials
2 https://github.com/tensorflow

8.1.1 기본 예제

먼저 예제를 실행하기 위한 파이썬 3 전용 아나콘다를 설치하자. **아나콘다**[Anaconda][3]는 프로그래밍을 위한 파이썬과 R 프로그래밍 언어의 배포판으로, 패키지 관리와 배포를 간소화하도록 하는 도구다. 이 배포판은 윈도우, 리눅스, macOS에 적합한 패키지들을 포함한다. 아나콘다 설치[4] 후, 콘솔에서 다음 명령어를 사용하여 파이썬 3.9가 포함된 **conda** 환경을 설치할 수 있다.

코드 8-1 conda 환경 생성

```
> conda create --name dist-ml python=3.9 -y
```

코드 8-2 conda 환경 활성화

```
> conda activate dist-ml
```

코드 8-3 텐서플로 설치[5]

```
> pip install --upgrade pip
> pip install tensorflow==2.10.0
```

만약 실행 과정 중 문제가 생긴다면 공식 가이드[6]를 참고하자. 경우에 따라 로컬에 설치되어 있는 넘파이[NumPy]를 삭제하고 재설치해야 할 수 있다.

코드 8-4 넘파이 설치

```
> pip install numpy --ignore-installed
```

맥을 사용하고 있다면 하드웨어 가속을 위해 메탈 플러그인[7]을 확인해봐도 좋다.

----

3 *https://www.anaconda.com*
4 옮긴이_ *https://www.anaconda.com/download*
5 옮긴이_ 2.10.0은 2022년 발행된 버전이므로 최신 버전을 사용하고 싶다면 텐서플로 공식 가이드를 참고하자. 본 책에서는 2.10.0 버전을 기준으로 실습을 진행한다.
6 *https://www.tensorflow.org/install*
7 *https://developer.apple.com/metal/tensorflow-plugin/*

텐서플로를 성공적으로 설치했다면 기본적인 이미지 분류 예제를 시작할 수 있다. 먼저 간단한 MNIST 데이터셋을 불러오고 전처리해보자. MNIST 데이터셋은 0부터 9까지의 손글씨 숫자 이미지로 구성되어 있다. [그림 8-1]의 각 행은 특정 손글씨 숫자에 대한 이미지를 나타낸다.

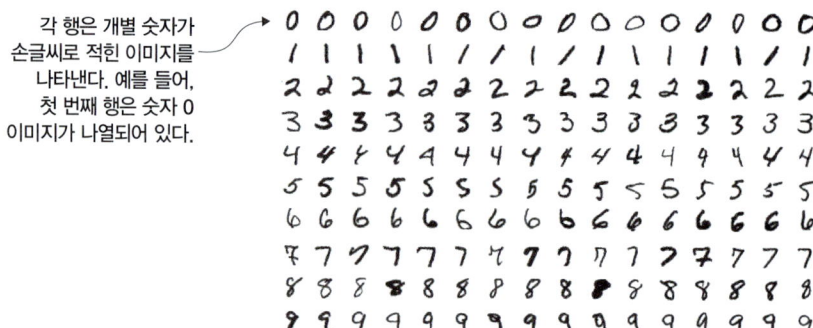

그림 8-1 MNIST 데이터셋

케라스 API `tf.keras`는 텐서플로에서 모델 학습을 위한 API로, 내장된 데이터셋을 로드하거나 모델 학습 및 평가에 모두 사용된다.

`load_data()` 함수는 경로를 지정하지 않으면 기본 경로에 MNIST 데이터셋을 저장한다. 이 함수는 학습 및 테스트용 이미지와 레이블에 대한 넘파이 배열을 반환한다. 예제에서 모델 학습과 평가를 모두 수행할 수 있도록 데이터셋을 학습용과 테스트용으로 나누자.

코드 8-5 MNIST 데이터셋 로드

```
> import tensorflow as tf
> (x_train, y_train), (x_test, y_test) = tf.keras.datasets.mnist.load_data()
```

넘파이 배열은 파이썬의 머신러닝 생태계에서 흔히 사용되는 데이터 타입이다. 이는 다차원 배열을 나타내며 데이터^{data}, 형태^{shape}, 타입^{dtype}이라는 세 가지 속성을 갖는다. 다음 예시로 확인해보자.

코드 8-6 데이터셋 확인

```
> x_train.data
<memory at 0x16a392310>

> x_train.shape
(60000, 28, 28)

> x_train.dtype
dtype('uint8')

> x_train.min()
0

> x_train.max()
255
```

x_train은 $60,000 \times 28 \times 28$ 크기의 3차원 배열이다. 데이터 유형은 0에서 255 사이의 uint8이다. 즉, 이 객체는 28×28 해상도의 흑백 이미지 6만 장을 포함한다.

다음으로, 원본 이미지에 대해 특성 전처리를 수행할 수 있다. 많은 알고리즘과 모델은 피쳐의 크기 또는 범위에 민감하므로, 주로 [0, 1] 또는 [-1, 1] 범위로 조정한다. 이 경우 이미지를 255로 나누는 간단한 방법으로 이를 수행할 수 있다.

코드 8-7 전처리 함수

```
def preprocess(ds):
    return ds / 255.0

x_train = preprocess(x_train)
x_test = preprocess(x_test)

> x_train.dtype
dtype('float64')

> x_train.min()
0.0

> x_train.max()
1.0
```

전처리된 학습 및 테스트 이미지를 기반으로 간단한 다층 신경망 모델을 구성할 수 있다. 모델 아키텍처 정의에는 **tf.keras**를 사용한다. 먼저 Flatten 계층을 사용해 28×28 크기의 2차원 이미지를 1차원 배열로 펼친다. 두 번째 층은 완전 연결 계층으로, relu 활성화 함수를 통해 비선형성을 추가한다. 세 번째 층은 과적합을 줄이고 모델의 일반화 성능을 높이기 위한 Dropout 계층이다. 손글씨 숫자는 0부터 9까지 10개의 숫자로 구성되므로, 마지막 층은 10개 클래스 분류를 위한 완전 연결 계층으로 소프트맥스^{softmax} 활성화 함수를 사용한다.

코드 8-8 모델 구조 정의

```
model = tf.keras.models.Sequential([
  tf.keras.layers.Flatten(input_shape=(28, 28)),
  tf.keras.layers.Dense(128, activation='relu'),
  tf.keras.layers.Dropout(0.2),
  tf.keras.layers.Dense(10, activation='softmax')
])
```

모델 구조를 정의한 후에는 평가 지표^{metric}, 손실 함수$^{loss\ function}$, 옵티마이저^{optimizer}까지 세 가지 요소를 추가로 정의한다.

코드 8-9 옵티마이저, 손실 함수, 평가 지표 정의

```
model.compile(
    optimizer="adam", loss="sparse_categorical_crossentropy", metrics=["accuracy"]
)
```

여기까지 준비되었다면 5 에포크를 학습시켜보자.

코드 8-10 모델 학습

```
model.fit(x_train, y_train, epochs=5)
model.evaluate(x_test, y_test)
```

아래와 같은 로그를 확인할 수 있을 것이다.

Epoch 1/5

```
1875/1875 [======] - 11s 4ms/step - loss: 0.2949 - accuracy: 0.9150
Epoch 2/5
1875/1875 [======] - 9s 5ms/step - loss: 0.1389 - accuracy: 0.9581
Epoch 3/5
1875/1875 [======] - 9s 5ms/step - loss: 0.1038 - accuracy: 0.9682
Epoch 4/5
1875/1875 [======] - 8s 4ms/step - loss: 0.0841 - accuracy: 0.9740
Epoch 5/5
1875/1875 [======] - 8s 4ms/step - loss: 0.0707 - accuracy: 0.9779
10000/10000 [======] - 0s - loss: 0.0726 - accuracy: 0.9788
```

그리고 모델 평가 결과는 다음과 같다.

```
313/313 [======] - 1s 4ms/step - loss: 0.0789 - accuracy: 0.9763
[0.07886667549610138, 0.976300060749054]
```

학습 과정에서 손실이 감소함에 따라 훈련 데이터에 대한 정확도가 97.8%까지 증가하는 것을 확인할 수 있다. 최종 학습된 모델은 테스트 데이터에서 97.6%의 정확도를 보였다. 모델링 과정은 랜덤성이 포함되기 때문에 실제 결과는 이와 조금 다를 수 있다.

모델 학습을 마치고 그 성능에 만족했다면 다음 코드를 사용해 모델을 저장할 수 있다. 이렇게 하면 다음에 처음부터 다시 학습시킬 필요가 없다.

코드 8-11 학습된 모델 저장

```
model.save('my_model.h5')
```

이 코드는 현재 작업 디렉토리에 **my_model.h5**라는 파일명으로 모델을 저장한다. 이렇게 저장해두면 새로운 파이썬 세션을 시작한 경우에도 아래와 같이 텐서플로를 로드한 뒤 **my_model.h5** 파일을 읽어옴으로써 모델 객체를 불러올 수 있다.

코드 8-12 저장된 모델 로드

```
import tensorflow as tf
model = tf.keras.models.load_model('my_model.h5')
```

지금까지 텐서플로의 케라스 API를 사용해 하나의 하이퍼파라미터 세트로 모델을 학습시키는 방법을 알아보았다. 이러한 하이퍼파라미터는 학습 과정에서 변하지 않고 유지되며, 머신러닝 프로그램의 성능에 직접적인 영향을 미친다. 이제 케라스 튜너Keras Tuner[8]를 사용해 텐서플로 프로그램의 하이퍼파라미터를 조정하는 방법을 알아보자. 먼저 케라스 튜너 라이브러리를 설치한다.

코드 8-13 Keras Tuner 패키지 설치

```
pip install -q -U keras-tuner
```

설치가 완료되면 아래와 같이 필요한 라이브러리르 모두 로드하자.

코드 8-14 필요한 라이브러리 로드

```
import tensorflow as tf
from tensorflow import keras
import keras_tuner as kt
```

동일한 MNIST 데이터셋을 활용해서 하이퍼파라미터를 튜닝하는 예제를 확인해보자. 모든 과정은 파이썬의 함수로 묶어서 구현했다.

코드 8-15 Keras Tuner와 텐서플로를 활용한 튜닝 함수

```
def model_builder(hp):
    model = keras.Sequential()
    model.add(keras.layers.Flatten(input_shape=(28, 28)))
    hp_units = hp.Int("units", min_value=32, max_value=512, step=32)
    model.add(keras.layers.Dense(units=hp_units, activation="relu"))
    model.add(keras.layers.Dense(10))
    hp_learning_rate = hp.Choice("learning_rate", values=[1e-2, 1e-3, 1e-4])
    model.compile(
        optimizer=keras.optimizers.Adam(learning_rate=hp_learning_rate),
        loss=keras.losses.SparseCategoricalCrossentropy(from_logits=True),
        metrics=["accuracy"],
    )
```

---

[8] https://keras.io/keras_tuner/

```
return model
```

이 코드는 단 하나의 하이퍼파라미터 세트로 모델을 학습하는 이전 코드와 거의 유사하다. 다만 첫 번째 완전 연결 계층과 옵티마이저에 사용될 `hp_units`와 `hp_learning_rate` 객체를 추가로 정의했다는 점이 다르다.

`hp_units` 객체는 32에서 512 사이의 정수를 생성하여 첫 번째 완전 연결 계층의 유닛 수로 사용한다. `hp_learning_rate` 객체는 Adam 옵티마이저의 학습률을 `0.01`, `0.001`, `0.0001` 중에서 선택한다.

위와 같이 모델을 구축하는 함수를 정의한 뒤 이를 활용해서 튜너를 초기화할 수 있다. 튜닝 알고리즘은 랜덤 서치$^{\text{random search}}$, 베이지안 최적화$^{\text{Bayesian optimization}}$, 하이퍼밴드^{Hyperband} 등과 같은 여러 선택지 중에서 선택할 수 있는데, 여기서는 하이퍼밴드 튜닝 알고리즘을 사용한다. 이 알고리즘은 유동적인 자원 할당과 필요한 경우 빠르게 종료하는 전략을 활용하여 고성능 모델을 더 빠르게 찾아낸다.

코드 8-16 Hyperband 모델 튜너

```
tuner = kt.Hyperband(model_builder,
                     objective="val_accuracy",
                     max_epochs=10,
                     factor=3,
                     directory="my_dir",
                     project_name="intro_to_kt")
```

검증셋에 대한 정확도를 목표 지표로 삼고, 최대 에포크 수는 10으로 설정했다. 과적합을 방지하기 위해 `EarlyStopping` 콜백을 생성하여 검증셋에 대한 손실이 특정 임곗값에 도달하면 학습을 중단하도록 했다. 다만, 이 경우 새로운 파이썬 세션을 시작한다면 데이터셋을 메모리에 다시 불러와야 한다는 점을 유의하자.

코드 8-17 EarlyStopping 콜백 함수

```
early_stop = tf.keras.callbacks.EarlyStopping(
    monitor="val_loss",
    patience=4,
)
```

이제 tuner.search() 함수 실행으로 하이퍼파라미터 최적화를 시작할 수 있다.

코드 8-18 하이퍼파라미터 최적화

```
tuner.search(
    x_train,
    y_train,
    epochs=30,
    validation_split=0.2,
    callbacks=[early_stop],
)
```

튜닝 작업이 완료되면 최적의 하이퍼파라미터셋으로 모델을 50 에포크 학습시켜보자.

코드 8-19 최적의 하이퍼파라미터로 모델 학습 실행

```
best_hps = tuner.get_best_hyperparameters(num_trials=1)[0]
model = tuner.hypermodel.build(best_hps)
model.fit(x_train, y_train, epochs=50, validation_split=0.2)
```

테스트 데이터셋으로 모델을 평가해서 해당 하이퍼파라미터 조합이 기본 모델보다 더 나은지 아닌지 확인해보자.

코드 8-20 테스트 데이터셋으로 모델 평가

```
model.evaluate(x_test, y_test)
```

지금까지 단일 서버의 로컬 환경에서 텐서플로를 실행하는 방법을 알아보았다. 텐서플로의 장점을 최대한 활용하려면 모델 학습 과정을 분산 클러스터에서 실행해야 하며, 이때 쿠버네티스가 필요하다. 다음 절에서 쿠버네티스의 기본 개념과 실습 예제를 알아보자.

예제

❶ 모델 평가 시 직전에 저장된 모델을 활용할 수 있는가?

❷ Hyperband 튜닝 알고리즘 대신 랜덤 서치 알고리즘을 활용할 수 있는가?

8.2 쿠버네티스: 분산 컨테이너 관리 시스템

k8s 라고도 알려진 쿠버네티스는 컨테이너화된 애플리케이션의 배포, 확장, 관리를 자동화하는 오픈 소스 시스템이다. 복잡한 컨테이너 관리를 추상화하는 기능을 제공하며, 다양한 컴퓨팅 환경에서의 컨테이너 관리를 자동화한다.

보다 용이한 관리를 위해 각 컨테이너는 애플리케이션을 나누는 논리적 단위로 그룹화된다. 쿠버네티스는 구글에서 16년 이상 축적된 프로덕션 환경에서의 워크로드 운영 경험과 커뮤니티의 최고 수준의 아이디어 및 관행을 바탕으로 구축되었다. 주요 목표는 복잡한 분산 시스템을 쉽게 배포하고 관리하면서도 자원 활용을 보다 효율적으로 하는 것이다. 오픈 소스이기에 온-프레미스$^{on-premises}$, 하이브리드 또는 퍼블릭 클라우드 인프라 등 다양한 환경에서 자유롭게 활용될 수 있다.

쿠버네티스는 운영팀의 규모를 늘리지 않고도 확장할 수 있도록 설계되었다. [그림 8-2]는 쿠버네티스와 내부 구성 요소를 나타낸 다이어그램이다. 개별 구성 요소를 모두 이해하는 것은 이 책의 목표가 아니므로 자세히 논의하지는 않을 예정이다. `kubectl`은 쿠버네티스의 CLI로, 이를 활용하여 쿠버네티스 클러스터를 다루며 필요한 정보를 얻을 것이다.

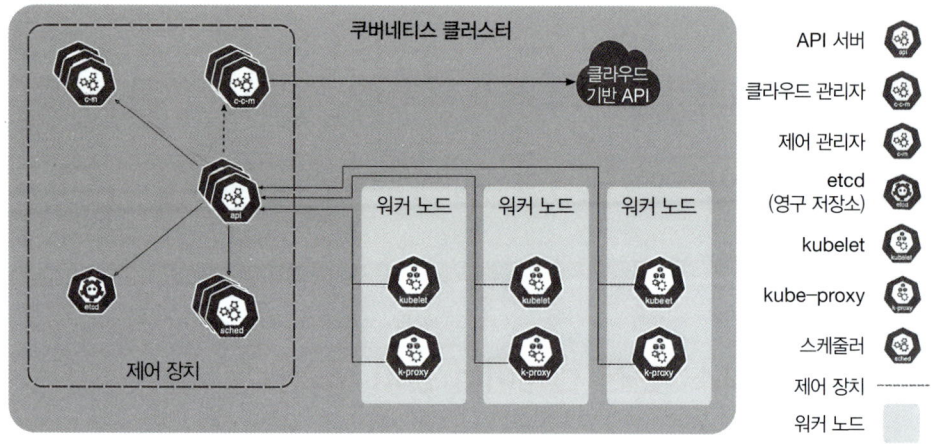

그림 8-2 쿠버네티스 아키텍처 다이어그램

다음 절에서 쿠브플로와 아르고 워크플로를 다루기 위한 기본적인 컨셉과 예제를 살펴보자.

8.2.1 기본 예제

먼저 로컬 쿠버네티스 클러스터를 구축해보자. 이를 위해 k3d[9]를 사용한다. k3d는 도커에서 k3s[10]를 실행하기 위한 간단한 래퍼다. k3d를 사용하면 로컬 개발 환경에 단일 노드 또는 다중 노드로 구성된 k3s 클러스터를 도커로 손쉽게 생성할 수 있다. k3s를 통해 `distml`이라는 이름의 쿠버네티스 클러스터를 만들어보자.

코드 8-21 로컬 쿠버네티스 클러스터 생성[11]

```
> k3d cluster create distml --image rancher/k3s:v1.25.3-rc3-k3s1
```

위 명령어를 실행해서 클러스터를 생성하면 아래와 같이 노드 리스트를 확인할 수 있다.

---

9   https://k3d.io
10 Rancher Lab에서 제공하는 경량 쿠버네티스 배포판
11 옮긴이_ k3d의 설치는 https://k3d.io/v5.7.4/#installation를 참고하자.

코드 8-22 클러스터 내의 노드 리스트 확인[12]

```
> kubectl get nodes

NAME                    STATUS    ROLES                   AGE   VERSION
K3d-distml-server-0     Ready     control-plane,master    1m    v1.25.3+k3s1
```

위 내용으로 노드는 1분 전에 생성되었으며 k3s 배포판의 v1.25.3+k3s1 버전을 실행 중이라는 것을 알 수 있다. 상태가 준비 완료로 표시되어 있으므로 다음 단계로 진행할 수 있다.

kubectl describe node k3d-distml-server-0 명령어를 사용하면 노드의 세부 정보도 확인할 수 있다. 레이블과 시스템 정보에는 운영 체제와 아키텍처, 해당 노드가 마스터 노드인지 여부 등의 정보가 포함되어 있다.

```
> kubectl describe node k3d-distml-server-0
Labels:         beta.kubernetes.io/arch=arm64
                beta.kubernetes.io/instance-type=k3s
                beta.kubernetes.io/os=linux
                kubernetes.io/arch=arm64
                kubernetes.io/hostname=k3d-distml-server-0
                kubernetes.io/os=linux
                node-role.kubernetes.io/control-plane=true
                node-role.kubernetes.io/master=true
                node.kubernetes.io/instance-type=k3s
System Info:
    Machine ID:
    System UUID:
    Boot ID:                    -  73db7620-c61d-432c-a1ab-343b28ab8563
    Kernel Version:             5.10.104-linuxkit
    OS Image:                   K3s dev
    Opera ting System:          linux
    Architecture:               arm64
    Container Runtime Version:  containerd://1.5.9-k3s1
    Kubelet Version:            v1.22.7+k3s1
    Kube-Proxy Version:         v1.22.7+k3s1

    The node's addresses are shown as part of it:
```

---

[12] 옮긴이_ kubectl의 설치는 *https://kubernetes.io/ko/docs/tasks/tools/install-kubectl-linux/*를 참고하자.

```
Addresses:
    InternalIP:   172.18.0.3
    Hostname:     k3d-distml-server-0

The capacity of the node is also available,
indicating how much computational resources are there:

Capacity:
    cpu:                4
    ephemeral-storage:  61255492Ki
    hugepages-1Gi:      0
    hugepages-2Mi:      0
    hugepages-32Mi:     0
    hugepages-64Ki:     0
    memory:             8142116Ki
    pods:               110
```

이제 **basics**라는 이름의 네임스페이스^{namespace}를 클러스터 내에 생성해보자. 쿠버네티스의 네임스페이스는 단일 클러스터 내에서 리소스 그룹을 격리하는 기능이다. 리소스의 이름은 네임스페이스 내에서만 유일하면 되며, 다른 네임스페이스와는 중복될 수 있다. 이어지는 예시들은 모두 이 단일 네임스페이스 내에서 진행된다.

코드 8-23 namespace 생성

```
> kubectl create ns basics
```

클러스터와 네임스페이스 설정이 완료되면 **kubectx**라는 도구를 사용해서 네임스페이스와 클러스터 간 전환을 편리하게 할 수 있다. **kubectx**는 쿠버네티스를 활용하면서 필수적인 도구는 아니지만, 개발자들의 쿠버네티스를 훨씬 수월하게 다룰 수 있게 도와준다. 예를 들어 아래와 같이 연결 가능한 클러스터와 네임스페이스 목록을 간단히 확인할 수 있다.

코드 8-24 context와 namespace 전환[13]

```
> kubectx
```

---

[13] 옮긴이_ kubectx와 kubens 설치가 필요하다. 링크를 참고하여 설치하자(https://github.com/ahmetb/kubectx/tree/master).

```
d3d-k3s-default
k3d-distml

> kubens
default
kube-system
kube-public
kube-node-lease
basics
```

아래와 같이 **distml** 클러스터로 전환한 뒤 **basics** 네임스페이스로 진입할 수 있다.

코드 8-25 context 활성화

```
> kubectx k3d-distml
Switched to context "k3d-distml".

> kubens basics
Active namespace is "basics".
```

여러 클러스터와 네임스페이스를 다룰 때는 컨텍스트와 네임스페이스를 전환해야 할 경우가 많다. 이번 장의 예제는 **basics** 네임스페이스에서 실행하지만, 다음 장에서는 프로젝트 전용 네임스페이스로 전환할 예정이다.

이제 쿠버네티스 **파드**[pod]를 생성해 보자. 파드는 쿠버네티스에서 생성하고 관리할 수 있는 가장 작은 배포 단위이다. 파드는 하나 이상의 컨테이너로 구성될 수 있으며, 이들은 저장소와 네트워크 자원을 공유한다. 각 파드는 내부 컨테이너를 실행하는 방법에 대한 명세를 가진다. 파드의 모든 내용물은 항상 같은 곳에 위치하고, 동시에 스케줄링되며, 공유된 컨텍스트 내에서 실행된다. 파드라는 개념은 애플리케이션에 특화된 논리적 호스트[logical host][14]를 모델링한 것이다. 이는 하나 이상의 애플리케이션 컨테이너를 포함하며, 이 컨테이너들은 상대적으로 긴밀하게 연결되어 있다. 이를 통해 클라우드가 아닌 환경에서 동일한 물리 서버 또는 가

---

14 옮긴이_ 논리적 호스트란 쿠버네티스의 파드가 여러 컨테이너를 하나의 그룹으로 묶고, 이들이 네트워크와 스토리지 같은 자원을 공유하며 마치 단일 호스트에서 실행되는 것처럼 운영되는 환경을 나타내는 개념이다. 이는 실제 물리적 하드웨어에 구애받지 않고 복잡한 애플리케이션을 효과적으로 관리할 수 있게 한다. 파드는 이러한 논리적 호스트 역할을 함으로써 파드 내의 여러 컨테이너가 긴밀하게 협력하며 동작할 수 있도록 한다.

상 머신에서 실행되는 애플리케이션 또한 클라우드 환경에서 실행되는 애플리케이션과 유사하게 동작할 수 있게 된다. 즉, 파드는 네임스페이스와 파일 시스템 볼륨을 공유하는 일종의 컨테이너 세트라고 할 수 있다.

다음은 whalesay 이미지를 실행하여 "hello world" 메시지를 출력하는 컨테이너로 구성된 파드의 예시이다. 이 파드 명세를 basics/hello-world.yaml 파일에 저장하자.

코드 8-26 파드 예제

```yaml
apiVersion: v1
kind: Pod
metadata:
  name: whalesay
spec:
  containers:
  - name: whalesay
    image: docker/whalesay:latest
    command: [cowsay]
    args: ["hello world"]
```

파드를 생성하기 위해 아래 명령어를 실행하자.

코드 8-27 파드 생성

```
> kubectl create -f basics/hello-world.yaml
pod/whalesay created
```

이제 이 파드가 잘 생성되었는지 파드 목록을 확인하는 명령어로 확인할 수 있다. 아래 명령어에서 파드를 pods와 같이 복수형으로 적어야 한다는 점을 유의하자. 개별 파드의 상세 정보를 확인할 때는 단수형으로 적을 것이다.

코드 8-28 파드 목록 확인

```
> kubectl get pods
NAME       READY  STATUS     RESTARTS     AGE
whalesay   0/1    Completed  2 (20s ago)  37s
```

파드 상태가 Completed로 나타나 있는 것으로 보아 잘 생성되었음을 알 수 있다. 아래처럼 whalesay 파드 내부 로그를 확인할 수 있다.

코드 8-29 파드 로그 확인

```
> kubectl logs whalesay
 _____
< hello world >
 -------------
    \
     \
      \
                                              ##         .
                                        ## ## ##        ==
                                     ## ## ## ##       ===
                                 /""""""""""""""""___/ ===
                            ~~~ {~~ ~~~~ ~~~ ~~~~ ~~ ~ /  ===- ~~~
                                 _____ o          __/
                                  \    \        __/
                                   _____/
```

또한 kubectl을 활용해서 파드 자체의 YAML 명세도 확인할 수 있다. 아래 명령어에서는 -o yaml 을 붙여서 전체 YAML 내용을 확인했다. JSON 혹은 그 외의 포맷으로 출력하는 것도 가능하다. 이번에는 pod와 같이 단수형을 사용해서 특정 파드에 대한 내용을 확인했다.

코드 8-30 파드의 상세 명세 YAML 확인

```
> kubectl get pod whalesay -o yaml

apiVersion: v1
kind: Pod
metadata:
  creationTimestamp: "2022-10-22T14:30:19Z"
  name: whalesay
  namespace: basics
  resourceVersion: "830"
  uid: 8e5e13f9-cd58-45e8-8070-c6bbb2dddb6e
spec:
  containers:
  - args:
```

```
      - hello world
      command:
      - cowsay
      image: docker/whalesay:latest
      imagePullPolicy: Always
      name: whalesay
      resources: {}
      terminationMessagePath: /dev/termination-log
      terminationMessagePolicy: File
      volumeMounts:
      - mountPath: /var/run/secrets/kubernetes.io/serviceaccount
        name: kube-api-access-x826t
        readOnly: true
    dnsPolicy: ClusterFirst
    enableServiceLinks: true
    nodeName: k3d-distml-server-

  <...truncated...>

    volumes:
    - name: kube-api-access-x826t
      projected:
      defaultMode: 420
      sources:
      - serviceAccountToken:
          expirationSeconds: 3607
          path: token
      - configMap:
          items:
          - key: ca.crt
          path: ca.crt
          name: kube-root-ca.crt
      - downwardAPI:
          items:
            - fieldRef:
            apiVersion: v1
            fieldPath: metadata.namespace
            path: namespace
  status:
    conditions:
    - lastProbeTime: null
      lastTransitionTime: "2022-10-22T14:30:19Z"
      status: "True"
      type: Initialized
```

```
- lastProbeTime: null
  lastTransitionTime: "2022-10-22T14:30:19Z"
  message: 'containers with unready status: [whalesay]'
  reason: ContainersNotReady
  status: "False"
  type: Ready
```

YAML에 상태와 조건 등 많은 추가 정보가 포함된 것을 보고 놀랄 수 있다. 이러한 추가 정보는 쿠버네티스 서버에 의해 덧붙여지고 갱신되어 클라이언트 측 애플리케이션이 파드의 현재 상태를 파악할 수 있게 한다. 네임스페이스를 명시적으로 지정하지 않았음에도 파드가 **basics** 네임스페이스에 생성된 이유는 **kubens** 명령어로 현재 네임스페이스를 설정했기 때문이다.

이것으로 쿠버네티스의 기본 사항에 대한 설명을 마친다. 다음 절에서는 방금 설정한 로컬 쿠버네티스 클러스터에서 쿠브플로를 사용해 분산 모델 학습 작업을 실행하는 방법을 살펴볼 것이다.

예제

❶ 파드 명세를 JSON으로 확인하려면 어떻게 해야 하는가?

❷ 파드는 여러 개의 컨테이너를 가질 수 있는가?

8.3 쿠브플로: 쿠버네티스 머신러닝 워크로드 관리 시스템

쿠브플로 프로젝트는 쿠버네티스상에서 머신러닝 워크플로를 간단하고 확장 가능하게 배포하는 데 중점을 둔다. 쿠브플로의 목표는 새로운 서비스를 만드는 것이 아니라 다양한 인프라에서 최고 수준의 오픈 소스 머신러닝 시스템을 쉽게 배포할 수 있는 방법을 제공하는 것이다. 쿠버네티스가 실행되는 모든 환경에서 쿠브플로를 구동할 수 있다. 우리는 쿠브플로를 활용해 쿠버네티스 클러스터에 분산 머신러닝 모델 학습 작업을 실행할 것이다.

먼저 쿠브플로가 제공하는 구성 요소를 살펴보자. [그림 8-3]은 쿠브플로의 주요 구성 요소를 나타낸다.

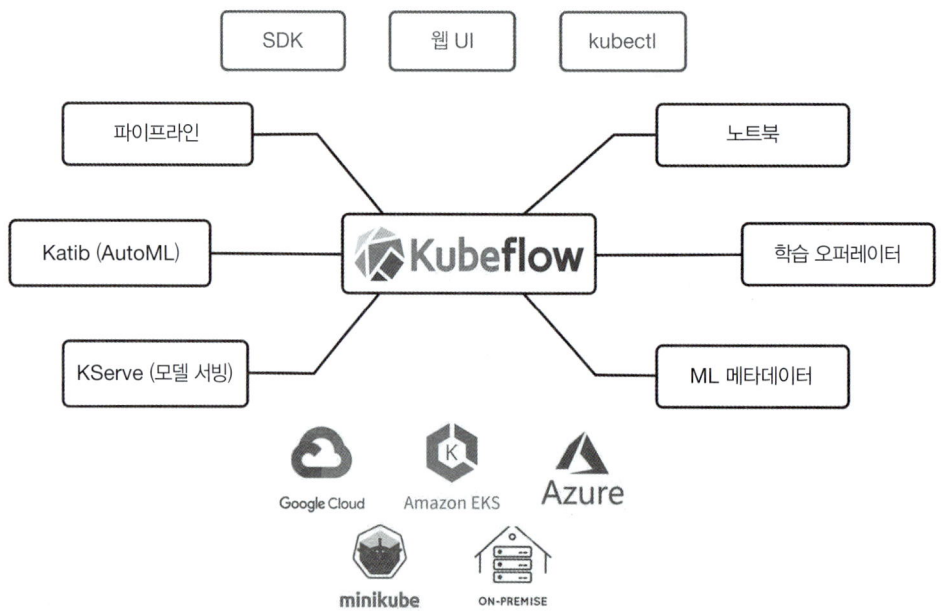

그림 8-3 쿠브플로의 메인 구성 요소

쿠브플로 파이프라인^{Kubeflow Pipelines}(KFP)[15]은 머신러닝 파이프라인을 보다 쉽게 구현할 수 있는 파이썬 SDK를 제공한다. 이는 도커 컨테이너를 활용하여 호환성과 확장성이 뛰어난 머신러닝 워크플로를 구축하고 배포하는 플랫폼이다. KFP의 주요 목표는 다음과 같다.

- 머신러닝 워크플로의 엔드투엔드 오케스트레이션
- 재사용 가능한 구성 요소를 활용한 파이프라인 조합
- 파이프라인의 정의, 실행, 실험 및 결과물의 손쉬운 관리, 추적, 시각화

---

15 https://github.com/kubeflow/pipelines

- 캐싱을 통한 중복 실행 제거로 컴퓨팅 자원의 효율적 사용
- 플랫폼 중립적인 IR YAML 파이프라인 정의를 통한 크로스 플랫폼 파이프라인 이식성

KFP는 백엔드 워크플로 엔진으로 아르고 워크플로를 사용한다. 다음 섹션에서 아르고 워크플로를 소개하겠지만, 우리는 KFP와 같은 상위 수준의 래퍼 대신 아르고 워크플로를 직접 사용할 것이다. ML 메타데이터 프로젝트는 KFP에 통합되어 KFP로 작성된 머신러닝 워크플로에서 생성된 메타데이터를 기록하는 백엔드 역할을 한다.

카티브^{Katib}는 쿠버네티스 네이티브 자동화 머신러닝 프로젝트다. 하이퍼파라미터 튜닝, 조기 종료, 신경망 구조 탐색을 지원한다. 카티브는 머신러닝 프레임워크에 구애받지 않고 사용자가 선택한 언어로 작성된 애플리케이션의 하이퍼파라미터를 조정할 수 있으며, 텐서플로, 아파치 MXNet, 파이토치, XGBoost 등 다양한 머신러닝 프레임워크를 지원한다. 카티브는 쿠브플로 학습 오퍼레이터$^{Training\ Operator}$나 아르고 워크플로, Tekton 파이프라인 등을 지원하는 쿠버네티스의 커스텀 리소스를 사용하여 학습을 설계할 수 있다. [그림 8-4]는 실험을 추적하는 카티브 UI의 화면을 나타낸다.

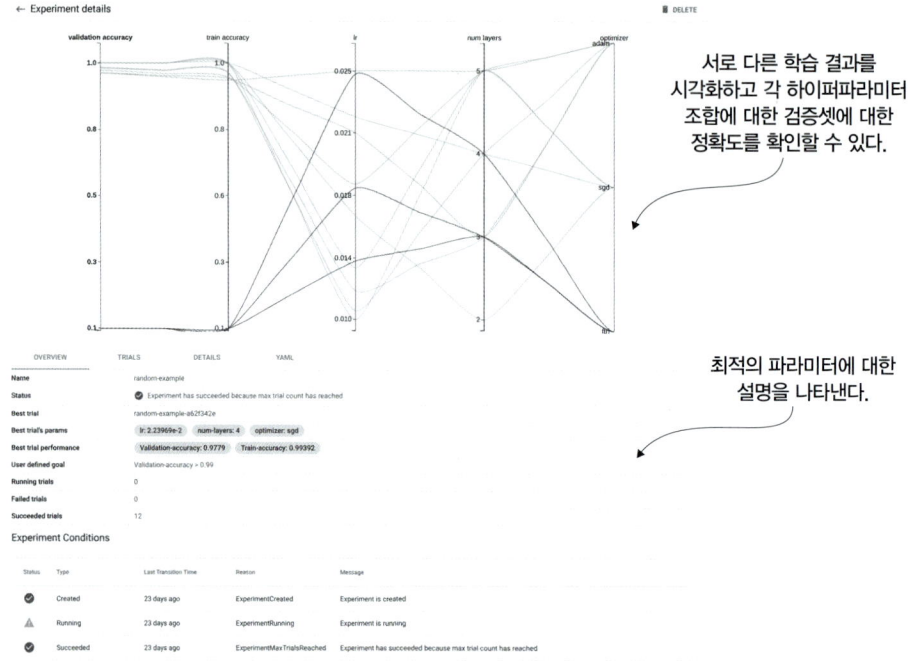

그림 8-4 Katib UI의 실험 추적 화면

KServe는 쿠버네티스 기반 머신러닝 모델 서빙을 위한 사용자 리소스 정의Custom Resource Definition(CRD)를 제공한다. 이는 쿠버네티스 프로젝트의 일부로 KFServing 프로젝트로 시작되었다. KServe는 일반적인 머신러닝 프레임워크에 대해 고성능의 추상화된 인터페이스를 제공함으로써 실제적인 모델 서빙 시스템의 요구 사항을 해결한다. 오토스케일링autoscaling, 네트워킹networking, 헬스 체킹health checking, 서버 구성 등의 복잡한 구성을 추상화하여 GPU 오토 스케일링, 제로 스케일링, 카나리canary 배포 또는 롤아웃rollout과 같은 최신 서빙 기능을 머신러닝 배포에 적용할 수 있게 한다. [그림 8-5]는 생태계에서 KServe의 역할과 위치를 나타낸다.

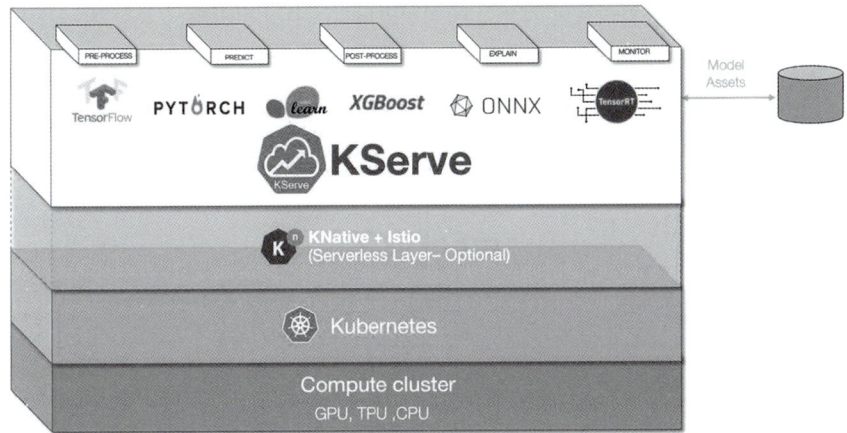

그림 8-5 생태계 중 KServe의 포지션

쿠브플로는 사용자가 활용할 수 있는 웹 UI를 제공한다. [그림 8-6]은 이 인터페이스의 화면을 나타낸다. 사용자들은 왼쪽 탭을 통해 모델, 파이프라인, 실험, 결과 파일 등에 접근할 수 있으며, 이를 통해 머신러닝 모델의 전체 라이프사이클을 반복적으로 관리할 수 있다.

웹 UI는 주피터 노트북과 통합되어 있어 쉽게 접근할 수 있다. 또한 다양한 언어로 제공되는 SDK를 통해 사용자들은 내부 시스템과 연동할 수 있다. 모든 쿠브플로 구성 요소가 쿠버네티스의 커스텀 리소스와 컨트롤러로 구현되어 있어, `kubectl`을 사용해 상호작용할 수도 있다. 학습 오퍼레이터[16]는 쿠버네티스 커스텀 리소스를 제공하여 텐서플로, 파이토치, 아파치 MXNet, XGBoost, MPI 작업을 분산 또는 비분산 방식으로 쉽게 실행할 수 있게 한다.

쿠브플로 프로젝트는 500명 이상의 기여자와 2만 개 이상의 깃허브 스타를 보유하고 있다. 다양한 기업에서 널리 채택되고 있으며, 아마존 AWS, Azure, 구글 클라우드, IBM 등 10개 이상의 벤더가 참여하고 있으며, 7개의 그룹으로 나뉘어 각각의 하위 프로젝트를 독립적으로 유지 관리하고 있다. 우리는 학습 오퍼레이터를 사용해 분산 모델 학습 작업을 실행하고, KServe를 통해 모델 서빙 구성 요소를 구축할 것이다. 다음 장을 마치고 나면 필요에 따라 쿠브플로 생태계의 다른 하위 프로젝트들도 직접 사용해보기를 권한다. 예를 들어, 모델의

---

[16] https://github.com/kubeflow/training-operator

성능을 개선하고 싶다면 카티브의 자동화된 머신러닝과 하이퍼파라미터 튜닝 기능을 활용해 볼 수 있을 것이다.

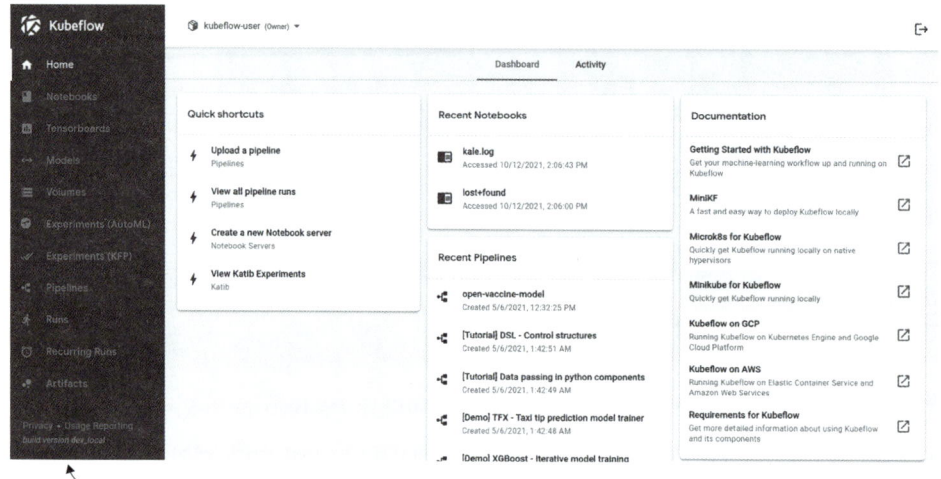

사용자는 모델의 라이프사이클을 기반으로 반복적으로 확인해야 하는
모델 파일, 파이프라인, 실험, 결과물 등을 편리하게 접근할 수 있다.

그림 8-6 쿠브플로 UI 화면

8.3.1 기본 예제

이제 쿠브플로의 분산 학습 오퍼레이터를 자세히 살펴보고, 앞서 생성한 쿠버네티스 로컬 클러스터에서 분산 모델 학습 작업을 실행해 볼 것이다. 먼저 예제를 위한 전용 쿠브플로 네임스페이스를 만들고 활성화해서 이전에 생성한 클러스터를 재사용하자.

코드 8-31 새로운 네임스페이스 생성

> kubectl create ns kubeflow
> kns kubeflow[17]

---

[17] 옮긴이_ kns는 네임스페이스 변경을 손쉽게 할 수 있도록 도와주는 오픈 소스다. 설치는 다음 링크를 참고하자(https://github.com/blendle/kns).

그 후 프로젝트 폴더로 돌아가 필요한 모든 도구를 설치하기 위해 매니페스트를 적용하자.

코드 8-32 설정 파일 적용 및 필요한 패키지 설치[18]

```
> cd code/project
> kubectl kustomize manifests | kubectl apply -f -
```

이 매니페스트 폴더에는 필요한 모든 도구가 포함되어 있다.

- 이번 장에서 분산 모델 학습에 사용할 쿠브플로 트레이닝 오퍼레이터^{Kubeflow Training Operator}
- 9장에서 워크플로 오케스트레이션을 다룰 때 사용할 아르고 워크플로^{Argo Workflow}[19]
- 아르고 워크플로는 머신러닝 파이프라인의 모든 구성 요소를 연결하는 데 활용될 예정이다. 지금은 무시해도 좋다.

앞서 소개했듯 쿠브플로 트레이닝 오퍼레이터는 쿠버네티스의 커스텀 리소스를 제공한다. 이를 통해 텐서플로, 파이토치, 아파치 MXNet, XGBoost, MPI 작업 등의 분산 또는 비분산 작업을 쿠버네티스에서 쉽게 실행할 수 있다.

쿠브플로를 자세히 살펴보기 전에 먼저 커스텀 리소스^{custom resource}의 개념을 이해해야 한다. 커스텀 리소스는 기본 쿠버네티스 설치에서 제공되지 않는 쿠버네티스 API의 확장판이다. 특정 쿠버네티스 형태의 설치를 커스터마이징한 것이라고 볼 수 있다. 현재는 많은 쿠버네티스 핵심 기능이 커스텀 리소스를 사용해 구축되어 쿠버네티스의 모듈화가 더욱 발전되고 있다.[20]

커스텀 리소스는 동적으로 등록함으로써 실행 중인 클러스터에 나타나거나 사라질 수 있으며, 클러스터 관리자가 클러스터와 무관하게 업데이트할 수 있다. 커스텀 리소스가 설치되면 사용자는 파드와 같은 기본 제공 리소스처럼 `kubectl`을 사용해 해당 객체를 생성하고 접근

---

[18] 옮긴이_ *https://github.com/terrytangyuan/distributed-ml-patterns* 레포의 소스 코드를 기준으로 작성되었다는 점을 참고하자. 아래 명령어의 code 디렉토리는 해당 레포의 최상단 경로에 있는 code 디렉토리에 해당한다.
[19] *https://github.com/argoproj/argo-workflows*
[20] *http://mng.bz/lWw2*

할 수 있다. 예를 들어, TFJob 커스텀 리소스를 정의하면 분산 텐서플로 학습 작업을 쿠버네티스 클러스터에 인스턴스화하고 실행할 수 있다.

코드 8-33 TFJob 정의

```
apiVersion: apiextensions.k8s.io/v1
kind: CustomResourceDefinition
metadata:
  annotations:
    controller-gen.kubebuilder.io/version: v0.4.1
  name: tfjobs.kubeflow.org
spec:
  group: kubeflow.org
  names:
    kind: TFJob
    listKind: TFJobList
    plural: tfjobs
    singular: tfjob
```

모든 인스턴스화된 TFJob 커스텀 리소스 객체 `tfjobs`는 학습 오퍼레이터가 관리한다. 학습 오퍼레이터를 배포하는 명세에는 제출된 모든 `tfjobs`를 지속적으로 모니터링하고 처리하는 상태 유지 컨트롤러를 포함한다.

코드 8-34 학습 오퍼레이터 배포

```
apiVersion: apps/v1
kind: Deployment
metadata:
  name: training-operator
  labels:
    control-plane: kubeflow-training-operator
spec:
  selector:
    matchLabels:
      control-plane: kubeflow-training-operator
  replicas: 1
  template:
    metadata:
      labels:
        control-plane: kubeflow-training-operator
```

```yaml
      annotations:
        sidecar.istio.io/inject: "false"
    spec:
      containers:
        - command:
            - /manager
          image: kubeflow/training-operator
          name: training-operator
          env:
            - name: MY_POD_NAMESPACE
              valueFrom:
                fieldRef:
                  fieldPath: metadata.namespace
            - name: MY_POD_NAME
              valueFrom:
                fieldRef:
                  fieldPath: metadata.name
          securityContext:
            allowPrivilegeEscalation: false
          livenessProbe:
            httpGet:
              path: /healthz
              port: 8081
            initialDelaySeconds: 15
            periodSeconds: 20
          readinessProbe:
            httpGet:
              path: /readyz
              port: 8081
            initialDelaySeconds: 5
            periodSeconds: 10
          resources:
            limits:
              cpu: 100m
              memory: 30Mi
            requests:
              cpu: 100m
              memory: 20Mi
      serviceAccountName: training-operator
      terminationGracePeriodSeconds: 10
```

이러한 추상화를 통해 데이터 사이언스팀은 인프라 관리에 신경 쓰지 않고 **TFJob**의 내부에서 사용될 텐서플로 파이썬 코드 작성에만 집중할 수 있다. 이러한 **TFJob**을 사용해 분산 모델 학습을 구현할 수 있다. 아래와 같이 tfjob.yaml이라는 파일에 TFJob을 정의해보자.

코드 8-35 TFJob 정의

```
apiVersion: kubeflow.org/v1
kind: TFJob
metadata:
  namespace: kubeflow
  generateName: distributed-tfjob-
spec:
  tfReplicaSpecs:
    Worker:
      replicas: 2
      restartPolicy: OnFailure
      template:
        spec:
          containers:
            - name: tensorflow
              image: gcr.io/kubeflow-ci/tf-mnist-with-summaries:1.0
              command:
                - "python"
                - "/var/tf_mnist/mnist_with_summaries.py"
                - "--log_dir=/train/metrics"
                - "--learning_rate=0.01"
                - "--batch_size=100"
```

이 설정에서는 컨트롤러에게 분산 텐서플로 모델 학습 작업을 요청한다. 이 작업은 두 개의 워커 레플리카를 가지며, 각 레플리카는 동일한 컨테이너 정의를 따라 MNIST 이미지 분류 예제를 실행한다.

이렇게 정의된 작업은 다음 명령어를 통해 로컬 쿠버네티스 클러스터에 생성하고 실행될 수 있다.

코드 8-36 TFJob 실행

```
> kubectl create -f basics/tfjob.yaml
tfjob.kubeflow.org/distributed-tfjob-qc8fh created
```

아래와 같이 TFJob이 잘 생성되었는지 확인하자.

코드 8-37 TFJob 목록 확인

```
> kubectl get tfjob
NAME                        AGE
Distributed-tfjob-qc8fh     1s
```

파드 목록을 확인해보면 두 개의 워커 파드, 즉 `distributed-tfjob-qc8fh-worker-1`과 `distributed-tfjob-qc8fh-worker-0`이 생성되어 실행 중인 것을 볼 수 있다. 다른 파드들은 쿠브플로와 아르고 워크플로 오퍼레이터를 실행하는 파드들이므로 무시해도 된다.

코드 8-38 파드 목록 확인

```
> kubectl get pods

NAME                                        READY  STATUS    RESTARTS  AGE
workflow-controller-594494ffbd-2dpkj        1/1    Running   0         21m
training-operator-575698dc89-mzvwb          1/1    Running   0         21m
argo-server-68c46c5c47-vfh82                1/1    Running   0         21m
distributed-tfjob-qc8fh-worker-1            1/1    Running   0         10s
distributed-tfjob-qc8fh-worker-0            1/1    Running   0         12s
```

머신러닝 시스템은 다양한 구성 요소로 이루어져 있다. 지금까지는 쿠브플로를 사용해 분산 모델 학습 작업만 실행했을 뿐, 다른 구성 요소와의 연결은 이루어지지 않았다. 다음 절에서는 아르고 워크플로의 기본 기능을 살펴본다. 이를 통해 하나의 워크플로 내에서 여러 단계를 연결하고 특정 순서대로 실행하는 방법을 알아볼 것이다.

예제

❶ 모델 학습을 파라미터 서버 패턴으로 실행한다면 이를 **TFJob**으로 어떻게 실행할 수 있는가?

8.4 아르고 워크플로: 컨테이너 기반 워크플로 엔진

아르고 프로젝트는 쿠버네티스에서 애플리케이션과 워크로드를 배포하고 실행하기 위한 오픈 소스 도구 모음이다. 이는 쿠버네티스 API를 확장하여 애플리케이션 배포, 컨테이너 오케스트레이션, 이벤트 자동화, 단계적 배포 등을 하기 위한 새롭고 강력한 기능을 제공한다. **아르고 CD**ArgoCD, **아르고 롤아웃**Argo Rollouts, **아르고 이벤트**Argo Events, 그리고 **아르고 워크플로**Argo Workflow 등 네 가지 메인 프로젝트로 구성된다. 이외에도 아르고를 기반으로 하거나 확장하는 다양한 생태계 프로젝트가 있다. 아르고 관련 자료의 전체 목록은 깃허브 저장소[21]에서 확인할 수 있다.

아르고 CD는 쿠버네티스를 위한 선언적 GitOps 애플리케이션 배포 도구다. 애플리케이션 정의, 구성, 환경을 Git을 활용해 선언적으로 관리하며 쿠버네티스 애플리케이션 배포와 라이프사이클 관리 자동화를 편리하고 쉽게 할 수 있도록 한다. UI를 제공하여 엔지니어가 클러스터에서 일어나는 일을 확인하고 애플리케이션 배포 등을 모니터링할 수 있다. [그림 8-7]은 아르고 CD UI의 리소스 트리를 나타내는 화면이다.

아르고 롤아웃은 단계적 배포 기능을 제공하는 쿠버네티스 컨트롤러와 CRD로 구성된 서비스다. 쿠버네티스 클러스터에 블루-그린blue-green 및 카나리canary 배포, 카나리 분석, 실험, 단계적 배포 기능을 제공한다.

---

[21] https://github.com/terrytangyuan/

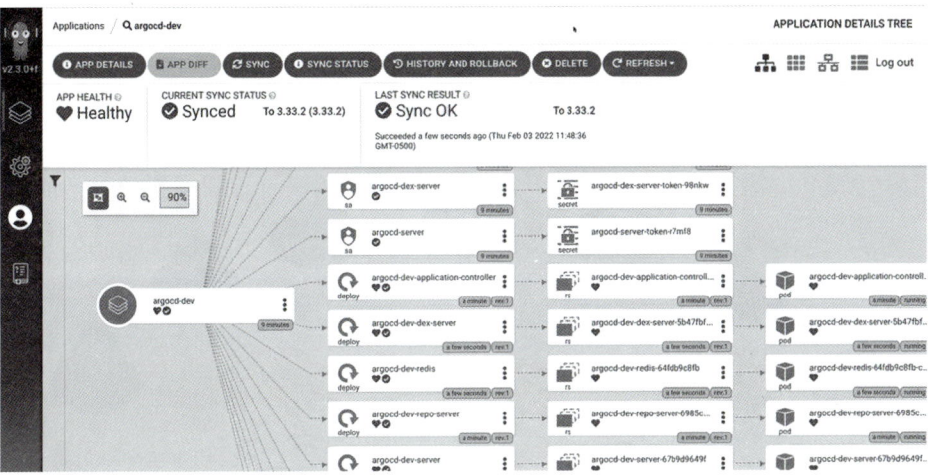

그림 8-7 아르고 CD의 자원 트리를 나타내는 UI 화면

다음으로는 아르고 이벤트이다. 아르고 이벤트는 쿠버네티스를 위한 이벤트 기반의 의존성 관리자다. 웹훅^{webhooks}, Amazon S3, 스케줄, 스트림 등 다양한 이벤트 소스로부터 여러 의존성을 정의하고, 이벤트 의존성이 성공적으로 실행되면 쿠버네티스 객체를 트리거할 수 있다. 사용 가능한 이벤트 소스의 전체 목록은 [그림 8-8]에서 확인할 수 있다.

마지막으로 아르고 워크플로는 쿠버네티스 CRD로 구현된 컨테이너 네이티브 워크플로 엔진이다. 사용자는 각 단계가 별도의 컨테이너인 워크플로를 정의하고, 여러 단계의 워크플로를 일련의 작업으로 모델링하거나 그래프를 사용하여 작업 간 의존성을 표현할 수 있다. 또한 머신러닝이나 데이터 처리와 같은 연산이 무거운 작업을 실행할 수 있다. 사용자들은 종종 아르고 워크플로와 아르고 이벤트를 함께 사용하여 이벤트 기반 워크플로를 트리거한다. 아르고 워크플로의 주요 활용 사례로는 머신러닝 파이프라인, 데이터 처리, 데이터 추출, 변환, 적재와 같은 ETL$^{extract,\ transform,\ load}$ 작업, 인프라 자동화, 배포 자동화 등이 있다.

아르고 워크플로는 CLI, 서버, UI 및 다양한 언어용 SDK 등의 인터페이스를 제공한다. CLI는 워크플로 관리와 실행, 중지, 삭제 등의 작업을 수행하는 데 유용하다. 서버는 다른 서비스와의 통합에 사용되며, REST와 gRPC 기반의 통신 인터페이스를 모두 제공한다. UI는 워크플로와 워크플로가 생성한 아티팩트나 로그 관리 및 시각화에 유용하며, 리소스 사용 분석과 같은 기타 유용한 정보도 제공한다. 프로젝트 준비를 위해 아르고 워크플로의 몇 가지 예시를 살펴보자.

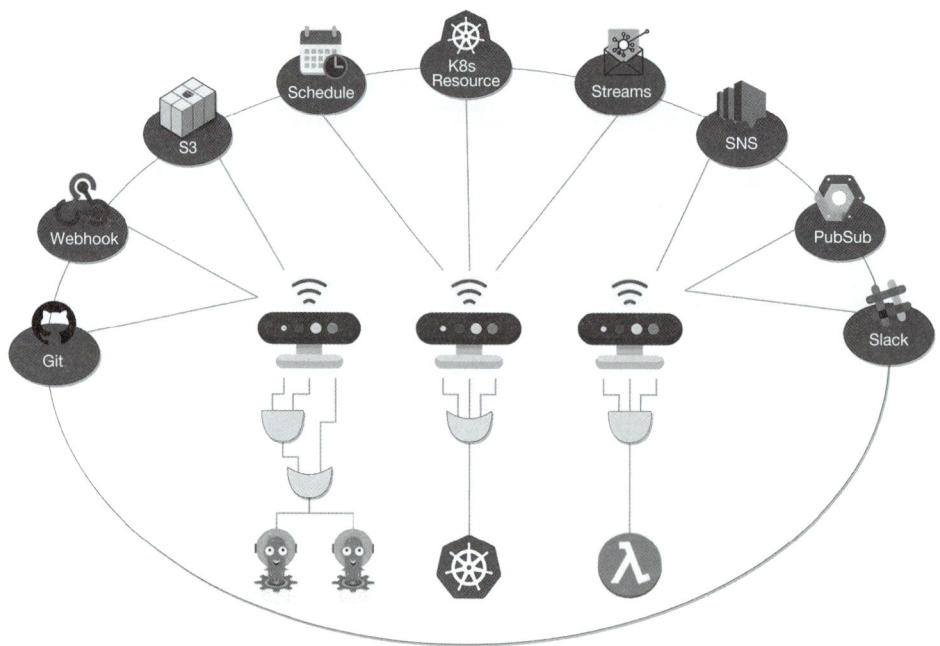

그림 8-8 아르고 이벤트가 제공하는 기능

8.4.1 기본 예제

예시를 살펴보기 전에 아르고 워크플로 UI를 준비해두자. `kubectl`을 통해 CLI로 쿠버네티스를 직접 다루는 것만으로도 충분할 수 있지만, UI에서 DAG$^{Directed\ Acyclic\ Graph}$이 시각화 되어 있는 형태를 확인하거나 추가 기능을 사용할 수 있어 편리하다. 기본적으로 아르고 워크플로 UI 서비스는 외부 IP로 노출되지 않는다. UI에 접근하려면 다음과 같이 포트 포워딩을 통해야 한다.

코드 8-39 아르고 서버 실행 및 포트 포워딩

```
> kubectl port-forward svc/argo-server 2746:2746
```

이제 https://localhost:2746 주소로 접속하면 웹 UI를 확인할 수 있다. 혹은 로드 밸런서를 붙여서 외부 IP를 생성해 로컬 클러스터의 아르고 워크플로 UI에 접근할 수도 있다. 자세한 내용은 공식 문서[22]를 참조하자. [그림 8-9]는 맵-리듀스 워크플로를 보여주는 아르고 워크플로의 UI 화면이다.

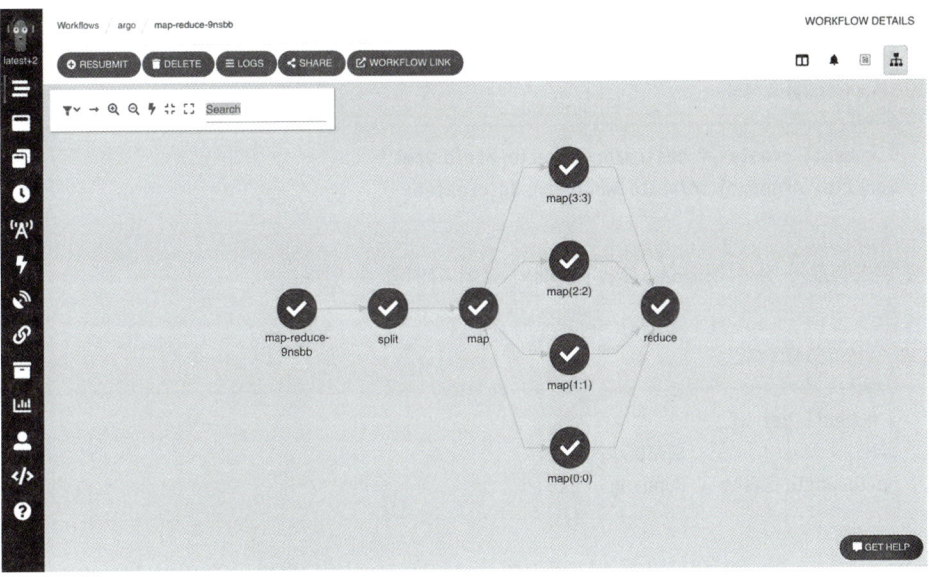

그림 8-9 아르고 워크플로의 웹 UI로 나타나는 맵-리듀스

다음은 아르고 워크플로의 기본적인 Hello world 예제이다. 이 워크플로에서는 컨테이너 이미지와 실행할 명령어를 지정하여 "hello world" 메시지를 출력한다.

코드 8-40 "hello world" 예제

```
apiVersion: argoproj.io/v1alpha1
kind: Workflow
..................
```

22 https://argoproj.github.io/argo-workflows/argo-server/

```
metadata:
  generateName: hello-world-
spec:
  entrypoint: whalesay
  serviceAccountName: argo
  templates:
  - name: whalesay
    container:
      image: docker/whalesay
      command: [cowsay]
      args: ["hello world"]
```

이제 이 워크플로를 클러스터에 생성해서 실행해보자.

코드 8-41 워크플로 생성

```
> kubectl create -f basics/argo-hello-world.yaml
workflow.argoproj.io/hello-world-zns4g created
```

이 워크플로가 잘 실행되고 있는지 아래와 같이 확인할 수 있다.

코드 8-42 워크플로 확인

```
> kubectl get wf
NAME                STATUS    AGE
hello-world-zns4g   Running   2s
```

상태가 **Succeeded**로 바뀐다면 워크플로가 정상적으로 실행되었다는 의미이므로, 워크플로가 생성한 파드를 확인할 수 있을 것이다. 먼저 워크플로와 관련된 모든 파드를 확인해보자. 레이블 셀렉터$^{label\ selector}$를 활용해 아래와 같이 확인할 수 있다.

코드 8-43 워크플로에 포함된 파드 목록 확인

```
> kubectl get pods -l workflows.argoproj.io/workflow=hello-world-zns4g
NAME                READY   STATUS      RESTARTS   AGE
hello-world-zns4g   0/2     Completed   0          8m57s
```

파드 이름을 확인했으니 아래처럼 로그를 확인해보자.

코드 8-44 파드 로그 확인

```
> kubectl logs hello-world-zns4g -c main
 --------------
< hello world >
 --------------
    \
     \
      \
                                     ##         .
                               ## ## ##        ==
                            ## ## ## ##       ===
                        /""""""""""""""""___/ ===
                   ~~~ {~~ ~~~~ ~~~ ~~~~ ~~ ~ / ===- ~~~
                        _____ o          __/
                         \    \        __/
                          _____/
```

예상했던 대로 이전에 쿠버네티스 파드 예제를 실행했던 것과 동일한 로그를 확인할 수 있다.

다음 예시로 리소스 템플릿을 사용해보자. 이를 통해 워크플로가 쿠버네티스 클러스터에 생성할 사용자 정의 리소스를 지정할 수 있다. 여기서는 간단한 키-값 쌍을 포함하는 cm-example이라는 이름의 쿠버네티스 컨피그 맵$^{config\ map}$을 생성한다. 컨피그 맵은 키-값 쌍을 저장하기 위한 쿠버네티스의 고유 객체이다.

코드 8-45 리소스 템플릿

```
apiVersion: argoproj.io/v1alpha1
kind: Workflow
metadata:
  generateName: k8s-resource-
spec:
  entrypoint: k8s-resource
  serviceAccountName: argo
  templates:
  - name: k8s-resource
    resource:
      action: create
      manifest: |
```

```
apiVersion: v1
kind: ConfigMap
metadata:
    name: cm-example
data:
    some: value
```

이 예제는 파이썬 사용자에게 특히 유용하다. 템플릿 정의의 일부로 파이썬 스크립트를 작성할 수 있다. 파이썬에 내장된 random 모듈을 사용해 임의의 숫자를 생성할 수 있다. 또한 "hello world" 예제에서 볼 수 있듯이, 한 줄로 된 파이썬 코드를 작성하지 않고 컨테이너 템플릿 내에서 실행할 스크립트의 로직을 지정할 수도 있다.

코드 8-46 스크립트 템플릿

```
apiVersion: argoproj.io/v1alpha1
kind: Workflow
metadata:
  generateName: script-tmpl-
spec:
  entrypoint: gen-random-int
  serviceAccountName: argo
  templates:
  - name: gen-random-int
    script:
      image: python:alpine3.6
      command: [python]
      source: |
        import random
        i = random.randint(1, 100)
        print(i)
```

이제 생성해보자.

코드 8-47 스크립트 템플릿 워크플로 생성

```
> kubectl create -f basics/argo-script-template.yaml
workflow.argoproj.io/script-tmpl-c5lhb created
```

아래와 같이 랜덤 숫자가 생성된 것을 확인할 수 있다.

코드 8-48 파드 로그 확인

```
> kubectl logs script-tmpl-c5lhb
25
```

지금까지는 단일 작업으로 이루어진 워크플로 예제만 살펴보았지만, 아르고 워크플로를 활용하면 각 작업의 의존성을 지정하여 DAG 형태로 워크플로를 정의할 수 있다. DAG는 복잡한 워크플로를 더 쉽게 관리할 수 있게 해주며, 작업 실행 시 최대한의 병렬 처리를 가능하게 한다.

아르고 워크플로로 만든 다이아몬드 형태의 DAG 예시를 살펴보자. 이 DAG는 A, B, C, D 총 네 단계로 구성되며, 각 단계마다 고유한 의존성이 있다. 예를 들어 C 단계는 A 단계에 의존하고, D 단계는 B와 C 단계에 의존한다.

코드 8-49 DAG를 활용한 다이아몬드 예제

```
> kubectl logs script-tmpl-c5lhb
apiVersion: argoproj.io/v1alpha1
kind: Workflow
metadata:
  generateName: dag-diamond
spec:
  serviceAccountName: argo
  entrypoint: diamond
  templates:
  - name: echo
    inputs:
      parameters:
        - name: message
    container:
      image: alpine:3.7
      command: [echo, "{{inputs.parameters.message}}"]
  - name: diamond
    dag:
      tasks:
        - name: A
    template: echo
    arguments:
          parameters: [{name: message, value: A}]
```

```
        - name: B
          dependencies: [A]
          template: echo
          arguments:
            parameters: [{name: message, value: B}]
        - name: C
          dependencies: [A]
          template: echo
  arguments:
            parameters: [{name: message, value: C}]
        - name: D
   dependencies: [B, C]
   template: echo
   arguments:
            parameters: [{name: message, value: D}]
```

생성해보자.

코드 8-50 DAG 워크플로 생성

```
> kubectl create -f basics/argo-dag-diamond.yaml
workflow.argoproj.io/dag-diamond-6swfg created
```

워크플로가 생성이 완료되면 총 네 개의 파드를 확인할 수 있다. 각각 A, B, C, D에 해당한다.

코드 8-51 워크플로에 포함된 파드 목록 확인

```
> kubectl get pods -l workflows.argoproj.io/workflow=dag-diamond-6swfg
NAME                                  READY  STATUS     RESTARTS  AGE
dag-diamond-6swfg-echo-4189448097     0/2    Completed  0         76s
dag-diamond-6swfg-echo-4155892859     0/2    Completed  0         66s
dag-diamond-6swfg-echo-4139115240     0/2    Completed  0         66s
dag-diamond-6swfg-echo-4239780954     0/2    Completed  0         56s
```

이 워크플로에 대한 시각화는 아르고 워크플로 UI에서 확인할 수 있다. DAG의 경우에는 시각화되어 있는 형태를 확인하면 보다 직관적으로 워크플로의 흐름을 이해할 수 있다. [그림 8-10]은 다이아몬드 워크플로의 구성을 나타낸다.

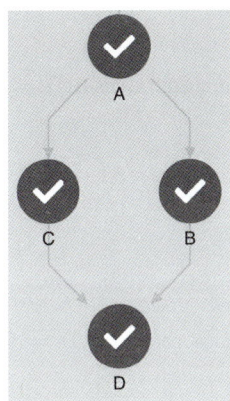

그림 8-10 다이아몬드 워크플로의 시각화

다음으로, 아르고 워크플로가 제공하는 조건부 구문을 보여주기 위해 간단한 동전 던지기$^{flip-coin}$ 예제를 살펴보겠다. 이 예제에서는 다음 단계의 실행 여부를 결정하는 조건을 지정할 수 있다. 먼저 이전에 살펴본 파이썬 스크립트 예제를 활용해서 동전 던지기 단계를 실행한다. 그 결과가 앞면이면 '앞면이 나왔다'는 로그를 출력하는 **heads** 템플릿을 실행하고, 그렇지 않으면 '뒷면이 나왔다'는 로그를 출력한다. 이러한 조건부 로직은 각 단계의 **when** 절 내에서 지정할 수 있다.

코드 8-52 동전 던지기 예제

```
apiVersion: argoproj.io/v1alpha1
kind: Workflow
metadata:
  generateName: coinflip-
spec:
  serviceAccountName: argo
  entrypoint: coinflip
  templates:
  - name: coinflip
    steps:
    - - name: flip-coin
        template: flip-coin
    - - name: heads
        template: heads
        when: "{{steps.flip-coin.outputs.result}} == heads"
```

```
        - name: tails
          template: tails
          when: "{{steps.flip-coin.outputs.result}} == tails"

    - name: flip-coin
      script:
        image: python:alpine3.6
        command: [python]
        source: |
          import random
          result = "heads" if random.randint(0,1) == 0 else "tails"
          print(result)

    - name: heads
      container:
        image: alpine:3.6
        command: [sh, -c]
        args: ["echo \"it was heads\""]

    - name: tails
      container:
        image: alpine:3.6
        command: [sh, -c]
        args: ["echo \"it was tails\""]
```

아래와 같이 생성하자.

코드 8-53 동전 던지기 워크플로 생성

```
> kubectl create -f basics/argo-coinflip.yaml
workflow.argoproj.io/coinflip-p87ff created
```

[그림 8-11]은 이러한 동전 던지기 워크플로를 시각화한 것을 나타낸다.

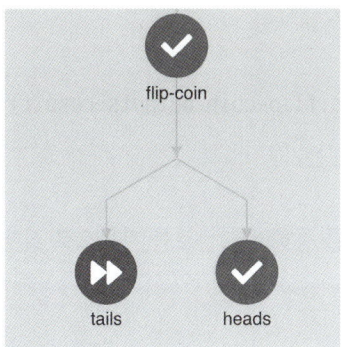

그림 8-11 동전 던지기 워크플로 시각화

워크플로 내의 파드 목록을 출력하면 아래와 같이 두 개의 파드를 확인할 수 있다.

코드 8-54 워크플로에 포함된 파드 목록 확인

```
> kubectl get pods -l workflows.argoproj.io/workflow=coinflip-p87ff
NAME                                    READY  STATUS     RESTARTS  AGE
coinflip-p87ff-flip-coin-1071502578     0/2    Completed  0         23s
coinflip-p87ff-tails-2208102039         0/2    Completed  0         13s
```

또한 아래와 같이 동전 던지기 파드의 결과를 확인하면 조건에 따라 실행된 이후 `it was tails`가 출력된 것을 확인할 수 있다.

```
> kubectl logs coinflip-p87ff-flip-coin-1071502578
it was tails
```

이것으로 아르고 워크플로와 관련된 기본적인 학습을 마쳤다. 지금까지 다음 장을 위한 모든 선행 지식을 알아보았다. 다음 장에서는 아르고 워크플로를 활용해 7장에서 소개한 실제 시스템 구성 요소로 이루어진 전체 머신러닝 워크플로를 구현할 것이다.

> **예제**

❶ 각 단계의 출력을 {{steps.flip-coin.outputs.result}}와 같이 접근하는 것 외에도 다른 변수들을 사용할 수 있는가?

❷ Git 커밋이나 다른 이벤트를 통해 워크플로를 자동으로 실행할 수 있는가?

> **예제 정답**

✏️ **8.1**

① 그렇다. 아래와 같이 사용할 수 있다.

```
model = tf.keras.models.load_model('my_model.h5')
model.evaluate(x_test, y_test)
```

② `model_builder` 함수의 튜너를 `kt.RandomSearch`와 같은 것으로 바꾸어 사용할 수 있다.

✏️ **8.2**

① 아래와 같은 명령어로 확인할 수 있다.

```
kubectl get pod <pod-name> -o json
```

② 그렇다. `pod.spec.containers`를 활용해서 파드 내 컨테이너의 개수 등과 같은 명세를 정의할 수 있다.

🖉 8.3

① 워커 레플리카와 비슷하게 parameterServer 레플리카의 파라미터 서버 개수 등과 같은 명세를 TFJob 내 명세로 정의해서 활용할 수 있다.

🖉 8.4

① 그렇다. 사용할 수 있는 변수의 전체 목록은 *http://mng.bz/d1Do*에서 확인할 수 있다.

② 그렇다. 아르고 이벤트는 Git 이벤트를 트리거로 활용할 수 있다.

요약

- 텐서플로를 활용해 단일 서버에서 MNIST 데이터셋을 위한 머신러닝 모델을 학습시킬 수 있다.

- 쿠버네티스의 기본 개념을 익히고 로컬 쿠버네티스 클러스터에서 직접 구현할 수 있다.

- 쿠브플로를 통해 쿠버네티스에 분산 모델 학습 작업을 실행할 수 있다.

- 아르고 워크플로에서 다양한 템플릿 유형과 DAG 또는 순차적 단계를 정의하여 실행할 수 있다.

CHAPTER 09

실습 프로젝트

이 장의 내용

- 텐서플로를 활용해 데이터 수집 시스템을 구현한다.
- 머신러닝 모델을 정의하고 분산 모델 학습을 실행한다.
- 단일 모델 서버와 레플리카 서버를 구현한다.
- 효율적인 머신러닝 시스템의 전체 워크플로를 구축한다.

이전 장에서는 프로젝트에 사용할 네 가지 핵심 기술인 텐서플로, 쿠버네티스, 쿠브플로, 아르고 워크플로의 기초를 학습했다. 이 중 텐서플로는 데이터 처리, 모델 구현, 모델 평가를 담당한다. 또한 쿠버네티스의 기본 개념을 익히고 분산 인프라로 활용할 로컬 쿠버네티스 클러스터를 구축했다. 나아가 쿠브플로를 사용해 로컬 쿠버네티스 클러스터에서 분산 모델 학습 작업을 성공적으로 실행했다. 마지막으로 아르고 워크플로를 활용해 가장 기본이 되는 'hello world' 워크플로와 복잡한 DAG 구조의 워크플로를 구성하고 실행하는 방법을 알아보았다.

이번 장에서는 7장에서 설계한 아키텍처를 바탕으로 종합적인 머신러닝 시스템을 구현한다. 앞서 논의한 패턴을 적용하여 각 단계를 완벽히 구현할 것이다. 8장에서 소개한 텐서플로, 쿠버네티스, 쿠브플로, 도커, 아르고 워크플로 등 널리 사용되는 프레임워크와 최신 기술을 활용하여 분산 머신러닝 워크플로의 다양한 구성 요소를 만들어 볼 예정이다.

9.1 데이터 수집

전체 워크플로 중 첫 번째 단계는 데이터 수집이다. 데이터 수집 시스템을 만들기 위해 2.2절에서 소개한 Fashion-MNIST 데이터셋을 사용한다. [그림 9-1]은 전체 시스템 중 데이터 수집 단계를 나타낸다.

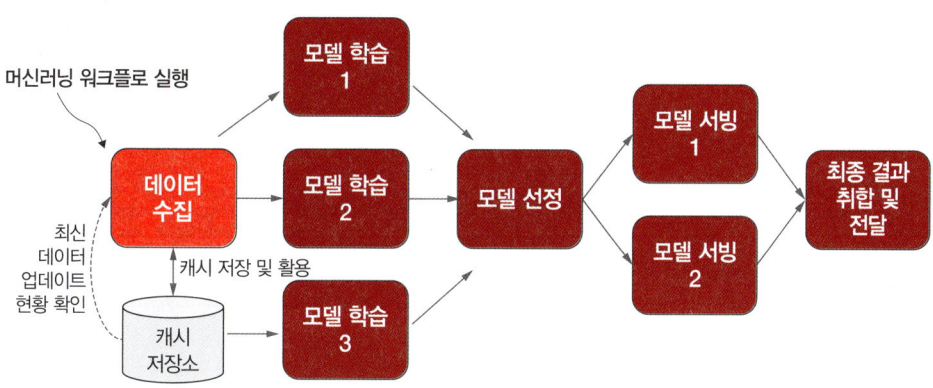

그림 9-1 머신러닝 시스템 중 데이터 수집 단계

이 데이터셋은 6만 개의 학습셋과 1만 개의 테스트셋으로 구성된다. 각 샘플은 28×28 크기의 흑백 이미지로, Zalando의 의류 상품 이미지를 나타내며 10개 클래스 중 하나에 해당한다. Fashion-MNIST는 기존 MNIST 데이터셋을 대체하여 머신러닝 모델을 벤치마킹 하는데 쓰이기 위한 목적으로 만들어졌다. 학습셋과 테스트셋은 동일한 크기와 형태를 가진다. [그림 9-2]는 Fashion-MNIST의 10개 클래스에 대한 이미지 샘플을 나타낸다. 각 클래스의 이미지는 3행씩 표시되어 있다.

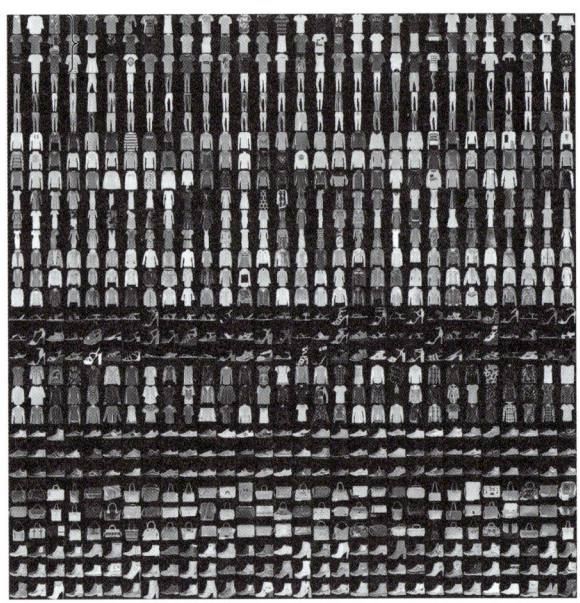

위에서부터 3행씩 각 클래스의 샘플 이미지를 나타낸다. 예를 들어 맨 위 3개 행에는 티셔츠 이미지들이 배치되어 있다.

그림 9-2 Fashion-MNIST 데이터셋 샘플

[그림 9-3]은 학습 데이터셋 중 처음 몇 개의 이미지와 그에 해당하는 레이블을 자세히 보여준다. 각 이미지 위에 레이블이 표시되어 있다.

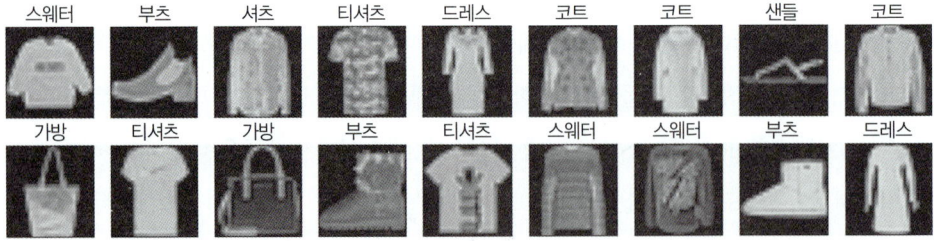

그림 9-3 Fashion-MNIST 데이터셋의 각 클래스 별 샘플

9.1.1절에서는 Fashion-MNIST 데이터셋을 수집하는 단일 노드 데이터 파이프라인 구현 과정을 살펴본다. 이어 9.1.2절에서는 9.2절의 분산 모델 학습을 위한 데이터 준비에 필요한 분산 데이터 파이프라인 구현을 다룬다.

9.1.1 단일 서버의 데이터 파이프라인

먼저 로컬 쿠버네티스 클러스터 없이 노트북에서 단일 서버 데이터 파이프라인을 구축하는 방법을 살펴보자. 텐서플로로 작성된 머신러닝 프로그램이 데이터를 처리하는 가장 효과적인 방법은 `tf.data` 모듈의 메서드를 활용하는 것이다. `tf.data` API를 사용하면 복잡한 입력 파이프라인을 쉽게 구축할 수 있다. 예를 들어 이미지 모델의 파이프라인이라면 다양한 파일 시스템에서 데이터를 가져와 각 이미지에 무작위 변환을 적용한 뒤, 모델 학습을 위한 이미지 배치를 생성할 수 있다.

`tf.data` API는 대용량 데이터 처리나 다양한 데이터 형식 읽기, 혹은 복잡한 변환 수행 등이 가능하다. 이 API에는 `tf.data.Dataset`이 포함되어 있어 여러 요소로 구성된 데이터를 표현할 수 있다. 예를 들어 이미지 파이프라인이라면 하나의 요소는 단일 학습 예시가 되며, 이는 이미지와 레이블을 나타내는 한 쌍의 텐서 조합으로 이루어진다.

다음은 Fashion-MNIST 데이터셋을 `tf.data.Dataset` 객체로 불러온 뒤 모델 학습 준비를 위한 전처리를 수행하는 코드의 예시이다.

1. 데이터셋의 범위를 (0, 255]에서 (0, 1]로 조정한다.
2. 모델이 처리할 수 있도록 이미지의 다차원 배열을 `float32` 형식으로 변환한다.
3. 학습 데이터를 선택하고 학습 속도 향상을 위해 메모리에 캐싱한 뒤, 10,000 크기의 버퍼로 무작위로 섞는다.

코드 9-1 Fashion-MNIST 데이터셋 로드[1]

```
import tensorflow_datasets as tfds
import tensorflow as tf

def make_datasets_unbatched():
    def scale(image, label):
        image = tf.cast(image, tf.float32)
```

---

[1] 옮긴이_ 9장 실습의 전체 코드는 아래 링크에서 확인할 수 있다. *https://github.com/terrytangyuan/distributed-ml-patterns/blob/main/code/project/code/multi-worker-distributed-training.py*

[2] 옮긴이_ 라이브러리가 없다면 `pip install tensorflow_datasets` 명령어로 설치하자.

```
        image /= 255
        return image, label
    datasets, _ = tfds.load(
        name="fashion_mnist", with_info=True, as_supervised=True
    )
    return datasets["train"].map(scale).cache().shuffle(10000)
```

tensorflow_datasets 모듈을 불러온 것에 주목하자. Tensorflow Dataset 라이브러리는 이미지 분류, 객체 탐지, 문서 요약 등 다양한 작업을 위한 데이터셋 모음으로, 텐서플로뿐만 아니라 다른 파이썬 머신러닝 프레임워크에서 사용할 수 있다.

tf.data.Dataset 객체는 무작위로 섞인 데이터셋으로, 각 요소는 이미지와 그에 해당하는 레이블로 구성되며 다음 예시와 같은 형태와 데이터 타입 정보를 가진다.

코드 9-2 tf.data 객체 확인

```
> ds = make_datasets_unbatched()
> ds
<ShuffleDataset element_spec=(
    TensorSpec(shape=(28, 28, 1), dtype=tf.float32, name=None),
    TensorSpec(shape=(), dtype=tf.int64, name=None)
)>
```

9.1.2 분산 서버의 데이터 파이프라인

이제 데이터셋을 분산 시스템 위에서 사용하는 방법을 살펴보자. 다음 절에서 분산 학습을 위해 `tf.distribute.MultiWorkerMirroredStrategy`를 사용한다. 지금은 편의를 위해 해당 객체가 이미 생성되어 있다고 가정하자. 단일 서버 사례에서 정의한 것과 동일한 함수를 사용하되, Python의 `with` 구문을 활용해 해당 객체가 살아있는 범위 내에서 데이터셋 변수를 생성한다.

분산 데이터 파이프라인을 구축하려면 몇 가지 설정을 해야 한다. 먼저, 전체 배치는 그 크기가 레플리카당 배치 크기와 그레이디언트 연산이 실행되는 레플리카 서버 수의 곱과 같도록 생성해야 한다. 이는 각 학습 워커가 모델이 학습하기에 충분한 데이터를 확보할 수 있도록 하기 위함이다. 즉, 레플리카 수는 모델 학습 중 그레이디언트의 올-리듀스 연산에 참여하는 서버의 수와 같다. 예를 들어, 사용자나 학습 코드가 next()를 호출하면 각 서버에 레플리카당 배치 크기의 데이터가 반환된다. 이렇게 새로 분배된 데이터셋의 크기는 항상 레플리카 수의 배수가 된다.

또한 **tf.data**를 구성하여 데이터 자동 분할 기능을 활성화해야 한다. 데이터셋이 분산 환경에 있으므로 다중 워커 학습 모드에서는 입력 데이터셋이 자동으로 분할된다. 구체적으로, 각 데이터셋은 워커의 CPU에서 생성되며, **tf.data.experimental.AutoShardPolicy**가 **AutoShardPolicy.DATA**로 설정된 경우 워커 그룹별로 전체 데이터셋의 일부를 사용해 모델을 학습한다. 이 방식의 장점은 모델 학습 단계마다 각 워커가 겹치지 않는 전역 배치 크기의 데이터셋 요소를 처리한다는 점이다. 각 워커는 전체 데이터셋을 처리하되 자신의 몫이 아닌 부분은 버린다. 이 모드에서 데이터셋 요소를 올바르게 분할하려면 데이터셋이 일정한 순서로 요소를 생성해야 하는데, 우리가 사용하는 TensorFlow Datasets 라이브러리에서 이미 이를 보장하고 있다.

코드 9-3 분산 데이터 파이프라인 설정[3]

```
BATCH_SIZE_PER_REPLICA = 64
BATCH_SIZE = BATCH_SIZE_PER_REPLICA * strategy.num_replicas_in_sync
with strategy.scope():
    ds_train = make_datasets_unbatched().batch(BATCH_SIZE).repeat()
    options = tf.data.Options()
    options.experimental_distribute.auto_shard_policy = (
        tf.data.experimental.AutoShardPolicy.DATA
    )
    ds_train = ds_train.with_options(options)
    model = build_and_compile_model()
model.fit(ds_train, epochs=1, steps_per_epoch=70)
```

---

3 옮긴이_ 코드에서 정의되지 않은 부분은 이후 코드에서 다룬다. 전체 코드를 보면서 진행하고 싶다면 다음 링크를 참고하자(https://github.com/terrytangyuan/distributed-ml-patterns/blob/main/code/project/code/multi-worker-distributed-training.py).

9.2 모델 학습

지금까지 단일 및 분산 서버의 데이터 파이프라인에 대한 데이터 수집 단계의 구현 과정을 살펴보았다. 또한 분산 모델 학습에 적합하도록 여러 워커에 걸쳐 데이터셋을 적절히 분할하는 방법에 대해 알아보았다. 이번 장에서는 모델 학습 단계의 세부 사항을 자세히 알아보자. 모델 학습 단계의 아키텍처 다이어그램은 [그림 9-4]에서 확인할 수 있다.

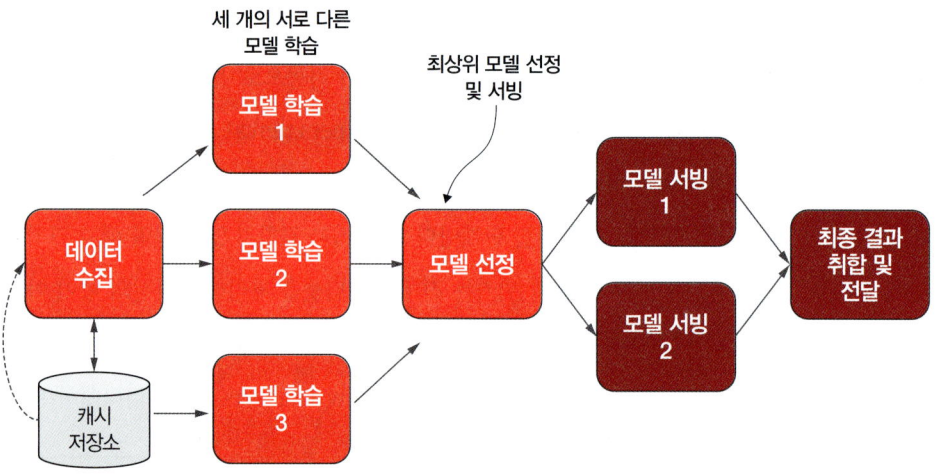

그림 9-4 머신러닝 시스템 중 모델 학습 단계[4]

로컬 노드와 분산 데이터 파이프라인에 대한 데이터 수집 구성 요소의 구현 과정을 살펴보았다. 또한 분산 모델 학습에 적합하도록 여러 워커에 걸쳐 데이터셋을 적절히 분할하는 방법에 대해 논의했다. 이번 장에서는 모델 학습 구성 요소의 구현 세부 사항을 자세히 알아보겠다. 모델 학습 구성 요소의 아키텍처 다이어그램은 [그림 9-4]에서 확인할 수 있다.

9.2.1절에서는 텐서플로를 사용해 세 가지 모델을 정의하는 방법을, 9.2.2절에서는 쿠브플로로 분산 모델 학습 작업을 실행하는 방법에 대해 살펴본다. 9.2.3절에서는 최고 성능의 모델을 선택하는 과정을 구현한다. 이렇게 선택된 모델은 전체 머신러닝 워크플로의 모델 서빙

---

4 세 개의 모델을 학습한 뒤 모델 선정 단계에서 성능이 좋은 모델을 선별한다. 세 개의 모델은 각각 합성곱 모델, 드롭아웃이 포함된 합성곱 모델, 그리고 배치 정규화가 포함된 합성곱 모델이다. 세 모델은 더 좋은 성능을 내기 위해 서로 경쟁한다.

단계에서 활용된다.

9.2.1 모델 정의 및 단일 서버의 학습

이제 텐서플로 코드로 첫 번째 모델을 정의하고 초기화하는 과정을 살펴보자. 이 모델은 이전 장에서 소개한 3개의 합성곱 층으로 구성된 합성곱 신경망$^{\text{convolutional neural network}}$(CNN)이다. 먼저 Sequential()을 사용해 모델을 초기화한다. 이는 계층을 순차적으로 추가한다는 의미다. 첫 번째 층은 입력 층으로, 앞서 정의한 입력 파이프라인의 형태를 지정한다. 여기서 입력 층에 명시적으로 이름을 부여하는데, 이는 추론 입력에서 올바른 키를 전달하기 위함이다. 이에 대해서는 9.3절에서 자세히 다룬다.

입력 층 다음으로 3개의 합성곱 층$^{\text{convolutional layer}}$을 추가하고, 그 뒤에 최대 풀링 층$^{\text{max-pooling layer}}$과 완전 연결 층$^{\text{dense layer}}$을 순차적으로 모델에 추가한다. 그런 다음 모델 구조의 요약을 출력하고 모델을 컴파일한다. 이때 Adam을 최적화 함수로, 정확도를 모델 평가 지표로, 희소 범주형 교차 엔트로피를 손실 함수로 사용한다.

코드 9-4 합성곱 신경망 모델의 기본 버전 정의

```python
def build_and_compile_cnn_model():
    print("Training CNN model")
    model = models.Sequential()
    model.add(layers.Input(shape=(28, 28, 1), name="image_bytes"))
    model.add(layers.Conv2D(32, (3, 3), activation="relu"))
    model.add(layers.MaxPooling2D((2, 2)))
    model.add(layers.Conv2D(64, (3, 3), activation="relu"))
    model.add(layers.MaxPooling2D((2, 2)))
    model.add(layers.Conv2D(64, (3, 3), activation="relu"))
    model.add(layers.Flatten())
    model.add(layers.Dense(64, activation="relu"))
    model.add(layers.Dense(10, activation="softmax"))
    model.summary()
    model.compile(
        optimizer="adam",
        loss="sparse_categorical_crossentropy",
```

```
        metrics=["accuracy"],
    )
    return model
```

기본 합성곱 신경망 모델의 정의를 완료했다. 이를 바탕으로 두 가지 변형 모델을 추가로 정의한다. 첫 번째 모델은 배치 정규화 층^{batch normalization layer}을 추가하여 각 층의 모든 뉴런에 대해 활성화 이전 값들의 평균을 0으로, 표준편차를 1로 만든다. 두 번째 모델은 드롭아웃 층^{dropout layer}을 더해 은닉 유닛^{hidden unit}의 절반을 무작위로 제거함으로써 모델의 복잡도를 낮추고 연산 속도를 높인다. 나머지 코드는 기본 CNN 모델과 동일하다.

코드 9-5 합성곱 신경망 모델의 변형된 버전 정의

```
def build_and_compile_cnn_model_with_batch_norm():
    print("Training CNN model with batch normalization")
    model = models.Sequential()
    model.add(layers.Input(shape=(28, 28, 1), name="image_bytes"))
    model.add(layers.Conv2D(32, (3, 3), activation="relu"))
    model.add(layers.BatchNormalization())
    model.add(layers.Activation("sigmoid"))
    model.add(layers.MaxPooling2D((2, 2)))
    model.add(layers.Conv2D(64, (3, 3), activation="relu"))
    model.add(layers.BatchNormalization())
    model.add(layers.Activation("sigmoid"))
    model.add(layers.MaxPooling2D((2, 2)))
    model.add(layers.Conv2D(64, (3, 3), activation="relu"))
    model.add(layers.Flatten())
    model.add(layers.Dense(64, activation="relu"))
    model.add(layers.Dense(10, activation="softmax"))
    model.summary()
    model.compile(
        optimizer="adam",
        loss="sparse_categorical_crossentropy",
        metrics=["accuracy"],
    )
    return model

def build_and_compile_cnn_model_with_dropout():
    print("Training CNN model with dropout")
    model = models.Sequential()
    model.add(layers.Input(shape=(28, 28, 1), name="image_bytes"))
```

```python
model.add(layers.Conv2D(32, (3, 3), activation="relu"))
model.add(layers.MaxPooling2D((2, 2)))
model.add(layers.Conv2D(64, (3, 3), activation="relu"))
model.add(layers.MaxPooling2D((2, 2)))
model.add(layers.Dropout(0.5))
model.add(layers.Conv2D(64, (3, 3), activation="relu"))
model.add(layers.Flatten())
model.add(layers.Dense(64, activation="relu"))
model.add(layers.Dense(10, activation="softmax"))
model.summary()
model.compile(
    optimizer="adam",
    loss="sparse_categorical_crossentropy",
    metrics=["accuracy"],
)
return model
```

모델이 정의되었으니 이제 노트북의 로컬 환경에서 학습을 진행할 수 있다. 기본 CNN 모델을 예로 들어보자. 모델 학습 과정에서 실행될 네 가지 콜백을 생성한다.

1. `PrintLR`: 각 에포크가 끝날 때마다 학습률을 출력하는 콜백
2. `TensorBoard`: 학습 진행 상황과 모델 구조를 모니터링하기 위한 TensorBoard 시각화를 시작하는 콜백
3. `ModelCheckpoint`: 추후 모델 인퍼런스를 위해 모델 가중치를 저장하는 콜백
4. `LearningRateScheduler`: 각 에포크가 끝날 때마다 학습률을 감소시키는 콜백

이러한 콜백을 정의한 후, 학습을 위해 `fit()` 메서드에 전달한다. `fit()` 메서드는 지정된 에포크 수와 에포크당 스텝 수만큼 모델을 학습한다. 여기서 사용된 수치는 단순히 로컬 실험을 빠르게 진행하기 위한 것으로, 실제 응용에서 좋은 품질의 모델을 생성하기에는 충분하지 않을 수 있다는 점에 유의하자.

코드 9-6 콜백을 활용한 모델 학습

```python
multi_worker_model = build_and_compile_cnn_model()
checkpoint_prefix = os.path.join(args.checkpoint_dir, "ckpt_{epoch}")
```

```python
class PrintLR(tf.keras.callbacks.Callback):
    def on_epoch_end(self, epoch, logs=None):
        print(
            "\nLearning rate for epoch {} is {}".format(
                epoch + 1, multi_worker_model.optimizer.lr.numpy()
            )
        )

callbacks = [
    tf.keras.callbacks.TensorBoard(log_dir="./logs"),
    tf.keras.callbacks.ModelCheckpoint(
        filepath=checkpoint_prefix, save_weights_only=True
    ),
    tf.keras.callbacks.LearningRateScheduler(decay),
    PrintLR(),
]

single_worker_model.fit(
    ds_train, epochs=1, steps_per_epoch=70, callbacks=callbacks
)
```

이를 실행하면 아래와 같은 출력을 확인할 수 있다.

```
Learning rate for epoch 1 is 0.0010000000474974513
70/70 [========] - 16s 136ms/step - loss: 1.2853 - accuracy: 0.5382 - lr: 0.0010

Here's the summary of the model architecture in the logs:
Model: "sequential"
_____
Layer (type)                 Output Shape              Param #
=================================================================
conv2d (Conv2D)              (None, 26, 26, 32)        320
max_pooling2d (MaxPooling2D) (None, 13, 13, 32)        0
conv2d_1 (Conv2D)            (None, 11, 11, 64)        18496
max_pooling2d_1              (MaxPooling2D) (None, 5, 5, 64) 0
conv2d_2 (Conv2D)            (None, 3, 3, 64)          36928
flatten (Flatten)            (None, 576)               0
dense (Dense)                (None, 64)                36928
dense_1 (Dense)              (None, 10)                650
=================================================================
Total params: 93,322
Trainable params: 93,322
```

```
Non-trainable params: 0
```

요약에 따르면 학습 과정에서 약 93,000개의 파라미터가 학습된다. 각 계층의 형태와 파라미터의 개수도 요약 내용에서 확인할 수 있다.

9.2.2 분산 모델 학습

모델을 정의하고 단일 머신에서 로컬로 학습할 수 있게 되었으니, 이제 분산 학습 로직을 코드에 추가하자. 이 단계에서는 앞서 소개한 집단 통신 패턴을 활용하여 여러 워커로 모델을 학습할 수 있다. `tf.distribute` 모듈의 `MultiWorkerMirroredStrategy`를 사용할 것이다. 이는 여러 워커에서 동기식 학습을 실행하기 위한 분산 학습 전략이다. 모든 워커의 각 장치에 모델 계층의 모든 파라미터 복사본을 생성한다. 이 전략은 올-리듀스와 같은 분산 연산을 활용해 여러 워커가 동시에 연산을 실행함으로써 전체 학습 속도를 높일 수 있다. 적절한 GPU가 없다면 `communication_options`를 다른 방식으로 대체할 수 있다. 우리는 GPU가 없는 다양한 머신에서도 분산 학습이 가능하도록 `CollectiveCommunication.AUTO` 옵션을 사용할 것이다. 이렇게 하면 실행 중 사용 가능한 하드웨어를 자동으로 선택한다.

분산 학습 전략을 정의한 후, 해당 전략의 `with` 구문 내에서 9.1.2절에서 언급했던 분산 입력 데이터 파이프라인과 모델을 초기화한다. 모델은 `with` 구문 내에 정의되어야 한다. 이를 통해 텐서플로는 전략에 따라 각 워커에 모델의 파라미터를 적절히 복사할 수 있다. 여기서는 이 파이썬 스크립트에 전달하는 값에 따라 기본 CNN, 드롭아웃이 있는 CNN, 배치 정규화가 있는 CNN 등 사용할 모델의 종류를 정의한다. 이 외의 나머지 값에 대해서는 곧 다룰 것이다. 전략의 `with` 구문 내에서 데이터 파이프라인과 모델을 정의한 후에는 `with` 구문 밖에서 `fit()` 메서드를 사용해 모델을 학습할 수 있다.

코드 9-7 분산 모델 학습 과정

```
strategy = tf.distribute.MultiWorkerMirroredStrategy(
    communication_options=tf.distribute.experimental.CommunicationOptions(
```

```
            implementation=tf.distribute.experimental.CollectiveCommunication.AUTO
    )
)

BATCH_SIZE_PER_REPLICA = 64
BATCH_SIZE = BATCH_SIZE_PER_REPLICA * strategy.num_replicas_in_sync
with strategy.scope():
    ds_train = make_datasets_unbatched().batch(BATCH_SIZE).repeat()
    options = tf.data.Options()
    options.experimental_distribute.auto_shard_policy = (
        tf.data.experimental.AutoShardPolicy.DATA
    )
    ds_train = ds_train.with_options(options)
    if args.model_type == "cnn":
        multi_worker_model = build_and_compile_cnn_model()
    elif args.model_type == "dropout":
        multi_worker_model = build_and_compile_cnn_model_with_dropout()
    elif args.model_type == "batch_norm":
        multi_worker_model = build_and_compile_cnn_model_with_batch_norm()
    else:
        raise Exception("Unsupported model type: %s" % args.model_type)
multi_worker_model.fit(ds_train, epochs=1, steps_per_epoch=70)
```

fit() 함수로 모델 학습이 완료되면 모델을 저장해야 한다. 이때 흔히 범하는 실수는 모든 워커에서 모델을 저장하는 것이다. 이는 완성된 모델을 정확히 저장하지 못할 뿐만 아니라 컴퓨팅 자원과 저장 공간을 낭비한다. 이 문제를 해결하려면 대표 워커에서만 모델을 저장해야 한다. TF_CONFIG 환경 변수[5]를 확인하면 작업 유형과 인덱스 등 클러스터 정보를 파악할 수 있으므로, 현재 워커가 중심 워커인지 판단할 수 있다. 또한 예기치 않은 오류를 방지하기 위해 각 워커마다 고유한 경로에 모델을 저장하는 것이 좋다.

코드 9-8 중심 워커에 모델을 저장하는 과정

```
def is_chief():
    return TASK_INDEX == 0

tf_config = json.loads(os.environ.get("TF_CONFIG") or "{}")
```

---

5 옮긴이_ TF_CONFIG 환경 변수에 대한 자세한 내용은 다음 링크를 참고하자(https://www.tensorflow.org/guide/distributed_training?hl=ko).

```
TASK_INDEX = tf_config["task"]["index"]
if is_chief():
    model_path = args.saved_model_dir
else:
    model_path = args.saved_model_dir + "/worker_tmp_" + str(TASK_INDEX)
multi_worker_model.save(model_path)
```

지금까지 `saved_model_dir`과 `model_type`이라는 두 가지 입력값을 살펴보았다. [코드 9-9]는 이러한 입력값을 처리하는 나머지 `main` 함수를 보여준다. 이 두 인수 외에도 `checkpoint_dir`이라는 추가 인수가 있다. 이는 모델 서빙 단계에서 쉽게 사용할 수 있도록 텐서플로의 `SavedModel` 타입으로 모델을 저장하는 데 사용된다. 이에 대해서는 9.3절에서 자세히 다룰 것이다. 또한 로그를 줄이기 위해 텐서플로의 `Datasets` 모듈의 진행 표시줄을 비활성화했다.

코드 9-9 main 함수의 실행

```
if __name__ == "__main__":
    tfds.disable_progress_bar()
    parser = argparse.ArgumentParser()
    parser.add_argument(
        "--saved_model_dir",
        type=str,
        required=True,
        help="Tensorflow export directory.",
    )
    parser.add_argument(
        "--checkpoint_dir",
        type=str,
        required=True,
        help="Tensorflow checkpoint directory.",
    )
    parser.add_argument(
        "--model_type", type=str, required=True, help="Type of model to train."
    )
    parsed_args = parser.parse_args()
    main(parsed_args)
```

분산 모델 학습 로직이 담긴 파이썬 스크립트를 작성했으니, 이제 이를 컨테이너화하여 로컬 쿠버네티스 클러스터에서 분산 학습을 실행할 이미지를 빌드하자. 도커파일에는 파이썬 3.9 기본 이미지를 사용하고, pip를 통해 Tensorflow와 Tensorflow Dataset 라이브러리를 설치한다. 그리고 다중 워커에서 실행할 분산 학습 파이썬 스크립트를 복사한다.

코드 9-10 컨테이너를 생성하는 도커파일

```
FROM python:3.9
RUN pip install tensorflow==2.10.0 tensorflow_datasets==4.7.0
COPY multi-worker-distributed-training.py /
```

위와 같이 정의한 도커파일로 이미지를 빌드한다. 클러스터는 로컬 이미지 저장소에 접근할 수 없으므로 k3d 클러스터로 이미지를 가져와야 한다. 그런 다음 현재 네임스페이스를 kubeflow로 설정한다. 8장을 참고하여 이 프로젝트에 필요한 구성 요소를 설치하자.

코드 9-11 도커 이미지 빌드 및 실행

```
> docker build -f Dockerfile -t kubeflow/multi-worker-strategy:v0.1 .
> k3d image import kubeflow/multi-worker-strategy:v0.1 --cluster distml
> kubectl config set-context --current --namespace=kubeflow
```

위와 같은 파드는 실행이 완료되면 파드 내의 모든 파일이 삭제된다. 쿠버네티스 클러스터 내에서는 여러 워커를 통해 분산 모델 학습을 실행하므로, 모든 모델 체크포인트가 소실되어 모델 서빙에 사용할 학습된 모델을 확보할 수 없게 된다. 이 문제를 해결하기 위해 영구 볼륨$^{\text{Persistent Volume}}$(PV)과 영구 볼륨 클레임$^{\text{Persistent Volume Claim}}$(PVC)을 활용한다.

영구 볼륨은 관리자가 생성하거나, 또는 동적으로 생성된 클러스터 내 저장소다. 노드가 클러스터 리소스인 것처럼 영구 볼륨 또한 클러스터의 리소스에 해당한다. 영구 볼륨은 볼륨 플러그인과 유사하지만 개별 파드의 수명 주기와 무관하게 독립적으로 존재한다. 즉, 파드가 완료되거나 삭제되어도 영구 볼륨은 유지된다.

영구 볼륨 클레임은 사용자의 저장소를 사용한다고 선언하는 것을 의미한다. 파드가 노드 내 리소스를 소비하는 것처럼 영구 볼륨 클레임은 영구 볼륨의 리소스를 소비한다. 파드가 CPU 와 메모리 같은 특정 수준의 리소스를 요청할 수 있듯, 영구 볼륨 클레임은 사용하고자 하는 저장소의 크기와 ReadWriteOnce, ReadOnlyMany, ReadWriteMany와 같은 접근 모드를 설정하여 요청할 수 있다.

작업자 파드에서 학습된 모델을 저장하는 데 사용할 저장소를 요청하기 위해 영구 볼륨 클레임을 생성해보자. 여기서는 1GB의 저장소와 ReadWriteOnce 접근 모드만 요청한다.

코드 9-12 영구 볼륨 클레임 정의

```
kind: PersistentVolumeClaim
apiVersion: v1
metadata:
  name: strategy-volume
spec:
  accessModes: [ "ReadWriteOnce" ]
  resources:
    requests:
      storage: 1Gi
```

그 후, 영구 볼륨 클레임을 생성하자.

코드 9-13 영구 볼륨 클레임 생성

```
> kubectl create -f multi-worker-pvc.yaml
```

다음으로 7장에서 소개한 TFJob 스펙을 정의하되, 방금 빌드한 분산 학습 스크립트가 포함된 이미지를 사용한다. 기본 CNN 모델을 학습하는 데 필요한 입력값을 컨테이너에 전달한다. Worker 스펙의 volumes 필드는 방금 생성한 영구 볼륨 클레임의 이름을 지정하고, containers 스펙의 volumeMounts 필드는 볼륨과 컨테이너 간 파일을 마운팅할 폴더를 지정한다. 모델은 볼륨 내 /trained_model 폴더에 저장된다.

코드 9-14 분산 학습 작업 정의

```
apiVersion: kubeflow.org/v1
kind: TFJob
metadata:
  name: multi-worker-training
```

```yaml
  spec:
    runPolicy:
      cleanPodPolicy: None
    tfReplicaSpecs:
      Worker:
        replicas: 2
        restartPolicy: Never
        template:
          spec:
            containers:
              - name: tensorflow
                image: kubeflow/multi-worker-strategy:v0.1
                imagePullPolicy: IfNotPresent
                command: ["python",
          "/multi-worker-distributed-training.py",
          "--saved_model_dir",
          "/trained_model/saved_model_versions/2/",
          "--checkpoint_dir",
          "/trained_model/checkpoint",
          "--model_type", "cnn"]
                volumeMounts:
                  - mountPath: /trained_model
                    name: training
                resources:
                  limits:
                    cpu: 500m
            volumes:
              - name: training
                persistentVolumeClaim:
                  claimName: strategy-volume
```

이후 이 **TFJob**을 클러스터에 생성함으로써 분산 모델 학습을 시작할 수 있다.

코드 9-15 TFJob 생성

```
> kubectl create -f multi-worker-tfjob.yaml
```

워커 파드가 작업을 마치면 각 파드의 로그에서 다음과 같은 내용을 확인할 수 있다. 이는 모델이 분산 방식으로 성공적으로 학습되었으며 워커 간 통신이 원활하게 이루어졌음을 나타낸다.

```
Started server with target:
grpc://multi-worker-training-worker-0.kubeflow.svc:2222
/job:worker/replica:0/task:1 has connected to coordination service.
/job:worker/replica:0/task:0 has connected to coordination service.
Coordination agent has successfully connected.
```

9.2.3 모델 선정

지금까지 분산 모델 학습 단계를 구현했다. 9.2.1절에서 언급했듯 세 가지 다른 모델을 학습하고, 그중 최고 성능의 모델을 선택해 서빙에 사용할 것이다. 여기서는 서로 다른 모델 유형으로 세 개의 **TFJob**을 생성하여 모델 학습을 성공적으로 완료했다고 가정한다.

다음 단계로 테스트 데이터와 학습된 모델을 불러와 성능을 평가하는 파이썬 코드를 작성하자. `keras.models.load_model()` 함수로 각 학습 모델을 다른 폴더에서 불러온 뒤 `model.evaluate()`를 실행해 손실과 정확도를 구한다. 정확도가 가장 높은 모델을 찾으면 이를 새로운 버전으로 4번 폴더에 복사한다. 이 폴더는 모델 서빙 단계에서 사용된다.

코드 9-16 모델 평가

```python
import numpy as np
import tensorflow as tf
from tensorflow import keras
import tensorflow_datasets as tfds
import shutil
import os

def scale(image, label):
    image = tf.cast(image, tf.float32)
    image /= 255
    return image, label

best_model_path = ""
best_accuracy = 0
for i in range(1, 4):
    model_path = "trained_model/saved_model_versions/" + str(i)
```

```
        model = keras.models.load_model(model_path)
        datasets, _ = tfds.load(
            name="fashion_mnist", with_info=True, as_supervised=True
        )
        ds = datasets["test"].map(scale).cache().shuffle(10000).batch(64)
        _, accuracy = model.evaluate(ds)
        if accuracy > best_accuracy:
            best_accuracy = accuracy
            best_model_path = model_path
destination = "trained_model/saved_model_versions/4"
if os.path.exists(destination):
    shutil.rmtree(destination)
shutil.copytree(best_model_path, destination)
print(
    "Best model with accuracy %f is copied to %s"
    % (best_accuracy, destination)
)
```

trained_model/saved_model_versions 폴더의 최신 버전인 4번이 서빙 단계에서 사용된다. 이에 대해서는 다음 절에서 자세히 다룰 것이다. 이제 이 파이썬 스크립트를 도커파일에 추가하고 컨테이너 이미지를 다시 빌드한 뒤, 모델 선정 컴포넌트를 실행하는 파드를 생성한다. 아래는 모델 선정 파드를 정의하는 YAML 파일이다.

코드 9-17 모델 선정 파드 정의

```
apiVersion: v1
kind: Pod
metadata:
  name: model-selection
spec:
  containers:
  - name: predict
    image: kubeflow/multi-worker-strategy:v0.1
    command: ["python", "/model-selection.py"]
    volumeMounts:
    - name: model
      mountPath: /trained_model
  volumes:
  - name: model
    persistentVolumeClaim:
      claimName: strategy-volume
```

로그를 확인해 본 결과, 세 번째 모델의 정확도가 가장 높았다. 따라서 이 모델을 새 버전으로 복사하여 모델 서빙 컴포넌트에 사용할 것이다.

```
157/157 [======] - 1s 5ms/step - loss: 0.7520 - accuracy: 0.7155
157/157 [======] - 1s 5ms/step - loss: 0.7568 - accuracy: 0.7267
157/157 [======] - 1s 5ms/step - loss: 0.7683 - accuracy: 0.7282
```

9.3 모델 서빙

분산 모델 학습과 학습된 모델 중 최적의 모델을 선택하는 과정을 구현했으므로, 이제 모델 서빙 단계를 구현해보자. 모델 서빙 단계는 사용자 경험에 직접적인 영향을 미치는 핵심 요소다. 결과가 사용자에게 바로 보여지므로 성능이 충분하지 않으면 사용자가 이를 즉시 알아챌 수 있다. [그림 9-5]는 전체 시스템 중에서 모델 학습 컴포넌트를 나타낸다.

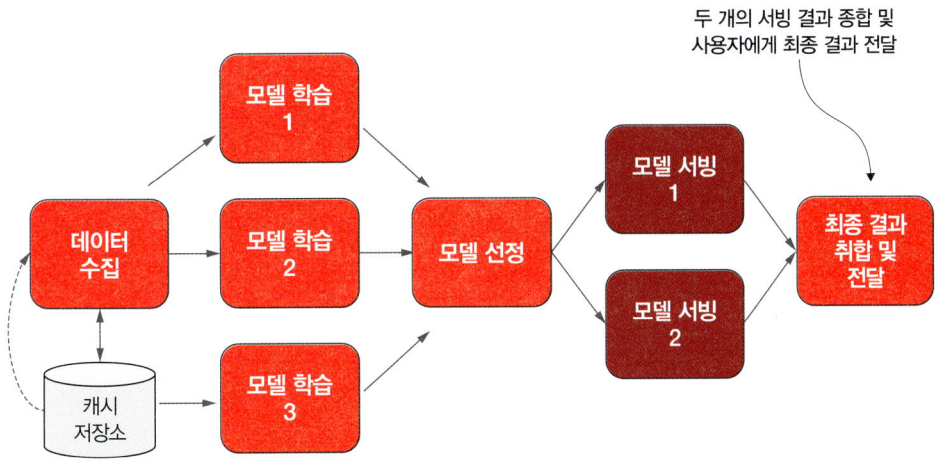

그림 9-5 머신러닝 시스템 중 모델 서빙 단계

[그림 9-5]에서 모델 서빙 단계는 모델 선정과 결과 취합 단계 사이에 있다. 9.3.1절에서는 단일 서버 모델 서빙 단계를 구현하고, 9.3.2절에서는 이를 더욱 확장 가능하고 성능이 우수

하도록 개선한다.

9.3.1 단일 서버 모델 서빙

모델 인퍼런스 코드는 모델 평가 코드와 매우 유사하다. 유일한 차이점은 학습된 모델을 불러온 후 `evaluate()` 대신 `model.predict()` 메서드를 사용한다는 점이다. 이는 학습된 모델이 예상대로 예측을 수행할 수 있는지 확인하는 훌륭한 방법이다.

코드 9-18 모델 예측

```python
import numpy as np
import tensorflow as tf
from tensorflow import keras
import tensorflow_datasets as tfds

model = keras.models.load_model("trained_model/saved_model_versions")

def scale(image, label):
    image = tf.cast(image, tf.float32)
    image /= 255
    return image, label

datasets, _ = tfds.load(
    name="fashion_mnist", with_info=True, as_supervised=True
)
ds = datasets["test"].map(scale).cache().shuffle(10000).batch(64)
model.predict(ds)
```

TensorFlow Serving을 설치한 후에는 로컬에서 서버를 실행할 수 있다. 자세한 내용은 TensorFlow Serving 공식 GitHub 저장소[6]를 참조하자.

코드 9-19 텐서플로 서빙 명령어

```
tensorflow_model_server --model_name=flower-sample \
```

----

6   https://github.com/tensorflow/serving

```
--port=9000 \
--rest_api_port=8080 \
--model_base_path=trained_model/saved_model \
--rest_api_timeout_in_ms=60000
```

이는 로컬 환경에서 실험할 때는 간단하고 효과적인 방법이다. 효율적인 모델 서빙 단계를 구축하는 방법이 한 가지 더 있다. 이 방법은 앞서 소개한 모델 서버 레플리카 패턴을 활용한 분산 모델 서빙으로 나아가는 발판이 된다.

더 나은 해결책을 살펴보기 전에, 학습된 모델이 입력값과 호환되는지 확인해야 한다. 입력값은 "instances"와 "image_bytes"를 키로 가지는 JSON 구조의 이미지 바이트 리스트 형태다. 예시는 다음과 같다.

```
{
    "instances":[
        {
            "image_bytes":{
                "b64":"/9j/4AAQSkZJRgABAQAAAQABAAD
                ...
                <truncated>
                /hWY4+UVEhkoIYUx0psR+apm6VBRUZcUYFSuKZgUAf//Z"
            }
        }
    ]
}
```

이제 분산 모델 학습 코드를 수정하여 모델이 제공된 입력과 호환되는 올바른 타입을 가지도록 해야 한다. 다음과 같은 작업을 수행하는 전처리 함수를 정의한다.

1. 바이트로부터 이미지를 복호화한다.
2. 모델과 호환되도록 이미지를 28×28 크기로 조정한다.
3. 이미지를 tf.uint8 타입으로 변환한다.
4. 문자열 타입과 'image_bytes'라는 키를 가진 입력 타입을 정의한다.

전처리 함수를 정의한 후에는 `tf.TensorSpec()`를 사용해 서빙 타입을 정의할 수 있다. 이를 `tf.saved_model.save()` 메서드에 전달하면 입력 형식과 호환되는 모델을 저장할 수 있다. 이렇게 저장된 모델은 TensorFlow Serving이 추론을 수행하기 전에 전처리를 거치게 된다.

코드 9-20 모델 서빙 타입 정의

```python
def _preprocess(bytes_inputs):
    decoded = tf.io.decode_jpeg(bytes_inputs, channels=1)
    resized = tf.image.resize(decoded, size=(28, 28))
    return tf.cast(resized, dtype=tf.uint8)

def _get_serve_image_fn(model):
    @tf.function(
        input_signature=[
            tf.TensorSpec([None], dtype=tf.string, name="image_bytes")
        ]
    )
    def serve_image_fn(bytes_inputs):
        decoded_images = tf.map_fn(_preprocess, bytes_inputs, dtype=tf.uint8)
        return model(decoded_images)

    return serve_image_fn

signatures = {
    "serving_default": _get_serve_image_fn(
        multi_worker_model
    ).get_concrete_function(
        tf.TensorSpec(shape=[None], dtype=tf.string, name="image_bytes")
    )
}

tf.saved_model.save(multi_worker_model, model_path, signatures=signatures)
```

분산 모델 학습 스크립트를 수정한 후에는 컨테이너 이미지를 다시 빌드하고 9.2.2절에서 진행한 내용에 따라 모델을 처음부터 재학습할 수 있다. 다음으로는 앞서 언급한 KServe를 사용하여 추론 서비스를 만들 것이다. [코드 9-21]은 KServe 서빙 서비스를 정의하는 YAML 파일이다. 서비스를 정의할 때는 KServe가 모델 서빙에 무엇을 사용할지 알 수 있도록 모델 형식을 지정해야 한다. 예를 들어 TensorFlow Serving을 사용할 수 있다. 또한 학습된 모델의 URI를 제공해야 한다. 이 경우 영구 볼륨 클레임의 이름과 학습된 모델 경로를 pvc://<pvc-name>/<model-path> 형식으로 지정할 수 있다.

코드 9-21 Kserve 서빙 서비스 정의

```yaml
apiVersion: serving.kserve.io/v1beta1
kind: InferenceService
metadata:
  name: flower-sample
spec:
  predictor:
    model:
      modelFormat:
        name: tensorflow
      storageUri: "pvc://strategy-volume/saved_model_versions"
```

Kserve를 설치하고 서빙 서비스를 생성하자.

코드 9-22 Kserve 설치 및 서비스 생성[7]

```
> curl -s "https://raw.githubusercontent.com/kserve/kserve/v0.10.0-rc1/hack/quick_install.sh" | bash
> kubectl create -f inference-service.yaml
```

아래와 같이 생성된 내용을 확인할 수 있다.

코드 9-23 서비스 생성 확인

```
> kubectl get isvc
NAME            URL                         READY   AGE
flower-sample   <truncated...example.com>   True    25s
```

서비스가 생성되었다면 로컬에서 이를 호출할 수 있도록 포트 포워딩을 설정하자.

---

[7] 옮긴이_ 최신 버전 설치를 원한다면 아래 KServe 공식 문서의 설치 가이드를 참고하자(https://kserve.github.io/website/latest/get_started/#install-the-kserve-quickstart-environment).

코드 9-24 포트 포워딩 설정

```
> INGRESS_GATEWAY_SERVICE=$(kubectl get svc --namespace \
istio-system --selector="app=istio-ingressgateway" --output \
jsonpath='{.items[0].metadata.name}')
> kubectl port-forward --namespace istio-system svc/${INGRESS_GATEWAY_SERVICE} 
8080:80
```

위와 같이 실행하면 아래처럼 쿠버네티스 내 서비스의 포트와 로컬 포트가 연결된 것을 확인할 수 있다.

```
Forwarding from 127.0.0.1:8080 -> 8080
Forwarding from [::1]:8080 -> 8080
```

새 터미널을 열고 아래 파이썬 스크립트를 실행하자. 이 스크립트는 모델 서빙 서비스에 샘플 요청을 보내고 응답 텍스트를 출력한다.

코드 9-25 인퍼런스 요청 예시

```python
import requests
import json

input_path = "inference-input.json"
with open(input_path) as json_file:
    data = json.load(json_file)
r = requests.post(
    url="http://localhost:8080/v1/models/flower-sample:predict",
    data=json.dumps(data),
    headers={"Host": "flower-sample.kubeflow.example.com"},
)
print(r.text)
```

KServe 모델 서빙 서비스의 응답은 다음과 같다. 이는 Fashion-MNIST 데이터셋의 각 클래스에 대한 예측 확률을 포함한다.

```
{
    "predictions": [
        [
            0.0, 0.0, 1.22209595e-11, 0.0, 1.0, 0.0, 7.07406329e-32, 0.0, 0.0, 0.0,
        ]
    ]
}
```

또는 아래와 같이 curl을 활용해서 요청을 보낼 수도 있다.

코드 9-26 curl을 활용한 인퍼런스 요청 예시

```
# 새로운 터미널 실행
export INGRESS_HOST=localhost
export INGRESS_PORT=8080
MODEL_NAME=flower-sample
INPUT_PATH=@./inference-input.json
SERVICE_HOSTNAME=$(kubectl get inferenceservice \
${MODEL_NAME} -o jsonpath='{.status.url}' | \
cut -d "/" -f 3)
curl -v -H "Host: ${SERVICE_HOSTNAME}" "http://${INGRESS_HOST}:${INGRESS_PORT}/v1/models/$MODEL_NAME:predict" -d $INPUT_PATH
```

결과는 아래와 같이 동일한 확률값이 확인된다.

```
*   Trying ::1:8080...
* Connected to localhost (::1) port 8080 (#0)
> POST /v1/models/flower-sample:predict HTTP/1.1
> Host: flower-sample.kubeflow.example.com
> User-Agent: curl/7.77.0
> Accept: */*
> Content-Length: 16178
> Content-Type: application/x-www-form-urlencoded
>
* Mark bundle as not supporting multiuse
< HTTP/1.1 200 OK
< content-length: 102
< content-type: application/json
< date: Thu, 05 Jan 2023 21:11:36 GMT
< x-envoy-upstream-service-time: 78
```

```
< server: istio-envoy
<
{
    "predictions": [
        [
            0.0, 0.0, 1.22209595e-11, 0.0, 1.0, 0.0, 7.07406329e-32, 0.0, 0.0, 0.0,
        ]
    ]
* Connection #0 to host localhost left intact
}
```

KServe의 **InferenceService**를 정의할 때 학습된 모델이 포함된 전체 디렉토리를 지정했지만, TensorFlow Serving을 활용하는 모델 서빙 서비스는 해당 폴더에서 최신 버전인 4를 선택한다. 이는 9.2.3절에서 선별한 최고 성능의 모델이다. 서빙 파드의 로그를 통해 이를 확인할 수 있다.

코드 9-27 모델 서버 로그 확인

```
> kubectl logs flower-sample-predictor-default-00001-deployment-f67767f6c2fntx
-c kserve-container
```

아래와 같은 로그를 확인할 수 있다.

```
Building single TensorFlow model file config:
model_name: flower-sample model_base_path: /mnt/models
Adding/updating models.
…
<truncated>
Successfully loaded servable version
  {name: flower-sample version: 4}
```

9.3.2 레플리카 모델 서버

이전 절에서 로컬 쿠버네티스 클러스터에 모델 서빙 서비스를 배포했다. 이는 로컬 서빙 실험을 실행하기에는 충분할 수 있지만, 실제 모델 서빙 트래픽을 처리하는 프로덕션 시스템에 배포하기에는 부족하다. 현재의 모델 서빙 서비스는 단일 쿠버네티스 파드로, 할당된 연산 자원이 제한적이며 미리 직접 띄워놓아야 한다. 모델 서빙 요청이 증가하면 단일 인스턴스 모델 서버로는 더 이상 요청량을 감당할 수 없어 연산 자원이 고갈될 수 있다.

이 문제를 해결하려면 더 많은 동적 모델 서빙 요청을 처리할 수 있도록 여러 개의 모델 서버를 준비해야 한다. KServe는 파드당 평균 처리 중인 요청 수를 기반으로 서버 수를 자동으로 확장하는 기능을 제공한다. 이는 Knative Serving의 오토스케일러^{autoscaler} 기능이다.

다음은 오토스케일링을 활용하는 인퍼런스 서버를 정의하는 YAML 파일이다. `scaleTarget` 필드는 오토스케일러가 감시하는 메트릭 유형의 목표값을 정수로 지정한다. `scaleMetric` 필드는 오토스케일러가 감시하는 스케일링 메트릭 유형을 정의한다. 가능한 메트릭으로는 병렬성, RPS, CPU, 메모리 등이 있다. 여기서는 각 서비스 인스턴스가 하나의 동시 요청만 처리하도록 설정했다. 즉, 요청이 더 들어오면 추가 요청마다 새로운 서비스 파드를 시작한다.

코드 9-28 레플리카 모델 서버 정의

```
apiVersion: serving.kserve.io/v1beta1
kind: InferenceService
metadata:
  name: flower-sample
spec:
  predictor:
    scaleTarget: 1
    scaleMetric: concurrency
    model:
      modelFormat:
        name: tensorflow
      storageUri: "pvc://strategy-volume/saved_model_versions"
```

요청이 없는 상태라고 가정하면 실행 중인 추론 서비스 파드는 하나뿐일 것이다. 이제 30초 간격으로 트래픽을 보내되, 동시에 5개의 요청을 유지한다고 가정하자. 이전과 동일한 서비스 호스트명과 인그레스 주소를 사용하며, 추론 입력과 학습된 모델도 그대로 사용한다. 여기서는 웹 애플리케이션에 부하를 주는 작은 프로그램인 hey를 사용한다. hey 설치는 https://github.com/rakyll/hey를 참고하자.

코드 9-29 부하 테스트

```
> hey -z 30s -c 5 -m POST \
 -host ${SERVICE_HOSTNAME} \
 -D inference-input.json "http://${INGRESS_HOST}:${INGRESS_PORT}
/v1/models/$MODEL_NAME:predict"
```

다음은 명령어의 예상 출력 결과로, 추론 서비스가 요청을 처리한 방식에 대한 요약이 포함되어 있다. 예를 들어, 서비스는 230,160바이트의 추론 입력을 처리했으며 초당 95.7483개의 요청을 처리했다. 또한 유용한 응답 시간 히스토그램과 지연 시간 분포도 확인할 수 있다.

```
Summary:
  Total:        30.0475 secs
  Slowest:      0.2797 secs
  Fastest:      0.0043 secs
  Average:      0.0522 secs
  Requests/sec: 95.7483
  Total data:   230160 bytes
  Size/request: 80 bytes
Response time histogram:
  0.004 [1]     |
  0.032 [1437]  |■■■■■■■■■■■■■■■■■■■■■■■■■■■■■■■■■■■■■■■■
  0.059 [3]     |
  0.087 [823]   |■■■■■■■■■■■■■■■■■■■■■■■
  0.114 [527]   |■■■■■■■■■■■■■■■
  0.142 [22]    |■
  0.170 [5]     |
  0.197 [51]    |■
  0.225 [7]     |
  0.252 [0]     |
  0.280 [1]     |
Latency distribution:
  10% in 0.0089 secs
  25% in 0.0123 secs
  50% in 0.0337 secs
  75% in 0.0848 secs
```

```
    90% in 0.0966 secs
    95% in 0.1053 secs
    99% in 0.1835 secs
Details (average, fastest, slowest):
Details (average, fastest, slowest):
  DNS+dialup:   0.0000 secs, 0.0043 secs, 0.2797 secs
  DNS-lookup:   0.0000 secs, 0.0000 secs, 0.0009 secs
  req write:    0.0000 secs, 0.0000 secs, 0.0002 secs
  resp wait:    0.0521 secs, 0.0042 secs, 0.2796 secs
  resp read:    0.0000 secs, 0.0000 secs, 0.0005 secs
Status code distribution:
  [200]   2877 responses
```

예상대로 5개의 추론 서비스 파드가 동시에 요청을 처리하고 있으며, 각 파드는 하나의 요청만 처리한다.

코드 9-30 모델 서버 파드 리스트 확인

```
> kubectl get pods
NAME                              READY    STATUS    RESTARTS    AGE
flower-<truncated>-sr5wd          3/3      Running   0           12s
flower--<truncated>-swnk5         3/3      Running   0           22s
flower--<truncated>-t2njf         3/3      Running   0           22s
flower--<truncated>-vdlp9         3/3      Running   0           22s
flower--<truncated>-vm58d         3/3      Running   0           42s
```

hey 명령어 실행이 완료되면 실행 중인 파드는 하나만 남게 된다.

코드 9-31 모델 서버 리스트 재확인

```
> kubectl get pods
NAME                              READY    STATUS    RESTARTS    AGE
flower-<truncated>-sr5wd          3/3      Running   0           62s
```

9.4 전체 워크플로

앞서 구현한 모든 구성 요소를 이제 통합할 차례다. 이번 절에서는 지금까지 만든 구성 요소들을 포함하는 엔드투엔드 워크플로를 아르고 워크플로로 정의한다. 각 구성 요소에 대해 아직 익숙하지 않다면 이전 절을 다시 확인하고, 8장에서 다룬 아르고 워크플로의 기본 개념을 되돌아보는 것을 권장한다.

구현할 엔드투엔드 워크플로를 간단히 요약하면 다음과 같다. [그림 9-6]은 우리가 구축하는 전체 워크플로를 도식화한 것이다. 이 도표에는 설명을 위해 두 개의 모델 서빙 단계가 포함되어 있지만, 실제 아르고 워크플로에서는 하나의 단계만 구현한다. 9.3.2절에서 언급했듯이 이 단계는 요청 트래픽에 따라 자동으로 확장된다.

다음 절에서는 아르고를 사용해 각 단계를 순차적으로 연결하여 전체 워크플로를 정의한다. 그리고 스텝 메모이제이션을 구현함으로써 향후 실행할 워크플로를 최적화한다.

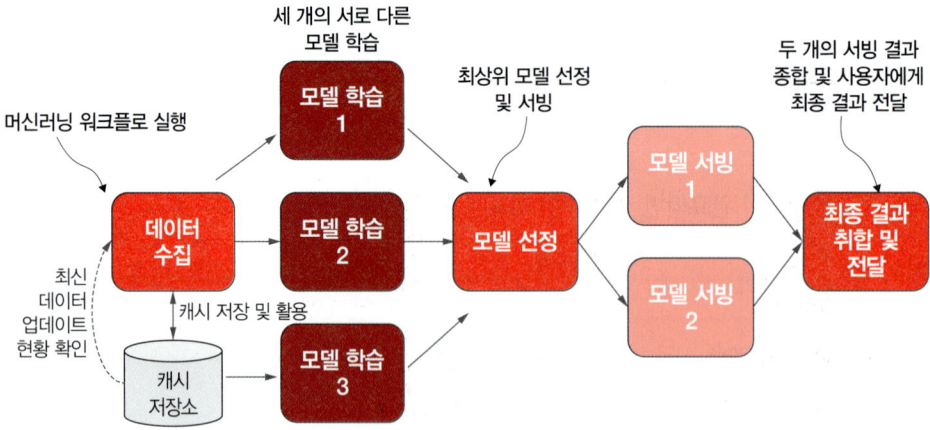

그림 9-6 엔드투엔드로 구성하는 머신러닝 시스템의 전체 구조

9.4.1 실행 단계

먼저 워크플로를 정의하는 템플릿과 주요 단계를 살펴보자. 템플릿의 이름은 `tfjob-wf`이며, 다음과 같은 단계로 구성된다. 편의상 각 단계는 동일한 이름의 템플릿을 사용한다.

1. `data-ingestion-step`: 데이터 수집 단계로, 모델 학습에 앞서 데이터셋을 다운로드하고 전처리한다.

2. `distributed-tf-training-steps`: 여러 개의 하위 단계로 구성된 단계 그룹을 의미한다. 각 하위 단계는 특정 모델 유형에 대한 분산 모델 학습 단계를 나타낸다.

3. `model-selection-step`: 이전 단계에서 학습한 여러 모델 중 최고 성능의 모델을 선택하는 단계다.

4. `create-model-serving-service`: KServe를 통해 모델 서빙 서비스를 생성한다.

코드 9-32 워크플로 정의 템플릿

```
apiVersion: argoproj.io/v1alpha1
kind: Workflow
metadata:
  generateName: tfjob-wf-
  namespace: kubeflow
spec:
  entrypoint: tfjob-wf
  podGC:
    strategy: OnPodSuccess
  volumes:
  - name: model
    persistentVolumeClaim:
      claimName: strategy-volume
  templates:
  - name: tfjob-wf
    steps:
    - - name: data-ingestion-step
        template: data-ingestion-step
    - - name: distributed-tf-training-steps
        template: distributed-tf-training-steps
    - - name: model-selection-step
        template: model-selection-step
    - - name: create-model-serving-service
```

template: create-model-serving-service

podGC 전략[8]은 OnPodSuccess로 지정했다. 이는 제한된 컴퓨팅 자원을 가진 로컬 k3s 클러스터에서 다양한 단계에 대해 많은 파드를 생성할 것이기 때문이다. 파드 실행이 끝나면 바로 삭제해 다음 작업에 필요한 자원을 확보할 수 있다. OnPodCompletion 전략도 있는데, 이는 파드의 성공 여부와 관계없이 완료 시 삭제한다. 하지만 우리는 실패한 파드를 디버깅하기 위해 유지해야 하므로 이 전략은 사용하지 않는다.

또한 볼륨과 영구 볼륨 클레임을 지정하여 각 단계에서 사용할 파일을 유지할 수 있도록 했다. 다운로드한 데이터셋을 영구 볼륨에 저장하여 모델 학습에 사용하고, 학습이 완료된 모델은 이후 모델 서빙 단계에서 활용할 수 있다.

첫 번째 단계인 데이터 수집은 매우 간단하다. 컨테이너 이미지와 실행할 데이터 수집 파이썬 스크립트만 지정하면 된다. 이 스크립트는 tfds.load(name='fashion_mnist') 한 줄로 구성되어 있으며, 데이터셋을 다운로드하여 컨테이너의 로컬 저장소에 저장한다. 이 저장소는 우리의 영구 볼륨에 마운팅된다.

코드 9-33 데이터 수집 단계

```
- name: data-ingestion-step
  serviceAccountName: argo
  container:
    image: kubeflow/multi-worker-strategy:v0.1
    imagePullPolicy: IfNotPresent
    command: ["python", "/data-ingestion.py"]
```

다음 단계는 여러 하위 단계로 구성된 단계 그룹이다. 각 하위 단계는 특정 모델 유형(기본 합성곱 신경망, 드롭아웃이 적용된 합성곱 신경망, 배치 정규화가 적용된 합성곱 신경망 등)에 대한 분산 모델 학습 단계를 나타낸다. 모든 하위 단계를 정의하는 템플릿은 다음과 같다. 여러 모델에 대한 분산 학습 단계는 병렬로 실행된다.

---

8 옮긴이_ 파드를 정리하는 전략을 의미한다.

코드 9-34 분산 학습 단계 그룹

```
- name: distributed-tf-training-steps
  steps:
  - - name: cnn-model
      template: cnn-model
    - name: cnn-model-with-dropout
      template: cnn-model-with-dropout
    - name: cnn-model-with-batch-norm
      template: cnn-model-with-batch-norm
```

기본 합성곱 신경망 모델에 대한 분산 모델 학습을 실행하는 첫 번째 하위 단계를 예로 들어 보자. 이 단계 템플릿의 핵심은 리소스 필드로, 다음 내용을 포함한다.

1. 작업을 수행할 사용자 정의 리소스 정의$^{\text{Custom Resource Definition}}$(CRD)로, 이 경우 TFJob을 생성한다.
2. CRD가 성공적으로 생성되었는지를 나타내는 조건. 아르고가 `status.replicaStatuses.Worker.succeeded`와 `status.replicaStatuses.Worker.failed` 필드를 모니터링하도록 지정한다.

TFJob 정의 시에는 컨테이너 스펙으로 모델 유형을 지정하고 학습된 모델을 다른 폴더에 저장하도록 한다. 이렇게 하면 이후 단계에서 모델 서빙을 위해 최상의 모델을 쉽게 선택하고 저장할 수 있다. 또한 학습된 모델을 영구적으로 저장할 수 있도록 영구 볼륨을 연결해야 한다.

코드 9-35 합성곱 신경망 학습 단계

```
- name: cnn-model
    serviceAccountName: training-operator
    resource:
      action: create
      setOwnerReference: true
      successCondition: status.replicaStatuses.Worker.succeeded = 2
      failureCondition: status.replicaStatuses.Worker.failed > 0
      manifest: |
        apiVersion: kubeflow.org/v1
        kind: TFJob
        metadata:
```

```yaml
      generateName: multi-worker-training-
  spec:
    runPolicy:
      cleanPodPolicy: None
    tfReplicaSpecs:
      Worker:
        replicas: 2
        restartPolicy: Never
        template:
          spec:
            containers:
              - name: tensorflow
                image: kubeflow/multi-worker-strategy:v0.1
                imagePullPolicy: IfNotPresent
                command: [
                  "python",
                  "/multi-worker-distributed-training.py",
                  "--saved_model_dir",
                  "/trained_model/saved_model_versions/1/",
                  "--checkpoint_dir",
                  "/trained_model/checkpoint",
                  "--model_type", "cnn"
                ]
  volumeMounts:
    - mountPath: /trained_model
      name: training
  resources:
    limits:
      cpu: 500m
volumes:
  - name: training
    persistentVolumeClaim:
      claimName: strategy-volume
```

distributed-tf-training-steps의 나머지 하위 단계는 매우 유사하다. 단, 모델의 저장 경로와 모델 타입 값만 다르다. 다음 단계는 모델 선정 단계이다. 이를 위해 동일한 컨테이너 이미지를 사용하되, 앞서 구현한 모델 선정 파이썬 스크립트를 실행한다.

코드 9-36 모델 선정 단계

```yaml
- name: model-selection-step
```

```
      serviceAccountName: argo
      container:
        image: kubeflow/multi-worker-strategy:v0.1
        imagePullPolicy: IfNotPresent
        command: ["python", "/model-selection.py"]
        volumeMounts:
        - name: model
          mountPath: /trained_model
```

이러한 추가 스크립트를 도커파일에 포함시키고, 이미지를 다시 빌드한 후 로컬 쿠버네티스 클러스터에서 다시 불러오도록 해야 한다.

모델 선정 단계까지 구현했다면 워크플로의 마지막 단계는 모델 서빙이다. 이 단계에서는 KServe 모델 추론 서비스를 시작한다. 이는 모델 학습 단계와 유사한 템플릿으로 구성되지만, KServe의 `InferenceService` CRD를 사용하며 이 특정 CRD에 적용되는 성공 조건을 가진다.

코드 9-37 모델 서빙 단계

```
    - name: create-model-serving-service
      serviceAccountName: training-operator
      successCondition: status.modelStatus.states.transitionStatus = UpToDate
      resource:
        action: create
        setOwnerReference: true
        manifest: |
          apiVersion: serving.kserve.io/v1beta1
          kind: InferenceService
          metadata:
            name: flower-sample
          spec:
            predictor:
              model:
                modelFormat:
                  name: tensorflow
                image: "emacski/tensorflow-serving:2.6.0"
                storageUri: "pvc://strategy-volume/saved_model_versions"
```

모두 완성되었다. 이제 이 워크플로를 실행해보자.

코드 9-38 엔드투엔드 워크플로 실행

```
> kubectl create -f workflow.yaml
```

데이터 수집 단계가 완료되면 관련 파드는 삭제된다. 분산 모델 학습 단계가 진행되는 동안 파드 목록을 확인하면 `tfjob-wf-f4bql-cnn-model-`로 시작하는 이름의 파드들이 보인다. 이 파드들은 각 모델 유형별 분산 학습 상태를 모니터링하는 역할을 한다. 또한 각 모델 유형마다 `multi-worker-training-*-worker-*` 패턴의 이름을 가진 두 개의 워커가 있다.

코드 9-39 파드 리스트 확인

```
> kubectl get pods
NAME                                  READY   STATUS    RESTARTS   AGE
multi-<truncated>-worker-0            1/1     Running   0          50s
multi-<truncated> -worker-1           1/1     Running   0          49s
multi-<truncated> -worker-0           1/1     Running   0          47s
multi-<truncated> -worker-1           1/1     Running   0          47s
multi-<truncated> -worker-0           1/1     Running   0          54s
multi-<truncated> -worker-1           1/1     Running   0          53s
<truncated>-cnn-model                 1/1     Running   0          56s
<truncated>-batch-norm                1/1     Running   0          56s
<truncated>-dropout                   1/1     Running   0          56s
```

남은 단계들이 모두 완료되고 모델 서빙이 성공적으로 시작되면 워크플로의 상태는 성공으로 표시된다. 이로써 전체 엔드투엔드 워크플로의 실행을 마쳤다.

9.4.2 스텝 메모이제이션

워크플로의 실행 속도를 높이기 위해 캐시를 활용하고 최근 실행된 특정 단계를 건너뛸 수 있다. 우리의 경우에는 동일한 데이터셋을 반복해서 다운로드할 필요가 없으므로 데이터 수집 단계를 생략할 수 있다.

```
Downloading and preparing dataset 29.45 MiB
```

```
(download: 29.45 MiB, generated: 36.42 MiB,
total: 65.87 MiB) to
/root/tensorflow_datasets/fashion_mnist/3.0.1...
Dataset fashion_mnist downloaded and prepared to
    /root/tensorflow_datasets/fashion_mnist/3.0.1.
Subsequent calls will reuse this data.
```

먼저 데이터 수집 단계의 로그를 살펴보자. 데이터셋은 컨테이너 내 특정 경로로 다운로드 된다. 이 경로가 영구 볼륨에 마운팅되어 있다면, 향후 워크플로 실행에서도 사용할 수 있다. 아르고 워크플로에서 제공하는 스텝 메모이제이션 기능을 활용하여 워크플로를 최적화 해 보자.

템플릿 내에서 캐시 키와 캐시 유효 기간을 **memoize** 필드에 지정할 수 있다. 단계가 완료되면 캐시가 저장되고, 새로운 워크플로에서 이 단계가 다시 실행될 때 지난 1시간 이내에 캐시가 생성되었는지 확인한다. 조건이 충족되면 이 단계를 건너뛰고 후속 단계를 실행한다. 애플리케이션에서는 데이터셋이 변경되지 않으므로 이론적으로는 항상 캐시를 사용할 수 있다. 여기서는 시연을 위해 1시간으로 지정했지만, 실제 애플리케이션에서는 데이터 갱신 빈도에 따라 이 값을 조정해야 한다.

코드 9-40 데이터 수집 단계의 메모이제이션

```yaml
- name: data-ingestion-step
  serviceAccountName: argo
  memoize:
    key: "step-cache"
    maxAge: "1h"
    cache:
      configMap:
        name: my-config
        key: step-cache
  container:
    image: kubeflow/multi-worker-strategy:v0.1
    imagePullPolicy: IfNotPresent
    command: ["python", "/data-ingestion.py"]
```

워크플로를 처음 실행할 때 노드 상태의 **Memoization Status** 필드에 주목해야 한다. 이 단계를 처음 실행하는 시점이므로 이때는 캐시 히트가 발생하지 않는다.

코드 9-41 노드 상태 확인

```
> kubectl get wf tfjob-wf-kjj2q -o yaml
The following is the section for node statuses:
Status:
  Nodes:
    tfjob-wf-crfhx-2213815408:
      Boundary ID:    tfjob-wf-crfhx
      Children:
        tfjob-wf-crfhx-579056679
      Display Name:   data-ingestion-step
      Finished At:    2023-01-04T20:57:44Z
      Host Node Name: distml-control-plane
      Id:             tfjob-wf-crfhx-2213815408
      Memoization Status:
        Cache Name:   my-config
        Hit:          false
        Key:          step-cache
        Name:         tfjob-wf-crfhx[0].data-ingestion-step
```

1시간 이내에 동일한 워크플로를 다시 실행하면 해당 단계는 생략된다. 이는 Memoization Status 필드에 hit: true로 표시된다.

```
Status:
  Nodes:
    tfjob-wf-kjj2q-1381200071:
      Boundary ID:   tfjob-wf-kjj2q
      Children:
        tfjob-wf-kjj2q-2031651288
      Display Name: data-ingestion-step
      Finished At:   2023-01-04T20:58:31Z
      Id:            tfjob-wf-kjj2q-1381200071
      Memoization Status:
        Cache Name: my-config
        Hit:         true
        Key:         step-cache
        Name:        tfjob-wf-kjj2q[0].data-ingestion-step
      Outputs:
```

```
    Exit Code:      0
   Phase:           Succeeded
   Progress:        1/1
   Started At:      2023-01-04T20:58:31Z
   Template Name:   data-ingestion-step
   Template Scope:  local/tfjob-wf-kjj2q
   Type:            Pod
```

또한 Finished At과 Started At이 동일하다는 점에 주목해야 한다. 이는 해당 단계가 처음부터 다시 실행되지 않고 즉시 완료되었음을 의미한다.

아르고 워크플로의 모든 캐시는 쿠버네티스의 ConfigMap 객체에 저장된다. 캐시에는 노드 ID, 단계별 출력값, 캐시 생성 시간, 마지막으로 캐시가 히트된 시간이 포함된다.

코드 9-42 컨피그맵 확인

```
> kubectl get configmap -o yaml my-config
apiVersion: v1
data:
  step-cache: '{"nodeID":"tfjob-wf-dmtn4-
3886957114","outputs":{"exitCode":"0"},
"creationTimestamp":"2023-01-04T20:44:55Z",
"lastHitTimestamp":"2023-01-04T20:57:44Z"}'
kind: ConfigMap
metadata:
  creationTimestamp: "2023-01-04T20:44:55Z"
  labels:
    workflows.argoproj.io/configmap-type: Cache
  name: my-config
  namespace: kubeflow
  resourceVersion: "806155"
  uid: 0810a68b-44f8-469f-b02c-7f62504145ba
```

요약

- 텐서플로를 이용해 Fashion-MNIST 데이터셋에 대한 분산 입력 파이프라인을 구현했다. 이를 통해 분산 모델 학습 과정을 쉽게 통합할 수 있다.

- 텐서플로로 머신러닝 모델과 분산 모델 학습 로직을 정의한 후, 쿠브플로를 활용해 쿠버네티스 클러스터에서 분산 방식으로 실행할 수 있다.

- KServe를 이용하면 단일 모델 서버와 레플리카 모델 서버를 모두 구현할 수 있다. KServe의 오토스케일링 기능은 모델 서빙 요청이 증가할 때 추가 모델 서빙 파드를 자동으로 생성한다.

- 아르고 워크플로를 사용해 시스템의 모든 구성 요소를 포함하는 엔드투엔드 워크플로를 구현했으며, 스텝 메모이제이션을 적용해 시간이 많이 소요되는 중복 데이터 수집 단계를 방지했다.

INDEX

ㄱ

가비지 콜렉션 160
가시성 164
가중치 82
갱 스케줄링 175
고가용성 114
공유 자원 환경 55
공정 배분 스케줄링 169
그레이디언트 28

ㄴ

넘파이 48, 217
네임스페이스 228
네트워킹 236
논리적 호스트 229

ㄷ

대역폭 186
데드락 164
데이터 샤드 60
데이터 수집 44
도커 25
드롭아웃 층 266

ㄹ

랜덤 서치 223
랜덤 접근 메모리(RAM) 71
레디니스 프로브 115
레이블 49
롤아웃 236
링 올리듀스 98

ㅁ

머신러닝 파이프라인 135
모델 서버 샤드 119
모델 서빙 107
모델 파티션 85
미니배치 52

ㅂ

배치 44
배치 정규화 층 266
배치 처리 53
베이지안 최적화 223
분산 머신러닝 시스템 31
분산 시스템 29
분산 학습 75
블로킹 89, 152

ㅅ

사용자 리소스 정의(CRD) 236
사이즈 조정 50
샤딩 60
샤딩 패턴 62
샤딩 함수 110
서비스 샤딩 패턴 119
서비스형 함수 127
서포트 벡터 머신(SVM) 46, 83
손실 함수 220
수직 분할 61
수직 스케일링 111
수평 데이터 분할 61
수평 스케일링 107, 111
순차 워크플로 137
순차 접근 메모리(SAM) 71

INDEX

스케줄러 166
스텝 메모이제이션 159
스트리밍 44
쓰리나인 115

ㅇ

아르고 워크플로 36
앙상블 모델 147
에포크 66
엔드투엔드 135
열 61
영구 볼륨(PV) 272
영구 볼륨 클레임(PVC) 272
오토스케일러 285
오토스케일링 236
온-프레미스 225
올리듀스 96
옵티마이저 220
완전 연결 82
완전 연결 층 265
우선순위 스케줄링 172
워커 28
워크-큐 패턴 29
워크플로 135
웹훅 245
은닉 유닛 266
의사코드 54
이벤트 기반 처리 127
인메모리 캐시 69
인피니밴드 76

ㅈ

점대점 통신 94

정규화 50
정확도 160
지연 77
집합 통신 94
집합 통신 패턴 60

ㅊ

처리량 77, 189
처리량 제한 129
체크포인트 101
최대 풀링 층 265
최소 연결 방식 114

ㅋ

카나리 236
캐싱 68
커스텀 리소스 239
컨볼루션 50, 82
컨텐츠 기반 캐시 158
컨피그 맵 249
케라스 튜너 222
쿠버네티스 36
큐 29, 129
쿠브플로 36
쿠브플로 파이프라인(KFP) 234

ㅌ

텐서플로 36
텐서플로 라이트 216
텐서플로 서빙 216
텐서플로 허브 216
파드 229
파라미터 서버 패턴 33, 84

파티션 27
팬아웃 145
팬인 146
페이로드 115
편향 82
평가 지표 220
평균제곱오차 160
풀 125
풀링 82
프로토콜 버퍼 49
피처 49
피처 엔지니어링 82

ㅎ

하이퍼밴드 223
학습 오퍼레이터 235
학습률 178
학습률 스케줄러 178
합성곱 신경망(CNN) 265
합성곱 층 265
해시 샤딩 64
해싱 함수 119
행 61
헬스 체킹 236
확률적 경사 하강법 67

A

accuracy 160
all-reduce 96
autoscaler 285
autoscaling 236

B

bandwidth 186
batch normalization layer 266
batching 53
Bayesian optimization 223
bias 82
blocking 89, 152

C

caching 68
canary 236
checkpoint 101
collection communication pattern 60
collective communication 94
column 61
config map 249
content-based cache 158
convolution 50, 82
convolutional layer 265
convolutional neural network(CNN) 265
Convolutional Neural Networks(CNN) 82
custom resource 239
Custom Resource Definition(CRD) 236

D

data ingestion 44
data shard 60

INDEX

deadlock **164**

denial-of-service attack **128**

dense layer **265**

DevOps **57**

directed acyclic graph(DAG) **137, 246**

distributed machine learning system **31**

distributed system **29**

distributed training **75**

DoS 공격 **128**

dropout layer **266**

E

EMNIST **46**

end-to-end **135**

ensemble model **147**

epoch **66**

event-driven processing **127**

Extended MNIST **46**

extract, transform, load(ETL) **245**

F

fair-share scheduling **169**

fan-in **146**

fan-out **145**

Fashion-MNIST **46**

feature **49**

fully-connected **82**

function-as-a-service **127**

G

gang scheduling **175**

garbage collection **160**

gradient **28**

H

hash sharding **64**

hashing function **119**

health checking **236**

hidden unit **266**

high availability **114**

horizontal data partition **61**

horizontal scaling **107, 111**

Hyperband **223**

I

InfiniBand **76**

in-memory cache **69**

K

Keras Tuner **222**

Kubeflow Pipelines(KFP) **234**

L

label **49**

latency **77**

learning rate **178**

learning rate scheduler **178**

least connection method **114**

logical host **229**

loss function **220**

M

machine learning pipeline **135**

max-pooling layer **265**

mean-squared error **160**

metric **220**

mini-batch **52**

MLOps 166
MNIST 45
model partition 85
model server shard 119
model serving 107

N

namespace 228
networking 236
nonstreaming 44
normalization 50
NumPy 48, 217

O

observability 164
on demand 131
on-premises 225
optimizer 220
out of memory(OOM) 50

P

parameter server pattern 33, 84
payload 115
Persistent Volume Claim(PVC) 272
Persistent Volume(PV) 272
pod 229
point-to-point communication 94
pool 125
pooling 82
PostgreSQL 52
priority scheduling 172
protocol buffer 49
pseudocode 54

Q

queue 29, 129

R

Random Access Memory(RAM) 71
random search 223
rate limiting 129
readiness probes 115
resize 50
ring all-reduce 98
rollout 236
row 61

S

scheduler 166
Sequential Access Memory(SAM) 71
sequential workflow 137
sharded services pattern 119
sharding 60
sharding function 110
shared-resource environment 55
step memoization 159
stochastic gradient descent 67
streaming 44
Support Vector Machine(SVM) 46, 83

T

Tensorflow Hub 216
Tensorflow Lite 216
Tensorflow Serving 216
three-nines 115
throughput 77, 189
Training Operator 235

INDEX

vertical scaling 111

webhooks 245

weight 82

worker 28

workflow 135

work-queue pattern 29